효과적인 **프레젠테이션** 스킬

presentation

효과적인 프레젠테이션 스킬

김진모 | 이용환

서울대학교출판문화원

Effective Presentation Skills

Jin-Mo Kim, Yong-Hwan Lee

Seoul National University Press

책을 내면서

오늘날과 같이 무한 경쟁 시대에 살고 있는 우리들에게 자신의 의견을 전달하고 상대방을 설득할 수 있는 의사소통 능력은 그 어느 능력보다도 중요하다. 우리나라에서도 직업 기초 능력의 하나로서 의사소통 능력을 매우 강조하고 있고, 많은 교육 훈련 기관에서 이와 관련된 교육 프로그램을 운영하고 있다.

대한상공회의소 검정사업단에서는 이러한 상황을 반영하여 상공회의소 자격인 '프레젠테이션 종목'의 제1과목(프레젠테이션 기초)과 제2과목(프레젠테이션 제작)을 강화하기 위한 방안으로 '프레젠테이션 기획/발표'를 '프레젠테이션 종목'의 제3과목으로 추가하기로 하였다. 우리가 이 과목의 표준 교재 개발을 맡아 추진하게 됨으로써 오늘의 출판에까지 이르게 된 것이다.

이 책은 프레젠테이션에 대한 이론적 지식을 바탕으로 하여 총 4부 13장에 걸쳐 다양한 형태의 프레젠테이션 현장에 실제 적용할 수 있는 내용들을 중심으로 구성하였다. 이와 같은 구성과 내용은 취업을 준비하는 학생이나 직장인들에게 실질적인 도움을 줄 수 있을 것이다.

제1부는 총론의 성격인 프레젠테이션의 이해 부분으로, 제1장과 제2장에서 각각 프레젠테이션의 정의와 구성요소, 그리고 프레젠테이션의 유형과 절차에 대해 설명하였다.

제2부는 프레젠테이션의 계획과 관련한 내용으로, 제3장에서 제5장에 걸쳐 프레젠테이션을 실시하는 목적, 참여하는 청중의 요구와 수준, 프레젠테이션을 실시하는 장소와 시청각 매체의 계획 등에 대해 기술하였다.

제3부는 프레젠테이션의 개발에 대한 것으로, 제6장에서 제9장에 걸쳐 청중에게 전달할 내용의 구성 및 요지의 개발, 발표 자료의 작성을 위해 자료 개발에 필요한 증거 자료를 수집하는 방법과 스토리보드의 작성, 효과적인 자료 제작을 위한 비주얼 도안의 활용법 등에 대해 기술하였다.

제4부는 실제 프레젠테이션을 청중 앞에서 전달하는 것과 관련된 영역으로, 제10장에서 제13장에 걸쳐 프레젠테이션의 실행에 앞서 연습하기, 메시지 전달을 위한 언어적·비언어적 전달 방법들, 프레젠테이션의 효과적 전달을 위한 지원 등에 대해 설명하였다.

이 책의 제1부 프레젠테이션의 이해를 제외한 제2부~제4부는 가급적 이론 위주에서 벗어나 실제 프레젠테이션을 계획하고 개발하며 전달하는 측면에 초점을 두어 학술적인 내용의 비중을 줄였다.

또한 이 책은 학습자의 학습 효과를 위하여 오른쪽과 같은 아이콘과 함께 '찾아보기', '생각해보기', '따라해보기'의 세 가지 항목을 제공하고 있다. 먼저 '찾아보기'에서는 그 단락에서 제시하고 있는 내용을 보충할 수 있는 관련 교재나 유사한 정보를 제공하고 있는 웹사이트를 제시하여 보충 및 심화 학습을 할 수 있는 기회를 제공하고자 하였다.

다음으로 '생각해보기'에서는 과거의 경험에 비추어볼 때 자신이 어떻게 프레젠테이션을 수행해왔는지 생각해보고 잘못된 부분을 찾아 이를 향후 프레젠테이션에서 개선할 수 있도록 하는 기회를 제공하였다.

마지막으로 '따라해보기'에서는 프레젠테이션의 전 과정에 걸쳐 자신이 수행한 프레젠테이션 수행 정도를 점검할

찾아보기

생각해보기

따라해보기

수 있는 체크리스트와 일부 수행 과제를 제공하였다. 이를 통해 스스로 점검하거나 연습하는 기회를 가짐으로써 프레젠테이션 발표 능력을 향상시킬 수 있도록 하였다.

이 책에서 제공하는 내용을 학습하고 실제 현장에서 활용함으로써 프레젠터로서 뛰어난 발표 능력을 지니고자 하는 사람들에게 조금이나마 도움이 되었으면 하는 바람이다.

끝으로 이 책이 나올 수 있도록 물심양면으로 지원해주신 대한상공회의소 검정사업단 관계자 여러분께 깊은 감사를 드린다. 또한 이 책을 집필하는 데 여러 가지로 많은 도움을 주었던 (주)에듀프로의 심새훈 대표이사와 서울대학교 대학원 농산업교육과의 이택선, 곽지훈, 이화진 대학원생들에게도 감사드린다.

아울러, 여러 가지로 어려운 사정에도 불구하고 이 책의 출판을 흔쾌히 맡아주신 서울대학교출판부와 책의 출판을 위해 수고해주신 출판부 직원 여러분들께도 깊이 감사드린다.

2008년 12월

관악산 기슭에서
심신모·이용환

효과적인 프레젠테이션 스킬

| 차례 |

제4부 | 프레젠테이션의 전달

제1부 | # 프레젠테이션의 이해

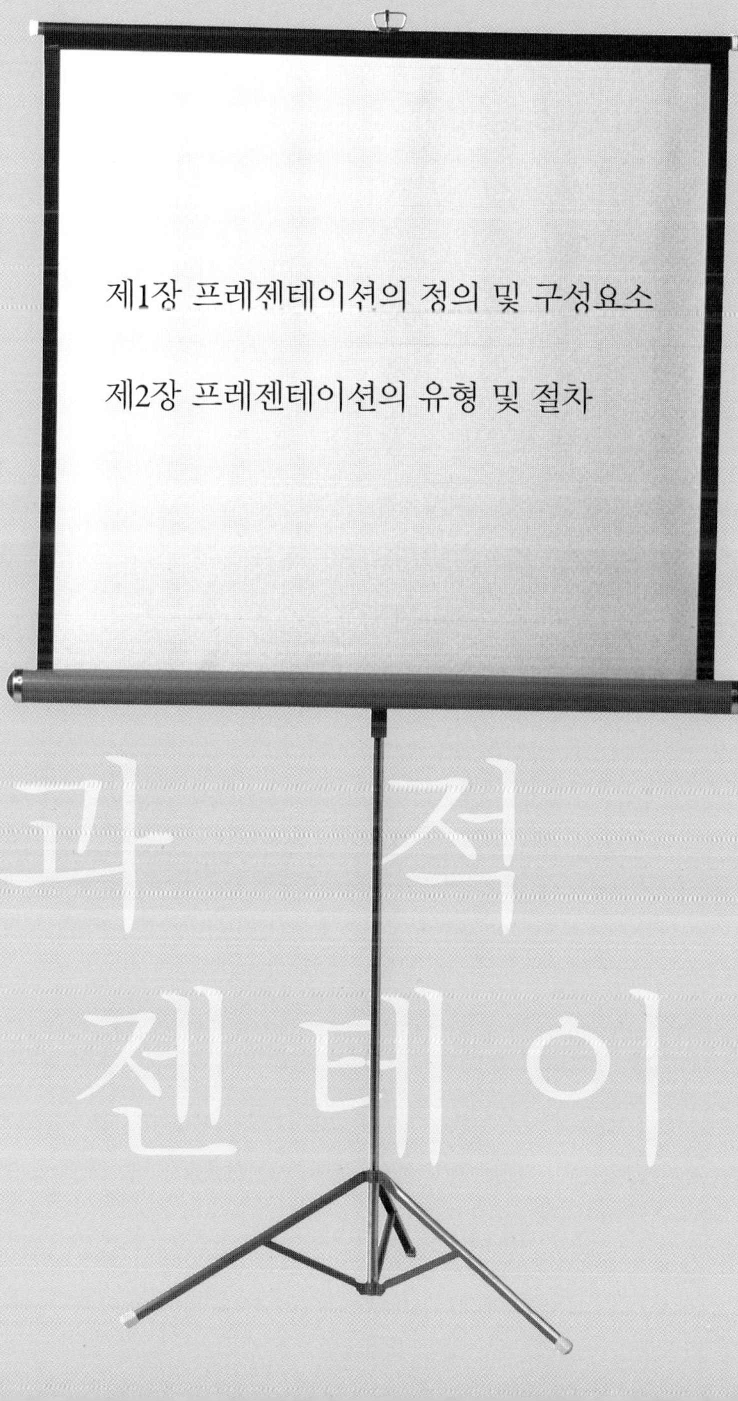

제1장 프레젠테이션의 정의 및 구성요소

제2장 프레젠테이션의 유형 및 절차

효과적인 프레젠테이션 스킬

제1장 프레젠테이션의 정의 및 구성요소

1. 왜 프레젠테이션을 하는가?
2. 프레젠테이션의 정의
3. 프레젠테이션의 구성요소

학습 목표

◎ 프레젠테이션의 효과를 파악할 수 있다
◎ 프레젠테이션을 정의할 수 있다
◎ 프레젠테이션의 구성요소와 이들 각각의 의미를 이해할 수 있다

개 요

프레젠테이션이란 전문가들의 특별한 기술이 아니라 자신의 생각이나 아이디어, 경험, 노하우 등 제반 정보를 상대방에게 전달하고 설득하는 모든 행위를 지칭한다. 우리는 일상생활 속에서 프레젠테이션을 해야 할 기회를 수도 없이 맞이한다. 예를 들어, 대학 입시와 취직 시험에서 겪는 면접, 학교 수업 시간에서의 발표, 학위논문 통과를 위한 논문 발표회, 결혼 상대를 찾기 위한 맞선 자리에서의 대화, 사내 회의에서의 발표, 회사 신제품 판매를 위한 상담, 강의와 강연 등 우리의 삶은 곧 프레젠테이션의 연속이라고 할 수 있다. 이러한 프레젠테이션의 성공은 곧 인생의 성공으로 직결된다고 해도 과언은 아닐 것이다.

이처럼 현대 생활에서 매우 중요한 위치를 차지하고 있는 프레젠테이션이 우리에게 주는 효과는 무엇이며, 앞에서 언급한 것과 같이 광범위한 프레젠테이션의 정확한 의미는 무엇인지, 마지막으로 프레젠테이션을 구성하는 주요 요소에는 어떤 것들이 있는지 알아보고자 한다.

1. 왜 프레젠테이션을 하는가?

가. 개인의 삶의 이익

당신의 주위에 당신이 선택한 영화를 보는 대신 항상 다른 영화를 보자고 당신을 설득할 수 있는 친구가 있는가? 또는 주위에 조언을 구할 만한 사람들이 있는가? 그런 친구가 있다면 아마도 그 사람은 효과적인 오럴(oral) 프레젠테이션 스킬을 가지고 있는 사람일 것이다. 여기에서 당신은 프레젠테이션 스킬을 학습함으로써 다른 사람과의 상호 작용 관계를 향상시킬 수 있을 것이다.

찾아보기

현재 당신의 커뮤니케이션 스킬은?

http://www.queendom.com/tests/relationships/communication_skills_r_access.html

위의 사이트를 방문하여 현재 당신이 커뮤니케이션에 대해 무엇을 알고 있는지 측정해보라.

종종 커뮤니케이션이 능숙한 사람들은 사회의 가치나 믿음을 이해하는 데 가이드 역할을 함으로써 대중문화의 대표적 인물로 간주된다. 그들은 우리들에게 무엇을 말해주고 있을까? 텔레비전 시트콤, 토크쇼, 개그프로그램 등을 생각해보라. 이 프로그램들은 사람들 사이의 미스커뮤니케이션에 근거를 두고 있는 경우가 많다. 예를 들어, 〈순풍산부인과〉, 〈세 친구들〉, 〈프렌즈〉 등이 텔레비전 시트콤과 다양한 드라마에서 이러한 미스커뮤니케이션은 유머의 소재로 활용되고 있다. 또한 미국의 토크쇼 프로그램인 〈오프라 윈프리 쇼〉처럼, 종종 미스커뮤니케이션으로 인해 고통을 경험한 사람들이라든지, 커뮤니케이션을 통해 대인 관계를 개선한 사람들을 게스트로 초청하여 방송을 진행하는 경우도 있다. 대중문화 속에서 흔히 사용되는 미스커뮤니케이션은 효과적인 오럴 프레젠테이션 스킬의 개발이 왜 중요한지를 보여주고 있는 것이다.

생각해보기

당신이 친구와 논의하던 중에 좌절감을 경험했던 순간을 생각해보라. 왜 당신은 그런 좌절감을 경험하였는가? 그렇다면 대인간 상호 작용을 향상시키기 위해 어떤 커뮤니케이션 스킬의 향상에 초점을 맞추어야 할까?

나. 학교생활에서의 이익

당신이 학습한 프레젠테이션 스킬은 당신의 학교 생활에 이점으로 작용할 것이다. 대학에서 진행되는 많은 수업이 학생들의 프레젠테이션을 통해 진행된다. 프레젠테이션을 피해서는 원만한 대학 생활을 할 수 없다고 해도 과언이 아니다. 이러한 경향은 1990년대 이후 특히 두드러지고 있어, 대학생들에게 효과적인 오럴 프레젠테이션 스킬은 매우 중요하다고 할 수 있다.

특히 미국의 경우 대학 차원을 넘어 국가 차원에서도 오럴 프레젠테이션 스킬의 중요성을 인식하고 표준화된 평가 준거를 개발하여 프레젠터가 얼마나 효과적이었는지를 측정하고 있는 실정이다. 따라서 오럴 프레젠테이션은 대학의 모든 프로그램에서 요구하고 있는 스킬이며, 학사학위를 취득하는 데 없어서는 안 될 요소로 작용하고 있다.

생각해보기

당신이 최근에 가장 좋아했던 TV 드라마를 생각해보라. 어떤 커뮤니케이션 스킬이 대인간 커뮤니케이션에서 중요하게 작용하였는가?

다. 직업 속에서의 이익

마지막으로, 효과적인 오럴 프레젠테이션 스킬은 당신이 선택한 직업이 무엇이든 간에 성공적인 직장 생활을 하는 데 도움을 줄 것이다. 미국의 "Job Outlook 2004"의 한 보고서는 신입 사원을 뽑을 때 우선적으로 고려해야 할 사항으로 다음의 열 가지를 선정하였다.

열 가지 주요 스킬

1. 커뮤니케이션 스킬
2. 정직성, 통합성
3. 대인 관계 스킬
4. 동기부여
5. 강한 직업윤리
6. 팀워크 스킬
7. 분석 스킬
8. 유연성, 적용성
9. 컴퓨터 스킬
10. 꼼꼼함

위의 주요 스킬에서 제시된 바와 같이 제일 우선적으로 고려하는 사항으로 커뮤니케이션 스킬이 조사되었음을 확인할 수 있다. 또한 오늘날 기업에서 신입 사원을 채용할 때 프레젠테이션 능력을 측정하는 것처럼, 프레젠테이션 스킬은 필요조건이 아니라 충분조건으로, 즉 직업 기초 능력으로서 자리 잡았다고 볼 수 있다. 따라서 성공적인 직장 생활을 위해 프레젠테이션 스킬은 매우 중요하다.

2. 프레젠테이션의 정의

여러 사람들 앞에서 자신의 생각이나 의견을 진술하는 프레젠테이션의 영역은 실로 광범위하다. 학교에서의 발표는 물론 학회나 세미나에서의 발표, 강의, 강연, 설교, 정치 연설, 회사에서의 브리핑, 보고, 지시, 회의나 토론, 엔터테인먼트 스피치(entertainment speech)까지도 포함된다. 프레젠테이션(presentation)이라는 말은 발표, 소개, 표현 등의 사전적 의미를 지니고 있는데, 일반적으로 "자신의 의견, 아이디어, 경험, 노하우 등 제반 정보를 상대에게 전달하거나 설득하는 모든 행위"를 가리킨다(장용진, 2002).

이렇게 보면 프레젠테이션은 생활 속에서 이루어지는 대부분의 커뮤니케이션 행위를 포괄한다고 할 수 있다. 그러나 실제로는 일상생활 속에서 개인적으로 이루어지는 격의 없는 대화까지 프레젠테이션에 포함시키지는 않는다. 이처럼 광범위한 영역에 걸쳐 있는 프레젠테이션이 무엇인지를 살펴보기 위해서는 먼저 커뮤니케이션이 무엇인지를 살펴보는 것이 우선일 것이다.

따라해보기

다음 중 프레젠테이션에 해당하지 않는 것은?

1. 사내 발표 회의, 신제품 홍보 행위 ( )
2. 젖먹이 아이가 젖 달라고 우는 행위 ( )
3. 대학 입학 면접/회사 입사 면접 행위 ( )
4. 각종 논문 발표 행위/강연 행위 ( )
5. 담소, 이야기, 설득 행위 ( )
6. 회사 발표회, IR 행위 ( )

자료 : 장용진, 《프레젠테이션 모든 것》, 청림출판, 2002, 13쪽

아직 적당한 번역어 없이 쓰이고 있는 '커뮤니케이션(communication)'이라는 말은 원래 '공통', '공유'라는 뜻을 지닌 'Communis'라는 라틴어를 그 어원으로 하고 있다. 따라서 커뮤니케이션이라는 말을 문자 그대로 해석하면, 하나 또는 하나 이상의 생물체가 다른 생물체와 지식·정보·의견·신

념·감정 등을 공유 또는 공통화하는 행동이라 할 수 있다(차배근, 1987, 17쪽). 이런 커뮤니케이션의 정의는 오늘날 현대 사회에서 모든 사람이 사용하고 있으면서도 매우 복잡하고 광범위하며 그 뜻도 다양하게 되었다. 커뮤니케이션 개념의 다양성은 일반인은 물론 커뮤니케이션을 전문적으로 연구하고 있는 학자들 사이에서도 나타나는데, 대표적인 개념을 살펴보면 〈표 1〉과 같다.

〈표 1〉에서 제시한 정의 외에도 커뮤니케이션이라는 현상을 두고 그것을 정의하는 관점들을 종합·분석해보면 크게 세 가지로 분류할 수 있는데, 구조적 관점(structural view)과 기능적 관점(functional view) 그리고 의도적 관점(intentional view)이 그것이다. 각 관점에 따라 커뮤니케이션의 정의를 살펴보면 다음과 같다(차배근, 1987).

먼저 구조적 관점이란 커뮤니케이션을 정보 또는 메시지의 단순한 '송수신 과정'으로 보고 그 구조 자체에 비중을 두는 견해라 할 수 있다. 따라서 이러한 관점에 의하면 커뮤니케이션이란 메시지를 보내고 받는 과정이라 정의할 수 있다. 여기서 '어떤 경로를 통하여 정보가 흐르며, 어떻게 하면 그것을 신속·정확하게 한 곳에서 다른 한 곳으로 보낼 수 있느냐' 하는 기술적 문제가 핵심적인 사항이 된다고 할 수 있다.

다음으로 기능적 관점이란 커뮤니케이션을 인간들의 기호 사용 행동 자체로 보고, 그 기호화 및 해독 과정에 중점을 두는 견해이다. 이러한 관점에서 커뮤니케이션은 주변 환경이 한 생물체를 자극해서 이 생물체가 외부 자극에 대해 어떤 반응을 일으켰을 때 일어나며, 외부 자극이 생물체에 의하여 무시된다면 커뮤니케이션은 일어나지 않는다는 것이다. 즉, 이들의 관점은 '어떻게 인간들이 기호를 사용해서 서로 의미를 창조하고 공통 의미를 수립하고 있느냐' 하는 커뮤니케이션의 기능적인 면에 중점을 두고 있다.

마지막으로 의도적 관점에서의 커뮤니케이션이란 곧 한 인간이 다른 인간에게 영향을 미치기 위해 의도적으로 계획된 행동이라는 것이다. 이는 앞에서 언급한 기능적 관점에서 본 커뮤니케이션의 개념과는 상반되는 것

〈표 1〉 커뮤니케이션에 대한 다양한 정의

구분	학자	정의
대인적 커뮤니케이션 관점	R. L. Daft	커뮤니케이션은 원칙적으로 개인 간의 과정이라서 정보 전달 과정이 개인과 개인, 또는 개인과 집단 간이라 할지라도 당사자는 결국 개인이다.
	H. A. Simon	커뮤니케이션은, 광의로는 사람과 사람, 사람과 기계, 기계와 기계 간에 이루어지는 정보 이전 과정이며, 협의로는 사람과 사람 간에 정보, 의사, 감정을 교환하는 것이다.
	K. M. Bartol D. C. Martin	사람들 간의 공통된 의미를 얻기 위해 메시지를 교환하는 것이다.
	S. P. Robbins	의미의 전달이고 이해이다.
	J. M. Ivancevich M. T. Matteson	언어적·비언어적인 상징을 통한 정보와 이해의 전송이다.
조직 커뮤니케이션 관점	D. Katz R. L. Kahn	어떠한 조직, 집단 혹은 사회의 기능에 가장 광범위한 관련을 맺고 있는 사회적 과정이다
	P. V. Lewis	조직 구조 속에서 관리자, 부하, 동료들 상호 간 또는 집단간 정보 전달의 발달된 기술이나 메시지를 통하여 메시지, 관념, 태도를 공유하는 것이다.
	E. M. Rogers R. A. Rogers	태도뿐만 아니라 외적 행동을 변화시킬 의도로 정보 원천으로부터 수신자에게 관념이 전파되는 과정이다.
	B. M. Johnson	조직 커뮤니케이션이란 공식 조직의 상황 내부에서 발생하고 일정한 성과를 갖는 커뮤니케이션이다.
	R. D. McPhee	조직 상황에서 과업 목표와 역할 수행을 위해 규칙에 따라 지배받는 조직 구성원의 커뮤니케이션이다.

자료 : 홍순이·홍용기, 《커뮤니케이션론》, 한올출판사, 1997.

으로, 이러한 입장을 취한 이유는 설득의 한 방법으로서 커뮤니케이션을 연구한 데서 찾아볼 수 있다. 따라서 이들은 커뮤니케이션이라는 말과 설득이라는 말을 거의 같은 의미로 사용하고 있다.

이처럼 커뮤니케이션 현상에 대한 정의는 그 현상을 어떤 관점에서 보느냐에 따라 서로 다르게 나타나고 있다. '커뮤니케이션'이라는 것 자체가 본래 매우 복잡한 현상이기 때문에, 그에 대한 견해와 정의들이 다양한 것은 당연하다고 할 수 있을 것이다. 따라서 커뮤니케이션을 이해하기 위해서는 위에서 제시한 세 가지 관점들을 종합하여 바라보아야 할 것이며, 그럴 때 의미를 올바로 파악할 수 있을 것이다. 그런 의미에서 커뮤니케이션이란 인간들이 서로 정보와 메시지를 전달하고 수신(구조적 관점)해서 공통된 의미를 수립(기능적 관점)하며, 나아가서는 서로의 행동에 변화를 유발(의도적 관점)시키는 모든 과정을 의미한다고 볼 수 있다(차배근, 1987).

이러한 커뮤니케이션의 정의처럼 프레젠테이션도 프레젠터가 청중에게 정보와 메시지를 전달하고 공통된 의미를 수립하며, 나아가서는 청중의 행동에 변화를 유발시키는 모든 과정을 의미한다고 할 수 있을 것이다. 즉, 프레젠테이션이란 청중의 존재를 전제로 그들에게 알리고싶은 것이나 그들이 알고싶어 하는 것을 알기 쉬운 형태로 제공하여 청중의 행동을 변화시키고자 하는 활동이라 할 수 있다.

3. 프레젠테이션의 구성요소

프레젠테이션은 커뮤니케이션의 한 유형이라 할 수 있기 때문에 일반적인 커뮤니케이션 이론의 모형에서 제시하고 있는 각각의 구성요소를 살펴봄으로써 프레젠테이션의 구성요소를 파악할 수 있을 것이다. 커뮤니케이션학 분야에서는 그 연구 대상인 커뮤니케이션의 과정을 모형을 통하여 분석·설명해보려는 수많은 시도가 있어왔고, 지금도 역시 진행되고 있다. 특히 1950년대의 커뮤니케이션 연구는 모형 구성에 바쳐졌다고 해도 과언이 아니며, 그 결과로 50여 개의 커뮤니케이션 모형이 제시되어 있다.

앞에서 커뮤니케이션의 정의를 구조적 관점, 기능적 관점, 의도적 관점으로 분류했던 것과 같이 이러한 모형들도 위의 관점에 따라 분류할 수 있다. 또한 프레젠테이션에만 한정하여 제시한 모형들도 있기에 여기서는 각각의 대표적인 모형만을 살펴볼 것이다.

가. 구조적 관점의 모형

현대 커뮤니케이션 이론을 체계화시키는 데 가장 중요한 구실을 한 대표적인 커뮤니케이션 모형은 1949년에 Shannon과 Weaver에 의해 제시된 모형이라 할 수 있다. 비록 이것은 정보 이론에 입각한 구조적 입장에서 만들어진 것이기는 하지만, 이 모형은 그 뒤에 나온 모형들에 직접 또는 간접적으로 많은 영향을 주어왔다고 볼 수 있다.

사실상 이후의 여러 가지 커뮤니케이션 모형들은 Shannon과 Weaver의 이 모형에 자극을 받아 속속 제안되었다고 해도 과언이 아닌데, 이들은 커뮤니케이션 과정을 [그림 1]과 같이 나타내었다.

Shannon과 Weaver의 모형에 의하면, 커뮤니케이션은 정보원(information

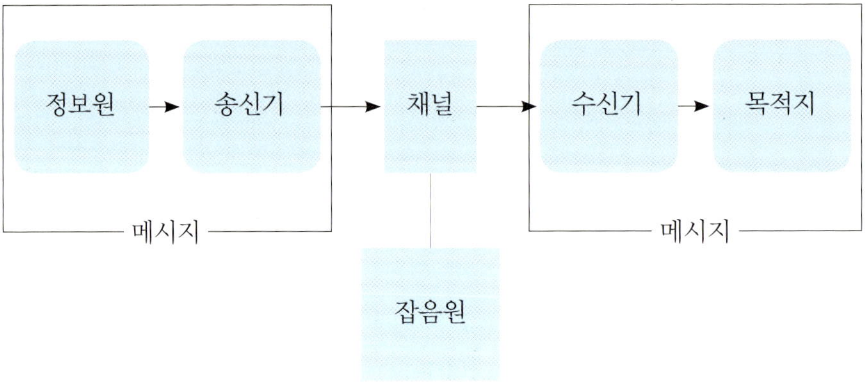

[그림 1] Shannon과 Weaver의 커뮤니케이션 모형

자료 : Shannon, C. E. & Weaver, W., *The Mathematical Theory of Communication*, University of Illinois, 1949.

source)에서 목적지(destination)까지 메시지를 전달하는 과정이라는 것이다. 그 전달 과정을 살펴보면, 정보원이 전달하고자 하는 정보를 취사·선택하여 메시지를 만들어 송신기(transmitter)로 보내면, 송신기는 그 메시지를 음파나 광파 등의 신호(signal)로 바꾸어 채널(channel)을 통해 수신기(receiver)에게 보낸다. 그리고 수신기는 그렇게 받은 신호를 다시 메시지로 환원하여 목적지로 전달하게 된다는 것이다. 이때 채널에는 잡음이 끼어들게 되어 신호의 송신을 방해하는데, 이 때문에 그 과정, 즉 커뮤니케이션의 효율성이 낮아진다고 한다.

이 모형은 라디오나 전화기의 회로에 비추어 설명할 수 있는데, 여기서 정보원과 목적지는 커뮤니케이터와 수용자를 말하며, 송신기와 수신기는 마이크로폰과 이어폰에 각각 해당한다. 따라서 이 모형은 인간의 커뮤니케이션 과정을 묘사하고 설명한 것이라기보다는 오히려 기계적 커뮤니케이션 체계의 구조를 설명한 것이라고 하겠는데, 이는 앞에서 언급한 것처럼 커뮤니케이션의 정의를 살펴볼 때 Shannon과 Weaver가 '어떻게 메시지를 정보원에서 목적지까지 정확하고 신속하게 전달하느냐'의 문제에 주로 관심을 두었기 때문이다. 이 밖에도 구조적 관점의 모형으로는 Schramn, Anderson 등의 모형이 있다.

나. 기능적 관점의 모형

커뮤니케이션을 기능적 입장에서 보고 인간의 기호화 및 해독화 과정에 중점을 두어 만들어진 대표적 모형으로는 Osgood의 모형을 들 수 있다. 이 모형이 가지고 있는 특색은 커뮤니케이터나 수용자 내부에 존재하는 중재자(mediator) 개념이라고 하겠는데, 이는 정보의 수신과 송신 사이에 끼어들어 수신된 정보의 해석·판단에 관계하는 요인을 말한다. 또한 이 모형의 특색은 커뮤니케이션 과정의 단계에 곁들여 연구 분야들을 명시하였다는 점에 있다. 이는 커뮤니케이션이라는 학문이 얼마나 협동적 과학인가를 보여주고 있다.

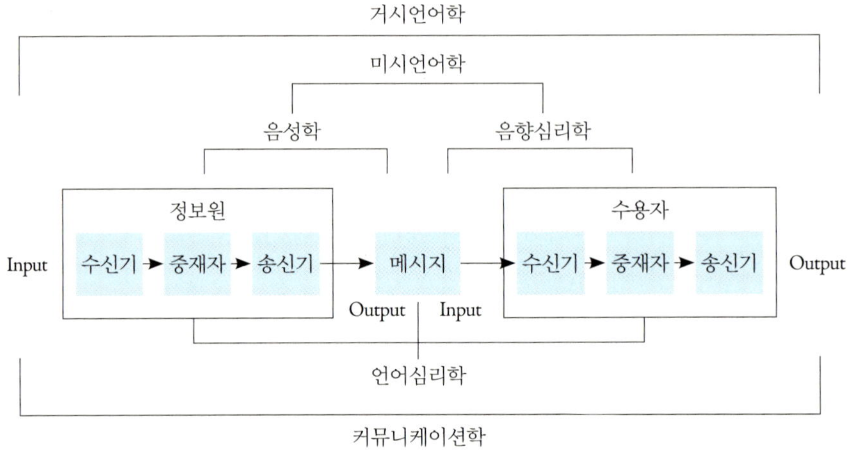

[그림 2] Osgood의 기본적 커뮤니케이션 행동 모형
자료 : 차배근, 《커뮤니케이션학(상)》, 세영사, 1987, 32쪽.

다. 의도적 관점의 모형

커뮤니케이션을 하나의 행동과학으로 체계화하는 데 공헌한 Hovland와 Janis(1959)의 심리적 모형은 의도적 관점에서 바라본 대표적인 모형이라 할 수 있다. [그림 3]에서 보는 바와 같이 이 모형은 S(자극) → O(생물체) → R(반응) 행동 모형에 맞추어 수용자가 커뮤니케이션 자극을 받고 그것에 대한 반응을 보일 때까지 수용자의 내부에서 일어나는 심리적 과정과 그 반응에 관계하는 내적 선유 요인(predispositional factor)을 분석, 명시하고 있다는 데 그 특징이 있다.

이 모형에서 커뮤니케이션 자극이란 메시지(내용)를 비롯한 커뮤니케이터의 특성, 매체의 특성 및 커뮤니케이션이 일어날 때의 상황 등 수용자가 받게 되는 모든 외부 자극 요인들을 말하는데, 수용자가 이러한 자극을 받게 되면 그 내부에서 주의·지각·수용 등의 심리적 현상이 일어나게 되며, 그 결과로서 어떤 반응, 즉 태도 변화를 보이게 된다는 것이다. 그런데 이때 피설득 성향 등의 내적 선유 요인들이 자극과 반응 사이에 끼어들어 반응에 영향을 미친다는 것이다.

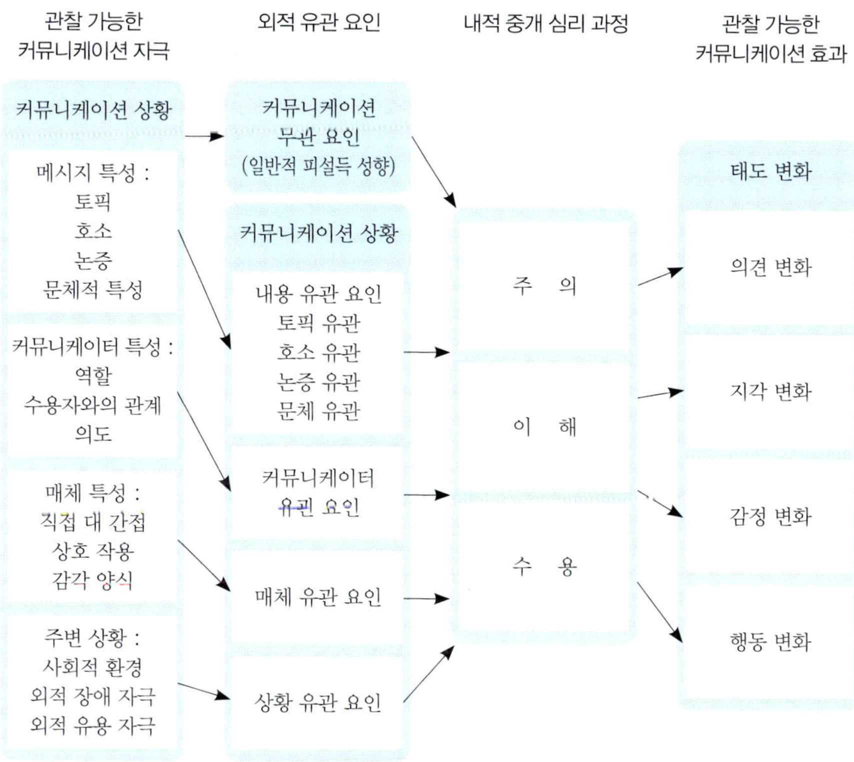

[그림 3] Hovland와 Janis의 심리적 커뮤니케이션 모형

자료 : HovLand, C. I. & Janis, I. L., "An Overview of Persuasibility Research", in C. I. HovLand & I. L. Janis(eds.), *Personality and Persuasibility*, New Haven : Yale University Press, 1959.

라. 프레젠테이션의 모형

앞에서 언급한 모형들이 전통적인 커뮤니케이션 입장에서 효과적인 커뮤니케이션을 하는 데 필요한 구성요소들을 제시하였다면, 도이와 다카하시(2003)는 프레젠테이션 입장에서 프레젠테이션을 실시하는 데 중요한 요소들을 제시하였다. 이들은 중요한 요소를 콘텐츠와 실행(delivery)의 두 가지로 구분하였다. 즉, 프레젠테이션을 통해 무엇을 전달할 것인가, 어떤 내용으로 할 것인가를 결정하는 내용이 콘텐츠이고, 콘텐츠를 만든 후 상대방에게 어떻게 그 내용을 쉽게 전달할 것인가 하는 문제가 실행이다.

〈표 2〉 바람직한 프레젠테이션의 구성요소와 내용

구분		내용
컨텐츠	스토리라인	– 키 메시지가 명확할 것 – 주장에 대한 근거가 있을 것(논리성) – 이해하기 쉽도록 전개될 것
	비주얼에이드	– 메시지가 눈에 잘 들어오도록 할 것 – 청중의 이해를 돕도록 할 것 – 포인트가 인상에 남도록 할 것
실행(delivery)		– 상대의 관심, 이해도에 맞추어 설명할 것 – 주제를 중심으로 논의가 활발해지도록 할 것 – 이후 논의의 동기가 되도록 할 것

자료 : 도이 사토시, 다카하시 슌스케, 곽해선 옮김, 《로지컬 프레젠테이션》, 이다미디어, 2003.

〈표 2〉에서 제시된 바와 같이 콘텐츠는 두 가지 요소로 나뉜다. 첫째는 자신의 주장을 납득시키기 위해 논리를 세우고 스토리를 만드는 것이다. 둘째는 스토리를 확실하게 이해시키기 위해 한 장 한 장의 자료를 알기 쉽게 만들어가는 것, 곧 비주얼(시각적 요소)이다. 콘텐츠를 작성하는 데는 이 두 가지 요소가 매우 중요하다.

스토리를 만들 때 중요한 것은 상대방에게 전달할 '메시지'를 명확히 한 뒤, 이 메시지를 증명하는 것이다. 이때 논리성을 갖고 상대방이 중요시하는 부분에 초점을 맞추면서 상대방이 이해하기 쉽도록 이야기를 전개해 가야 한다.

비주얼은 기본적으로 말하고싶은 것을 확실하게 전달하기 위한 보조적인 도구이다. 차트에서는 전달하고자 하는 사실을 잘 전달하기 위해 데이터를 그래프로 만들거나 개념적인 그림을 덧붙이거나 만화를 넣는다. 그러나 한 장 한 장의 비주얼 자료는 전체적으로 하나의 메시지를 전달하는 데 도움이 되어야 하므로 이들 자료를 통해 포인트가 상대방의 머릿속에 선명하게 남도록 연구해야 한다.

실행은 대부분 시간 제한이 있다. 따라서 일정한 시간 내에 청중에게 콘텐츠를 완전히 이해시키고 메시지를 정확하게 전달하는 것이 중요하다. 그러나 모든 자료가 생각처럼 쉽게 이해되기는 어려우므로 청중의 이해 정도를 살펴본 후 프레젠테이션에 임해야 한다. 위에서 제시한 세 가지 요소들에 주의를 기울이면서 실천할 때 설득력 있는 프레젠테이션이 실행될 수 있다.

기본적으로 프레젠테이션이란 프레젠터가 특정 목표 청중을 대상으로 정보 제공이나 설득을 위해 메시지를 전달하는 과정으로 이루어지는데, 이때 청중은 프레젠터가 보내온 언어적·비언어적 메시지에 대해 다시 언어적·비언어적 반응을 하게 되고, 이러한 반응은 프레젠터에게 피드백되어 프레젠터는 이러한 피드백을 바탕으로 메시지를 수정해 보내게 된다. 이러한 과정 중에 잡음이 부정적인 영향을 주어 효과적인 프레젠테이션을 방해하게 된다.

따라서 커뮤니케이션 차원에서 볼 때, 성공적인 프레젠테이션은 프레젠터가 준비한 메시지가 잡음의 영향을 받지 않고 채널을 통해 청중에게 잘 전달됨으로써 프레젠터와 청중 간의 공감대가 최대한 넓게 형성된 상태라 할 수 있다. 청중과의 공감대를 넓히기 위해서는 청중의 관심을 이끌어내고, 논리적으로 납득할 수 있는 메시지를 개발하며, 이를 가장 효율적인 채널을 통해 전달해야 한다.

이상에서 살펴본 모형들 외에 다른 여러 모형들을 종합하여 구성요소를 분석하면 〈표 3〉과 같다. 이 표에서 보는 바와 같이 많은 모형들이 주로 언급하고 있는 요소들은 정보원(프레젠터), 메시지, 매체(채널), 수용자(청중) 등이었으며, 그 밖에 잡음, 효과, 피드백 등이 있다. 또한 전통적 커뮤니케이션 모형과 프레젠테이션 모형에서 제시하고 있는 구성요소에서는 많은 차이를 보이고 있는데, 커뮤니케이션 상황을 구성하는 모든 요소들이 전통적 커뮤니케이션 모형에 반영되었다면, 프레젠테이션 모형에서는 프레젠터가 청중에게 메시지를 전달하는 기본 상황에서 출발하기 때문에 전달하고자 하는 '메시지'와 어떻게 전달할까에 관한 '매체'에 초점을 두고 설명

〈표 3〉 제 모형의 구성요소 분석

구분		연구자	구성요소							
			정보원	메시지	매체(채널)	수용자	잡음	효과	피드백	기타
전통적 커뮤니케이션 모형	구조적 관점	Shannon과 Weaver의 모형(1945)	○	○	○	○	○	–	–	–
		Schramn의 1모형(1956)	○	–	○	○	–	–	–	기호화 해독화
		Anderson의 모형(1968)	○		○	○	○		○	기호화 해독화
		최환진과 유종숙의 모형(2005)	○	○	○	○	–	–	○	부호화 해독화
		홍순이와 홍용기의 모형(1997)	○	○	–	○	–	–	○	부호화 해독화
	기능적 관점	Johnson의 모형	–	–	–	–	–	–	–	–
		Osgood의 모형	○	○	–	○	–	–	–	중재자
		Schramn의 2모형(1956)	○		○	○				경험 영역
	의도적 관점	Lasswell의 모형(1948)	○	○	○	○	–	○	–	–
		Hovland와 Janis의 모형(1959)	○	○	○	○	○	○	–	상황
		Berlo의 모형(1960)	○	○	○	○	–	–	–	–
	통합적 관점	차배근의 모형(1987)	○	○	○	○	○	○	○	상황
프레젠테이션 모형		도이와 다카하시의 모형(2003)	–	○	○	○	–	–	–	–
		Rotondo와 Rotondo의 모형(2004)	–	○	○	○	–	–	–	–

자료 : 김진모 외 4인, 《프레젠테이션 발표 능력 프로그램 개발》, 대한상공회의소, 2006.

하고 있다. 또한 전통적 커뮤니케이션 모형에서 구조적 관점의 여러 모형들은 전달자가 전달하고자 하는 내용을 어떻게 부호화하고 수용자가 어떻게 해독하는지에 많은 비중을 두고 있음을 알 수 있다.

여기서는 위에서 제시한 다양한 요소들 중에서 프레젠터(정보원), 메시지, 매체(채널), 수용자(청중), 효과, 피드백 등에 대해 좀더 자세히 살펴보고자 한다.

1) 프레젠터

첫번째 구성요소인 프레젠터는 프레젠테이션의 행위자를 뜻한다. 이는 한 개인일 수도 있고 집단이나 기관일 수도 있는데, 그 나름대로의 의도와 속성을 갖고 있다. 여기서 의도란 프레젠테이션을 하는 목적을 의미하며, 속성이란 프레젠터 자신이 가지고 있는 태도, 지식, 커뮤니케이션 기술, 공신력 등으로, 이것들도 프레젠테이션 효과에 영향을 미치는 요인이 되고 있다.

2) 메시지

두번째 구성요소인 메시지(message)는 프레젠터가 자기의 목적을 달성하기 위하여 고안한 내용과 기호들 또는 자극들의 집합이라 할 수 있다. 여기서 말로 의사 전달을 하였다면 말이 메시지가 될 것이고, 글을 써서 제시하였다면 글이 메시지가 될 것이며, 동영상을 촬영하여 제시하였다면 동영상이 메시지가 될 것이다. 또한 프레젠테이션을 할 때, 팔의 움직임이나 얼굴 표정 등도 메시지가 될 수 있다. 이런 메시지는 의미를 전달하고자 하는 메시지 자체의 내용에 의해 영향을 받으며 어떻게 배열하고 선택하느냐에 따라 달라진다

3) 매체

세번째 구성요소인 매체는 메시지를 담는 용기 및 그 용기의 운반체와 회로 등을 말하는 것으로, 이것을 통하여 메시지가 청중에게 전달된다.

매체와 동일한 용어로 채널(channel)을 사용하기도 한다. 매체는 프레젠터에 의해 선택되는데, 여기에는 언어적인 것뿐만 아니라 비언어적인 것도 포함된다. 또한 전자우편이나 컴퓨터 등과 같은 전자 매체도 포함된다. 그런데 상황에 따라서는 매체에 잡음이 끼어들어 메시지의 전달을 방해하는 경우도 있다.

4) 청중

네번째 구성요소인 청중은 프레젠터가 보내는 메시지를 받게 되는 한 개인이나 집단을 말한다. 그런데 이때 청중은 프레젠터의 메시지뿐만 아니라, 프레젠터의 속성이라든가 매체의 속성에 의한 영향도 함께 받아들이게 된다. 따라서 청중이 메시지를 받고 그것에 대해 반응을 보이는 것은 메시지 하나만에 대한 반응이라기보다는 그가 지각한 모든 복합적 자극에 대한 반응이라고 볼 수 있다. 또한 청중은 그러한 자극을 받고 무조건 반사적으로 반응을 보이는 것이 아니라, 복잡한 심리적 과정을 거치면서 청중의 내부에 존재하는 여러 선유 요인들과 외적 환경의 영향이나 지배도 받아 그 효과로서 반응을 나타내게 된다.

5) 효과

다섯번째 구성요소인 효과란 청중이 커뮤니케이션 자극을 받고 나타내는 반응들 중에서 특히 프레젠터가 바라고 있는 반응을 뜻한다. 프레젠테이션 상황 속에서 모든 청중이 동일한 반응을 보이지는 않는다. 어떤 청중은 프레젠터가 제시한 사항에 대해 긍정적이며 수용하려는 자세를 보이기도 하지만, 어떤 청중들은 부정적이며 거부하는 반응을 보이기도 하고, 일부 사람들은 이도 저도 아닌 무관심한 사람들도 있을 것이다. 따라서 프레젠터가 바라고 있는 반응, 즉 효과를 얻는 것은 쉬운 일이 아니며, 그것이 쉬운 일이 아니기 때문에 커뮤니케이션에 대한 지속적인 연구가 필요한 것이다.

6) 피드백

마지막 구성요소인 피드백은 프레젠터에게 되돌아오는 청중의 반응이라 풀이할 수 있는데, 구체적으로 말해서 프레젠터가 수용자의 반응을 보고 자기의 의도와 비교·평가한 후 차이가 있을 때 커뮤니케이션 자극을 수정·보완해서 되먹이는 것을 말한다. 즉, 커뮤니케이션은 자연발생적인 것이 아니라 의도된 것이어서 프레젠터의 의도를 체크하는 과정이 바로 피드백 과정이다. 이를 통해 이해가 되었는지 안 되었는지를 프레젠터와 청중이 서로 입장을 바꾸어 쌍방향으로 점검하는 것이다.

요 약

이 장에서는 당신이 프레젠테이션 스킬을 향상시켜야 하는 이유와 프레젠테이션의 개념 및 구성요소들에 대해 살펴보았다. 먼저 프레젠테이션 스킬을 향상시켜야 하는 이유로는 대인과의 생활 속에서, 학교 생활 속에서, 직장 생활 속에서 이점을 주기 때문이다. 다음으로 프레젠테이션의 개념은 구조적 관점, 기능적 관점, 의도적 관점에 따라 다양하게 정의할 수 있는데, 이런 정의들을 종합해보았을 때 프레젠테이션은 프레젠터가 청중에게 정보와 메시지를 전달하고 공통된 의미를 수립하며, 나아가 청중의 행동에 변화를 유발시키는 모든 과정을 의미한다고 할 수 있다. 즉, 프레젠테이션이란 청중의 존재를 전제로 그들에게 알리고싶은 것이나 그들이 알고싶어 하는 것을 알기 쉬운 형태로 제공하여 청중의 행동을 변화시키고자 하는 활동이라 할 수 있다. 다음으로 프레젠테이션의 구성요소들은 구조적 관점, 기능적 관점, 의도적 관점 등, 프레젠테이션의 관점에 따라 각기 다른 요소들로 이루어져 있으며, 공통적으로 제시되는 요소들로는 프레젠터, 메시지, 매체, 청중, 효과, 피드백 등이 있다.

▶▶▶ 주요 용어

커뮤니케이션 인간들이 서로 정보와 메시지를 전달하고 수신해서 공통된 의미를 수립하고, 나아가서는 서로의 행동에 변화를 유발시키는 모든 과정.

프레젠테이션 청중의 존재를 전제로 그들에게 알리고싶은 것이나 그들이 알고싶어 하는 것을 알기 쉬운 형태로 제공하여 청중의 행동을 변화시키고자 하는 활동.

▶▶▶ 참고 문헌

김진모 외 4인, 《프레젠테이션 발표 능력 프로그램 개발》, 대한상공회의소, 2006.

도이 사토시, 다카하시 슌스케, 곽해선 옮김, 《로지컬 프레젠테이션》, 이다미디어, 2003.

장용진, 《프리젠테이션 모든 것》, 청림출판, 2002.

차배근, 《커뮤니케이션학(상)》, 세영사, 1987.

홍순이, 홍용기, 《커뮤니케이션론》, 한올출판사, 1997.

HovLand, C. I. & Janis, I. L., "An Overview of Persuasibility Research", in C. I. HovLand & I. L. Janis(eds.), *Personality and Persuasibility*, New Haven : Yale University Press, 1959.

Sellnow, D. D., *Confident Public Speaking*, Belmont : Thomson Wadsworth, 2005.

Shannon, C. E. & Weaver, W., *The Mathematical Theory of Communication*, University of Illinois, 1949.

제2장 프레젠테이션의 유형 및 절차

1. 프레젠테이션의 유형
2. 프레젠테이션의 과정

학습 목표

◎ 프레젠테이션의 유형 분류를 이해할 수 있다
◎ 프레젠테이션의 과정 및 세부 절차를 이해할 수 있다

개 요

사람이 일생에 걸쳐 경험하는 프레젠테이션은 다양하다. 프레젠테이션이 이루어지는 형태에 따라서, 프레젠테이션에 참여하는 청중의 규모에 따라서, 프레젠테이션을 실시하는 목적에 따라서, 프레젠테이션의 성격에 따라서 유형이 다양하다. 따라서 프레젠터는 자신이 실시하는 프레젠테이션이 어떤 유형인지를 정확하게 파악함으로써 좀더 좋은 결과를 얻을 수 있을 것이다.

프레젠테이션은 어떻게 준비해야 할까? 이를 위해서는 프레젠테이션의 과정이 어떤 절차로 진행되는지 이해할 필요가 있다. 즉석에서 실시하는 프레젠테이션을 제외하고는, 보다 효과적인 프레젠테이션이 이루어지려면 계획적인 절차에 따라 진행되어야 한다. 여기서는 프레젠테이션의 이해를 위해 프레젠테이션의 유형을 어떻게 분류하는지, 그리고 어떤 과정을 거쳐 프레젠테이션이 진행되는지를 살펴보고자 한다.

1. 프레젠테이션의 유형

프레젠테이션은 매우 다양한 형태로 실시되고 있다. 예를 들어, 프레젠터가 학생인 경우에는 프레젠테이션의 유형을 수업 중의 발표, 소규모 그룹 발표, 학생 대표로서의 발표, 선거 및 모임에서의 발표, 잡(job) 인터뷰 등의 발표로 구분하기도 한다(Emden, Becker, 2004). 이처럼 다양한 프레젠테이션은 형태, 성격, 규모, 목적에 따라 다음과 같이 분류할 수 있다.

가. 형태에 의한 분류

일반적으로 가장 많이 알려진 프레젠테이션의 형태는 광고 프레젠테이션이라고 할 수 있다. 광고회사가 특정 제품이나 브랜드의 광고 기획을 광고주에게 프레젠테이션하는 것이다. 광고 프레젠테이션에는 새로운 광고주의 광고를 수주하기 위해 여러 회사가 경합하는 경합 프레젠테이션이 있고, 기존 광고주의 연간 광고 기획을 프레젠테이션하는 애뉴얼(annual) 프레젠테이션 등이 있다.

최근에 관심을 끌고 있는 프레젠테이션 형태 가운데 하나는 IPO(Initial Public Offering)를 위한 사업 설명회이다. 사업 설명회는 투자자들에게 사업 계획을 설명해 자사 주식을 구매하도록 유도하고자 하는 것이다. 이 밖에도 신제품 발표, 업무 보고, 영업 보고, 프로젝트 제안, 세미나 주세 발표나 강의, 교육 및 판매 촉진 행사 등 기업 내외부에서 다양한 형태의 프레젠테이션이 실시되고 있다.

나. 규모의 의한 분류

프레젠테이션에 참석하는 청중의 규모에 따라 프레젠테이션을 분류할 수 있다. 먼저 1 대 1 프레젠테이션은 프레젠터 1명이 청중 1명을 대상으로 하는 것을 말하며, 미니 프레젠테이션은 2~5명 정도의 청중을 대상으로 하는 것을 말한다. 소그룹 프레젠테이션은 10~20명 정도의 청중을 대상으로 하는 것이며, 대그룹 프레젠테이션은 50~100명 이상의 청중을 대상으로 하는 것을 말한다.

생각해보기

당신이 최근에 실시한 프레젠테이션 중 참여 인원이 10명 이상인 경우를 생각해보라. 그 프레젠테이션에서 당신은 효과적이었는가, 아니면 효과적이지 않았는가? 효과적이지 않았다면 그 이유는 무엇일까?

다. 목적에 의한 분류

프레젠테이션을 실시하는 목적에 따라 분류할 수 있다. 먼저 동기부여를 위한 프레젠테이션은 특정 주제에 대한 청중의 무관심을 관심으로 전환하기 위한 것이며, 정보 제공을 위한 프레젠테이션은 청중들이 특정 주제에 대해 모르는 것을 알게 하기 위한 것이다. 설득 목적은 청중으로 하여금 특정 사안에 대해 태도를 갖게 하거나 변화시키고, 어떤 일을 하기로 결심하게 하기 위한 것이다. 행동화란 청중으로 하여금 특정 행동을 취하게 하기 위한 것이다. 오락 목적은 청중에게 즐거움을 주기 위한 것이다. 대부분의 프레젠테이션은 설득이나 정보 제공을 위해 행해진다고 볼 수 있다.

종종 둘은 구분이 어렵다. 설득적 프레젠테이션은 설득뿐만 아니라 정보를 제공해야 한다. 같은 방법으로 많은 정보를 제공하기 위한 프레젠테이션은 간접적으로 설득한다. 만약 당신의 목적이 청중으로 하여금 자신들의 신념을 변화시키도록 설득하는 것이라면 당신의 프레젠테이션은 설득적 프레젠테이션이다. 그러나 당신의 의도가 단순히 청중이 문제를 이해하도록 일깨우는 것이라면 그것은 정보적 프레젠테이션이다. 화자의 의도가 프레젠테이션의 유형을 결정한다. 화자인 당신에게 프레젠테이션의 두 유형은 서로 다른 접근을 요구하기 때문에 프레젠테이션을 하기 전에 이러한 결정을 내려야만 한다. 이 두 가지를 좀더 자세히 살펴보기로 하자.

1) 정보적 프레젠테이션

정보적 프레젠테이션의 최우선 목적은 지식을 공유하고 상호간의 이해를 형성하는 것이다. 즉, 정보적 프레젠테이션은 누가, 언제, 어디서, 무엇을 등과 같은 질문에 답함으로써 청중과 지식을 공유하는 것이다. 정보적 프레젠테이션에서 프레젠터는 사물, 사건, 사람, 과정, 절차, 개념 등에 대한 질문에 답을 하는 선생님이라 할 수 있을 것이다.

정보적 프레젠테이션을 포함하는 모든 프레젠테이션은 목적에 그 근거를 두고 있다. [그림 4]에서 보는 것처럼, 프레젠테이션의 목적은 매우 다양함을 알 수 있다. 정보적 프레젠테이션의 성공과 실패는 청중이 그들 자신의 삶에 전달된 내용들을 얼마나 잘 이해하고 유지하며 적용하는가에 달려 있다.

정보적 프레젠테이션에서 유념해야 할 사항은 청중들의 주의 집중을 획득하는 것과 이를 유지하는 것이다. 실제로 프레젠테이션 상황에서 청중들의 주의를 집중하게 하고 이를 유지하는 것은 매우 어려운 일이다. 청중들을 주의 집중하게 함으로써 정보적 프레젠테이션의 목적을 달성할 수 있을 것이다.

가) 정보적 프레젠테이션의 유형

정보적 프레젠테이션의 유형은 이해의 방향에 따라 구분하는 것으로, 서술적(description)·설명적(explanation)·논증적(demonstration) 프레젠테이션으로 유형화할 수 있다. 좋은 프레젠테이션은 이들 세 가지 유형들을 포함하고 있지만 주요 초점은 하나에 집중하게 된다. 프레젠테이션의 유형은 프레젠터가 무엇을 명확하게 하기를 원하는지에 따라 결정된다.

① 서술적 프레젠테이션 : 서술적 프레젠테이션은 청중의 마음속에

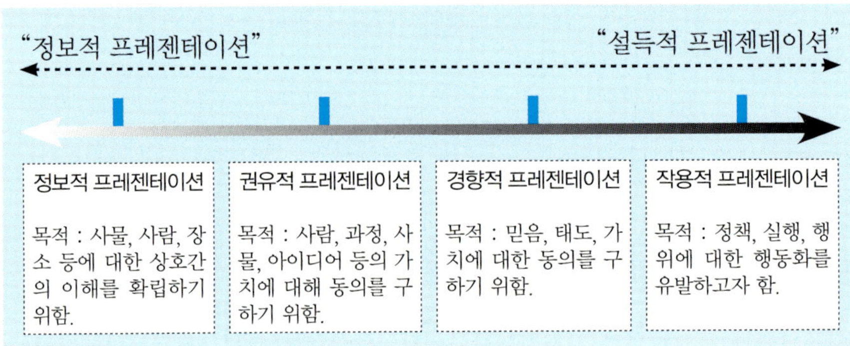

[그림 4] 프레젠테이션의 연속

자료 : Sellnow, D. D., *Confident Public Speaking*, Belmont : Thomson Wadsworth, 2005, 329쪽.

명확한 그림을 그리도록 하는 것으로 표현할 수 있다. 이 유형의 프레젠테이션은 '누가', '무엇을', '어디에서'와 같은 질문에 답을 제시해주는 형태이다.

② 설명적 프레젠테이션 : 이 유형은 청중에게 내용을 명확하게 해석할 수 있도록 해주는 방법으로, '왜'와 같은 질문이라든지, 이슈, 개념, 아이디어, 신념 등에 초점을 두고 있다.

③ 논증적 프레젠테이션 : 이 유형은 절차나 과정 등을 명확하게 해주는 방법으로, 기계를 작동하는 방법, 업무가 진행되는 과정 등과 같이 '어떻게'와 같은 질문에 답을 제공해준다.

나) 높은 품질의 정보적 프레젠테이션의 특성들

대부분의 비즈니스 프레젠테이션에서는 간략하고, 명확하고, 직접적인 것을 선호한다고 제시되어 있다. 또한 객관적이고, 직설적이며, 분명해야 성공적인 프레젠테이션이 될 수 있다고 제시되어 있다. 따라서 정보적 프레젠테이션이 성공적으로 진행되기 위해서는 다음 일곱 가지 특성들을 고려해야 할 것이다(Hamilton, 1990).

① 정확성(accuracy) : 실제 상황 또는 활동 보고
② 객관성(objectivity) : 편견이나 사실에 대한 느낌보다는 상황 또는 활동의 사실 보고
③ 완전성(completeness) : 관련된 모든 사실 보고
④ 선별성(selectivity) : 관련된 사실만 보고
⑤ 공정성(impartiality) : 모든 또는 양면 보고(한쪽 측면만을 보고하는 경우에도 객관적일 수 있기 때문에 객관성과 다르다)
⑥ 해석성(interpretation) : 독자 또는 청중의 이해를 위해 필요한 배경 지식 제공
⑦ 명확성(clarity) : 독자나 청중에게 명확한 용어로 상황 또는 활동을 설명

2) 설득적 프레젠테이션

설득이라는 한자를 풀이하면 어떤 사실을 쪼개어 말하고 알린다는 의미이고, 사람의 태도, 신념, 가치, 행위에 영향을 주는 과정이라 할 수 있으며, 설득적 프레젠테이션이란 연설이나 발표를 통해 다른 사람의 태도, 믿음, 가치, 행위 등에 영향을 주는 과정이라 할 수 있다. 이러한 설득적 커뮤니케이션은 작게는 일상에서 크게는 정치, 경제, 교육 등 사회에서 일어나는 모든 일에 중요한 기능을 담당하고 있다. 이처럼 설득적 커뮤니케이션은 우리 사회의 모든 분야에서 중요한 기능을 수행하고 있기 때문에 때로는 잘못 이용되거나 악용될 경우 사회에 악영향을 줄 수도 있다.

조직의 관점에서 설득적 프레젠테이션은 조직 외부의 개인 또는 그룹에게 행해진다. 이러한 프레젠테이션은 좀더 형식적이다. 예를 들어, 조직의 한 기술자가 다른 회사에서 방문한 기술자를 위하여 새로운 생산품에 대한 형식적 프레젠테이션을 계획하는 것이다. 많은 회사들은 또한 훌륭한 공적 이미지를 위해서 또는 부정적인 것을 변화시키기 위해서 일반 대중에게 설득적 프레젠테이션을 한다.

설득적 프레젠테이션 상황 속에서 청중을 설득하는 데 영향을 주는

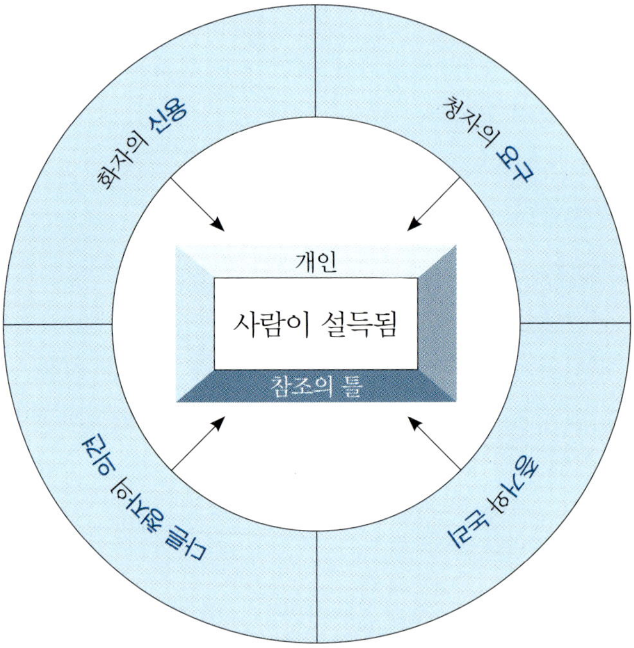

[그림 5] 설득에 영향을 주는 요인들

자료 : Hamilton, C., *Communicating for Results*(3rd), Wadsworth, 1990.

요소로는 [그림 5]에서 보는 바와 같이 ① 메시지의 증거와 논리성, ② 프레젠터의 신뢰성, ③ 청중의 심리적 요구, ④ 청중의 의견이라는 네 가지를 들 수 있다(Hamilton, 1990).

첫째로, 대부분의 사람들은 자신이 논리적인 사람이라 믿고 있으며, 프레젠테이션 상황 속에서 프레젠터가 증거와 논리성을 사용하기를 기대한다. 따라서 프레젠터는 뛰어난 논리성과 증거를 활용하여 청중을 설득하도록 해야 한다.

둘째로는 설득에 영향을 주는 프레젠터의 신뢰성으로, 연구 결과에 따르면 신뢰성이 높을수록 설득력이 올라간다고 한다. 이러한 신뢰성은 ① 믿음, ② 역량, ③ 역동성, ④ 객관성을 확보함으로써 획득된다.

셋째, 증거와 논리성을 사용하고, 프레젠터가 신뢰성이 있다 하더라도 청중의 심리적 요구를 충족하지 못하면 설득은 실패할 수밖에 없다. 따라서 청중의 요구를 파악하는 것은 매우 중요하다. 성공적인 프레젠테이션이 되려면 프레젠터는 청중의 개인적 요구와 직무 보상의 요구가 무엇인지를 분석한 후 이런 요구와 관련된 설득적 제안을 해야 한다.

마지막으로 설득에 영향을 주는 요인인 '그 밖의 청중의 의견'은 조직이나 단체에서 주요 인사를 파악하여 이들을 설득함으로써 다른 조직원들을 설득할 수 있음을 의미한다.

설득적 프레젠테이션에는 다음과 같은 여섯 가지 원칙이 사용된다(문용식, 2000).

첫째로 상호성의 원칙이다. 인간은 관계의 그물 속에서 살아간다. 인간의 관계는 일방적으로 주거나 받는 것이 아니라 서로간에 주고받는 관계가 지속될 때라야 올바르게 유지될 수 있다. 이처럼 상호성의 원칙은 인간이 살아가는 데 필수적인 원칙이다. 설득적 프레젠테이션에서도 상호성의 원칙을 잘 활용해야 한다.

둘째로 일관성의 원칙이다. 일관성이란 어떤 입장을 취하게 되면 그 결정에 대해 한결같은 태도를 갖는 것을 말한다. '남아일언중천금'이라는 말도 있듯이, 사회에서는 일관성에 대해 높은 가치를 부여하고 있다 설득적 프레젠테이션에서도 프레젠터가 일관성을 유지하지 못하고 상황에 따라 말을 달리한다면 청중에게 신뢰감을 줄 수 없으며, 프레젠테이션도 성공적이지 못할 것임은 자명하다.

셋째로 사회적 증거의 원칙이다. 이는 다른 사람들이 하는 대로 행동와하려는 경향, 즉 다수를 따라가려는 것이 사회적 증거의 원칙이다. 예를 들어, 사회적으로 유명한 연예인들을 활용한 광고는 대중들로 하여금 '그럼 나도 한번' 하는 심리가 되도록 한다. 설득적 프레젠테이션에서도 이런 사회적 증거를 활용할 수 있는데, 의도적으로 조작되거나 잘못된 정보를 활용하지 않도록 해야 한다.

넷째로 호감의 원칙이다. 이는 상대방으로 하여금 나를 좋아하게 만드는 것이다. 호감의 원칙을 사용할 때는 신체적 매력, 사회적 매력, 기능적 매력 등을 활용하는 것이 좋다. 신체적 매력의 경우는 초기 단계에서는 중요하지만, 다음 단계로 넘어가고 시간이 지날수록 다른 요소의 매력이 중요하게 된다.

다섯째로 권위의 원칙이다. 인간은 권위에 약하다. 특히 우리나라와 같이 군사 문화와 유교 문화 속에서 살아온 경우에 특히 이러한 경향이 심하게 나타난다. 설득적 프레젠테이션 상황에서도 동일한 이야기를 일반 시민이 하는 것보다는 교수나 국회의원, 의사 등의 전문가들이 행할 때 더 효과적일 수 있다.

마지막으로 희귀성의 원칙이다. 이는 인간이 쉽게 얻을 수 없는 것에 높은 가치를 부여하는 것을 의미하는 것으로, 우리가 흔히 접할 수 있는 한정 판매 광고는 희귀성의 원칙이 적용된 예라 할 수 있다.

라. 성격에 의한 분류

프레젠테이션은 그 성격에 따라 공식적인 것에서부터 비공식적인 것까지 분류할 수 있다. 공식적인 것은 광고 프레젠테이션이나 기관 행사에서의 브리핑처럼 형식을 갖추어 시행되는 것으로, 대개 어떠한 기관이나 조직을 위해 이루어지는 것이다. 대부분의 프레젠테이션이 공식적인 성격을 띠지만, 보다 자유로운 분위기에서 형식에 구애받지 않고 이루어지는 프레젠테이션도 있을 수 있다.

비형식 프레젠테이션과 형식 프레젠테이션 모두 선행 연구, 주의 깊은 계획, 적합한 조직을 필요로 하며, 이러한 모든 것들이 효과적이기 위해서는 청중의 요구와 관련이 있어야 한다. 비형식 프레젠테이션과 형식 프레젠테이션의 실제적인 차이를 단순하게 보자면, 청중의 크기와 화자의 위치에 있다고 할 수 있다. 비형식 프레젠테이션은 한두 사람을 대상으로 하는 반면에, 형식 프레젠테이션은 보통 더 큰 그룹을 대상으로 이루어진다. 비형식 프레젠테이션은 보통 앉아서 하게 되고, 형식 프레젠테이션은 화자가 서 있을 것을 요구한다.

2. 프레젠테이션의 과정

프레젠테이션의 과정은 프레젠테이션의 유형이나 목적, 프레젠터의 특성 등에 따라 약간의 차이를 보이지만 대동소이하다. 프레젠테이션의 과정과 관련하여 Kirkpatrick(1983), Polonsky와 Waller(2004), Zelazny(2001), 최환진과 유종숙(2005) 등이 다양한 과정들을 제시하고 있는데, 이들 각각을 살펴보기로 하자.

가. 최환진과 유종숙의 프레젠테이션 과정

프레젠테이션의 과정을 크게 프레젠테이션 계획, 프레젠테이션 준비, 프레젠테이션 실시 등과 같이 3단계로 구분하고 있다. 첫 단계는 프레젠테이션 계획으로 청중 분석과 목표 설정 등 전략을 수립하고 메시지를 구성하는 단계이다. 그리고 이러한 메시지를 효과적으로 전달할 시청각 계획을 수립한다. 다음으로 프레젠테이션 준비를 하는데, 여기에는 슬라이드 디자인 제작과 프레젠테이션 편성이 포함된다. 마지막으로 프레젠테이션을 실시하게 되는데, 여기에는 프레젠테이션 실행과 프레젠터의 전달, 후속 조치 등이 포함된다.

1) 프레젠테이션의 계획

프레젠테이션 계획은 전략을 명확히 수립하고, 이러한 전략 아래에서 메시지를 구성하며, 이러한 메시지를 효과적으로 전달할 수 있는 시청각 매체를 결정하는 것을 말한다.

가) 전략

프레젠테이션 전략은 청중을 분석해 청중이 처한 상황이 어떠하고 원하는 것이 무엇인지를 명확히 하는 데서 비롯된다. 이러한 청중 분석을 바탕으로 프레젠테이션을 통해 달성하고자 하는 목표를 명확히 설정하고, 이러한 목표 달성을 위해 프레젠테이션을 어떻게 전개할 것인지에 대한 전략 방향을 결정한다.

나) 메시지

앞서 결정한 전략 방향에 따라 메시지의 주제를 명확히 정하고, 이러한 주제를 효과적으로 제시하기 위한 메시지를 구성한다. 먼저 전달할 메시지의 요점을 정하고 흥미를 끌 수 있는 시작 메시지와 강력한 인상을 남길 수 있는 종결 메시지를 정해 원고를 작성한다. 이때 청중을 설득할 수 있는 논리를 개발해야 함은 물론 청중을 감동시킬 수 있는 방법도 강구해야 한다. 아울러 핵심 메시지를 청중들이 기억할 수 있도록 하는 방안도 고려해야 한다.

다) 시청각 매체

앞서 구성한 메시지를 효과적으로 전달할 수 있는 시청각 매체의 사용 계획을 세운다. 어떠한 형태의 시청각 매체를 사용할 것인지, 이러한 시청각 매체를 기능별로 어떻게 사용할 것인지를 결정한다. 예를 들어, 광고 프레젠테이션의 경우 전략을 제시할 때는 파워포인트로 제작한 메시지를 빔 프로젝터를 통해 보여주고, TV광고 표현은 VTR로 보여주며, 인쇄 광고 표현안은 시안을 하드보드에 붙여 보여주는 등의 방법을 생각할 수 있다.

2) 프레젠테이션의 준비

프레젠테이션 준비 단계에서는 시청각 도구를 통해 전하고자 하는 메시지를 슬라이드로 디자인해 제작하는 작업과 프레젠테이션을 편성하는 작업을 동시에 진행한다.

가) 슬라이드 디자인/제작

시청각 도구를 통해 구성한 메시지를 전달하기 위해서는 슬라이드 디자인과 제작 과정을 거쳐야 한다. 메시지를 도해화(圖解化)하는 작업에서 시작해, 화면이나 글자의 색, 크기, 레이아웃까지의 슬라이드 디자인 작업을 통해, 메시지를 효과적으로 전달할 수 있으면서도 세련되고 감각적인 느낌을 줄 수 있도록 디자인의 완성도를 높여야 한다.

나) 프레젠테이션의 편성

프레젠테이션 편성이란 프레젠테이션 실행을 위한 제반 여건을 준비하는 것을 말한다. 즉, 각 프레젠터 간의 역할 분담을 결정하고 프레젠테이션 현장에서 각 팀원의 임무를 정한다. 현장에서 청중의 좌석 배치 및 프레젠터와 시청각 도구의 위치를 결정한다. 리허설을 실시하고 시청각 도구 등이 제대로 작동하는지 최종 점검한다. 아울러 프레젠테이션에서 배포할 문서를 준비해야 한다.

3) 프레젠테이션 실시

프레젠테이션 실시 단계에서 프레젠터는 자신의 목소리와 바디랭귀지를 통해 메시지를 전달한다. 이때 첫인상을 좋게 하고, 청중과 상호 작용을 활성화해 효과를 높일 수 있도록 한다. 질의응답도 프레젠테이션 실시 단계에서 고려해야 할 중요한 부분이다.

가) 프레젠테이션의 실행

프레젠테이션은 프레젠터의 개인 스타일에 맞게 실행되어야 한다. 프레젠터는 명확한 자아 이미지를 살리고 표현해야 한다. 프레젠터는 시청각 도구를 잘 활용하면서 청중과 눈맞춤을 통해 상호 작용을 해야 한다.

나) 프레젠터의 메시지 전달

프레젠터는 목소리와 바디랭귀지를 통해 메시지를 전달한다. 프레젠터의 바디랭귀지는 프레젠터에 대한 신뢰와 호감을 좌우하는 중요한 요소로, 메시지 전달에도 큰 영향을 준다. 이때 긴장을 해소해 평정심 속에서 자신 있게 메시지를 전달하는 것이 매우 중요하다.

다) 질의응답

프레젠테이션 동안 질문을 받고 답변을 한다. 이때 질문에는 청중의 프레젠테이션 내용에 대한 반응이 나타나므로 이를 잘 파악하고 대응해야 한다. 특히 프레젠터의 답변은 프레젠테이션 전반에 대한 인상을 남기게 되므로 마무리를 잘 해야 한다. 대부분의 비즈니스 프레젠테이션에서는 청중의 주관적인 평가가 이루어지므로 어떻게 좋은 평가를 받아서 소기의 성과를 거둘 것인지까지 생각해야 한다.

나. Zelazny의 프레젠테이션 과정

Zelazny(2001)는 성공적인 비즈니스 프레젠테이션을 위한 3단계의 절차를 제안하였는데, 첫번째 단계는 '상황의 정의'이고, 두번째 단계는 '프레젠테이션의 계획'이며, 세번째 단계는 '프레젠테이션의 실행'이다.

먼저 '상황의 정의'에서는 비즈니스 현장에서 청중의 행동을 원하는 방향으로 유도하기 위해 무엇을 해야 하는지 점검하는 단계이다. 여기에서는 왜 이 프레젠테이션을 준비하였는가?, 이를 통해 달성하고자 하는 바는 무엇인가?, 이 프레젠테이션에 참석하는 청중들 가운데 결정권자가 누구인가?, 청중들로부터 예상되는 어려운 질문은 무엇인가?, 효과적으로 메시지를 전달하기 위해 어떤 매체를 활용해야 하는가? 등의 질문들을 통해 방향을 설정한다. 이를 위해서 다음과 같은 네 가지 사항들을 제안하였다.

① 프레젠테이션의 목표를 구체화하라.
② 청중을 분석하라.
③ 시간을 확인하라.
④ 매체를 선택하라.

다음으로 '프레젠테이션의 계획'은 청중들에게 전달하고자 하는 메시지를 정의하고 작성하는 단계이다. 여기에서는 청중의 문제에 답을 하기 위해 메시지를 확정하고, 확정된 메시지를 논리적으로 전개하기 위해 줄거리를 구성하며, 효과적으로 메시지를 전달하기 위한 방법들을 어떻게 활용할 것인지, 실용적인 차원에서 다음과 같이 여덟 가지로 제시하였다.

① 메시지를 확정하라.
② 줄거리를 구성하라.
③ 서론을 작성하라.
④ 결말을 계획하라.
⑤ 비주얼을 활용하라.
⑥ 그래프를 도안하라.
⑦ 문자 비주얼을 고안하라.
⑧ 스토리보드를 이용하라.

마지막으로 '프레젠테이션의 실행'은 청중에게 전달하고자 하는 메시지가 작성된 이후부터 청중 앞에서 실행하는 과정을 포함하는 단계이다. 이 단계에서 중요한 것은 프레젠터가 자신감·확신·열정을 가지고 프레젠테이션에 임하는 것이다. 청중들은 프레젠테이션을 주도하는 프레젠터에게서 자신감, 열정, 확신을 확인하려 하기 때문에 이것들이 표출될 때 청중들은 프레젠터의 메시지에 집중하고 프레젠터의 이야기에 따라갈 것이다. 이를 실천하기 위해 다음과 같이 일곱 가지를 제시하였다.

① 자신감·확신·열정을 투사하라.
② 연습하라, 결점을 찾아서.
③ 시설과 장비를 설치하라.
④ 전달의 기술을 이용하라.
⑤ 질문에 답하는 것을 두려워하지 마라.
⑥ 유머는 진지하게 사용하라.
⑦ 침묵에 귀를 기울여라.

다. Kirkpatrick의 프레젠테이션 과정

Kirkpatrick(1983)은 많은 교육 훈련 프로그램들이 개인의 학습과 개발에 많은 노력을 기울이지만 정작 개개인이 가지고 있는 아이디어를 효과적으로 의사소통하는 방법에 대해서는 소홀하다고 언급하면서 효과적인 프레젠테이션을 위한 3단계 모델을 제시하였다. 이 모델에서 각각의 단계는 자료의 준비, 자료의 개인화, 집단 상호 작용의 지원으로 구성된다.

1) 자료의 준비

프레젠테이션을 준비하는 과정에서 프레젠터는 철저하게 자료를 조직화하고 숙지해야만 한다. 그 첫째 이유는, 잘 조직된 전달은 전문성을 나타내주기 때문이다. 이때 프레젠터는 전문성을 보여주는 중에 완고한 자세를 취하지 않도록 조심해야 하며, 확실성과 진실성을 보여주어야 한다. 둘째 이유는, 설득적인 또는 비설득적인 논평과 질문들 속에는 전문가로서의 지식과 기술이 담겨 있어야 하기 때문이다. 셋째 이유는, 프레젠터가 어떻게 프레젠테이션을 전달할 것인가, 어떻게 청중을 반응하게 할 것인가에 대해 많은 시간과 주의를 기울여야 하기 때문이다.

2) 자료의 개인화

두번째 단계는 인지적 영역과 관련된 부분으로, 프레젠터가 청중의 배경에 대해서 점검하는 것을 의미한다. 청중 개개인의 신념, 흥미, 직업 등을 파악함으로써 프레젠터는 청중에게 맞는 의미 있는 자료를 준비할 수 있다. 따라서 프레젠터는 청중의 요구와 바람이 무엇인지를 파악하기 위해 자신이 할 수 있는 모든 노력을 경주해야 한다. 청중의 요구에 맞게 자료와 프레젠테이션을 준비하는 것은 청중들의 의미 있는 참여와 상호 작용에 크게 기여한다.

3) 집단 상호 작용의 지원

이 단계는 참여자들이 능동적인 태도로 자료를 가지고 서로간에 상호 작용할 수 있도록 지원해주는 것을 의미한다. Kirkpatrick은 두번째 단계인 자료의 개인화가 학습의 극대화를 위해 필요하지만 충분하지 않다고 제안하면서, 개인화된 자료를 가지고 능동적으로 상호 작용할 때 학습 효과가 높아진다고 제안하였다. 이렇게 함으로써 참여자들은 제안된 자료의 부분 혹은 전체에 대해 자기의 것으로 만들거나 여러 가지 대안들을 수용할 수 있는 역량을 기르게 된다.

라. Polonsky와 Waller의 프레젠테이션 과정

Polonsky와 Waller(2004)는 연구프로젝트와 관련하여 중요한 아이디어나 요소를 강화하기 위한 도구로서 구두 프레젠테이션의 중요성을 강조하였다. 구두 프레젠테이션은 멀티미디어를 사용하여 발견한 결과를 알릴 수 있고, 청중의 질문에 답함으로써 이슈를 명확하게 하는 데 도움을 준다. 이런 구두 프레젠테이션으로 ① 프레젠테이션의 준비(before presentation), ② 프레젠테이션의 실행(the presentation), ③ 매듭짓기(wrapping up)의 3단계를 제안하였다.

1) 프레젠테이션의 준비

효과적인 프레젠테이션은 준비를 필요로 하며, 이는 프레젠터가 프레젠테이션을 하는 동안 중요한 사항을 생략한다든지 혹은 자신의 성과를 효과적으로 전달하지 못하는 것을 최소화하는 데 도움이 된다. 구두 프레젠테이션은 자신의 연구 성과를 알리는 기회이기 때문에 많은 준비를 필요로 한다. 또한 구두 프레젠테이션의 기회가 적은 프레젠터일수록 많은 준비를 해야 본래의 목적을 달성할 수 있을 것이며, 이를 위해 다음과 같은 사항을 고려해야 한다고 제안하였다.

① 청중 알기(know the audience)

② 상황 알기(know the surroundings)

③ 프레젠테이션 계획(plan the presentation)

2) 프레젠테이션의 실행

프레젠테이션의 유형을 형태, 규모, 목적, 성격 등에 따라 분류한 것에서 알 수 있듯이, 프레젠테이션에는 다양한 유형이 존재한다. 따라서 프레젠터는 자신이 실행하는 프레젠테이션이 어떤 유형인지를 파악하고, 자신의 프레젠테이션을 효과적으로 전달하기 위해 필요한 스킬과 활동이 무엇인지 명확히 알아야 한다. Polonsky와 Waller(2004)는 스킬과 활동들을 프레젠테이션의 내용과 프레젠테이션 스타일로 구분하여 제시하였다.

먼저 프레젠테이션의 내용은 구두 프레젠테이션의 중요한 부분으로서 의사소통하고자 하는 내용이며, 효과적으로 내용을 전달하기 위해 프레젠테이션을 구조화하는 것을 의미한다. 내용을 구조화할 때 인식해야 할 사항으로 ① 시작을 조심하라(beware of beginning), ② 엔딩을 준비하라(prepare the ending), ③ 시각에 호소하라(be visual) 등을 제안하였다.

프레젠테이션 내용이 계획되고 준비되었다면 다음에 필요한 노력이 프레젠테이션 스타일이다. 이는 효과적으로 메시지를 전달하는 스킬과 활동에 관련된 부분으로, 프레젠터가 이들 스킬과 능력을 적절하게 활용할 때 효과적인 프레젠테이션이 될 수 있다고 설명하고 있다. 이를 위해서 프레젠터가 명심해야 할 몇 가지 사항을 제시하였는데, ① 내용을 읽지 마라(don't read), ② 목소리를 크고 명확하게 하라(speak up and be clear), ③ 자신의 음성을 사용하라(use your voice), ④ 바디랭귀지를 사용하라(use body language), ⑤ 흥미롭게 열정적으로 하라(be interested and enthusiastic), ⑥ 보조 활동이나 자료를 활용하라(support activities and materials), ⑦ 적극적으로 임하라(be positive), ⑧ 제한된 시간을 엄수하라(keep to time limits), ⑨ 전문가가 되라(be professional) 등이 그것이다.

3) 매듭짓기

구두 프레젠테이션은 유연할 뿐만 아니라 문자로 표현된 것보다 뛰어나다는 이점을 가지고 있다. 이런 이점은 다음의 두 가지 활동에서 나타나는데, 그것은 '질문 다루기'와 '보충 자료의 전달'로서 프레젠테이션의 종결 부분에 행해지는 활동이다. 먼저 질문 다루기에서는 청중에게 명확하지 못한 사항들을 직접 다룰 수 있다. 심지어 프레젠테이션을 평가할 때 얼마나 질문을 잘 다루었는지가 고려되는 것도 이러한 이유 때문이다. 프레젠테이션을 하는 동안 질문에 대한 답은 프레젠테이션 중에 혹은 끝난 후에 모두 가능하지만, 질문에 대한 처리는 프레젠테이션이 끝난 후에 하는 것이 적절하다. 왜냐하면 질문에 대한 답변은 시간을 소모하며, 프레젠테이션의 흐름을 끊기 때문이다.

다음으로 프레젠테이션을 시작하기 전에 혹은 진행 중에 보충 자료를 전달하는 것은 주의를 산만하게 만드는 반면, 프레젠테이션이 끝난 후에 보충 자료를 전달하는 것은 프레젠테이션에서 전달하고자 하는 요점을 강화하는 데 도움이 된다. 따라서 요약본, 파워포인트 노트, 전체 자료 등은 프레젠테이션이 끝난 후에 나누어주는 것이 적절하다.

이상과 같이 프레젠테이션의 과정은 다양한데, 이를 종합하면 〈표 4〉와 같다.

이 표에 따르면, 최환진과 유종숙(2005)은 프레젠테이션의 과정을 크게 ① 프레젠테이션 계획, ② 프레젠테이션 제작, ③프레젠테이션 실시라는 3단계로 구분하였으며, Zelazny(2001)는 성공적인 비즈니스 프레젠테이션을 위한 3단계로 ① 상황의 정의, ② 프레젠테이션의 계획, ③ 프레젠테이션의 실행을 제안하였다.

다음으로 Kirkpatrick(1983)은 효과적인 프레젠테이션을 위해서 ① 자료의 준비, ② 자료의 개인화, ③ 집단 상호 작용의 지원으로 구성된 모델을 제안하였고, Polonsky와 Waller(2004)는 연구 프로젝트와 관련하여 중요한 아이디어나 요소를 강화하기 위한 도구로 구두 프레젠테이션의 중요성을 강조하면서, 구두 프레젠테이션 과정을 ① 프레젠테이션의 준비, ② 프

〈표 4〉 여러 모형의 프레젠테이션 과정 비교

연구자	계획	준비 및 설계	전달
최환진과 유종숙(2005)	1) 프레젠테이션의 계획 – 전략 – 메시지 – 시청각 매체	2) 프레젠테이션 준비 – 슬라이드 디자인/제작 – 프레젠테이션 편성	3) 프레젠테이션 실시 – 프레젠테이션의 실행 – 프레젠터의 메시지 전달 – 질의응답
Zelazny(2001)	1) 상황의 정의 – 목표의 구체화 – 청중 분석 – 시간 확인 – 매체 선택	2) 프레젠테이션의 계획 – 메시지 확정 – 줄거리의 구성 – 서론의 작성 – 결말의 계획 – 비주얼의 활용 – 그래프의 도안 – 문자 비주얼 고안 – 스토리보드 이용	3) 프레젠테이션의 실행 – 자신감·확신·열정의 투사 – 연습 – 시설 장비의 설치 – 질문에 답하기 – 유머의 활용 – 침묵에 귀 기울이기
Kirkpatrick(1983)	1) 자료의 준비 : 프레젠테이션이 실행되기 전에 점검하는 것과 관련됨	2) 자료의 개인화	3) 집단 상호 작용의 지원
Polonsky와 Waller(2004)	1) 프레젠테이션의 준비 – 청중 알기 – 상황 알기 – 프레젠테이션 계획		2) 프레젠테이션의 실행 3) 매듭짓기

※ Zelazny(2001)의 두번째 단계인 '프레젠테이션의 계획'과 Kirkpatrick(1980)의 '자료의 개인화'의 경우 위에서 분류한 '계획' 그리고 '준비 및 설계' 단계와 중복되기에 편의상 '준비 및 설계' 단계에서 제시함.

레젠테이션의 실행, ③ 매듭짓기의 3단계로 제시하였다.

각각의 프레젠테이션 과정들에 대한 견해들은 단계를 구분하는 데 사용된 용어들 사이에 그리고 각 단계별로 포함하고 있는 세부적인 요소들 사이에 차이를 보이고 있으나, 전반적으로 프레젠테이션 과정을 프레젠테이션을 준비하는 단계, 프레젠테이션 자료를 제작하는 단계, 프레젠테이션을 실행하는 단계와 같이 3단계로 통합하여 살펴볼 수 있다. 이러한 프레젠테이션의 과정은 프레젠테이션의 구성요소에 관해 설명하면서 제시되었던 내용, 디자인, 전달과 일맥상통한다고 할 수 있다. 즉, 프레젠테이션의 준비 단계는 프레젠테이션에서 전달된 메시지, 곧 내용에 대해 준비하는 시기라 할 수 있고, 프레젠테이션 자료의 제작 단계는 전 단계에서 선정·조직된 내용을 시각적인 매체로 작성하는 시기이며, 마지막으로 프레젠테이션의 실행 단계는 준비된 자료를 청중에게 언어적 혹은 비언어적인 방법을 사용하여 전달하는 시기라 할 수 있다.

요 약

이 장에서는 프레젠테이션의 유형과 과정에 대해 살펴보았다. 프레젠테이션의 유형은 형태, 성격, 규모, 목적에 따라 분류할 수 있다. 규모에 따른 분류는 참여하는 청중의 수에 따라 구분하는 것이고, 목적에 따른 분류는 정보 제공, 동기부여, 설득, 행동화 등으로 구분할 수 있는데, 대부분의 프레젠테이션은 정보 전달과 설득에 많은 비중을 두고 있다. 다음으로 성격에 따른 분류는 공식적인 것과 비공식적인 것(혹은 비형식적인 것과 형식적인 것)으로 구분할 수 있다.

프레젠테이션의 과정에 대한 견해는 학자들에 따라 다양하나, 대체로 프레젠테이션 과정은 프레젠테이션을 준비하는 단계, 프레젠테이션 자료를 제작하는 단계, 프레젠테이션을 실행하는 단계와 같이 3단계의 과정으로 진행된다고 할 수 있다. 이러한 프레젠테이션의 과정은 프레젠테이션의 구성요소에 관해 설명하면서 제시되었던 내용, 디자인, 전달과 일맥상통한다고 할 수 있다.

▶▶▶ 주요 용어

정보적 프레젠테이션 누가, 언제, 어디서, 무엇을 등과 같은 질문에 답함으로써 청중과 지식을 공유하는 것으로, 서술적·설명적·논증적 프레젠테이션으로 구분할 수 있다.

설득적 프레젠테이션 연설이나 발표를 통해 다른 사람의 태도, 믿음, 가치, 행위 등에 영향을 주는 과정이다.

프레젠테이션 과정 프레젠테이션이 이루어지는 일련의 과정으로, 프레젠테이션의 유형이나 목적, 프레젠터의 특성 등에 따라 차이를 보인다.

참고 문헌

문용식, 《스피치 커뮤니케이션 - 이론과 실제》, 도서출판 그리심, 2002.

최환진, 유종숙, 《프레젠테이션 프로페셔널》, 커뮤니케이션북스, 2005.

Emden, V. J. & Becker, L., *Presentation Skills for Students*, Palgrave Macmillan, 2004.

Hamilton, C., *Communicating for Results*(3rd), Wadsworth, 1990.

Kirkpatrick, J. D., "A Three-Step Model for More Effective Presentations", *Personnel & Guidance Journal*, Vol. 62(3), 1983, 178~179쪽.

Polonsky, M. J. & Waller, D. S., "Making Oral Presentations : Some Practical Guidelines and Suggestions", *The Marketing Review*, Vol. 4, 2004, 431~444쪽.

Sellnow, D. D., *Confident Public Speaking*, Belmont : Thomson Wadsworth, 2005.

Zelazny, G., 김한영 옮김, 《최고의 비즈니스맨의 되려면 - 프리젠테이션으로 말하라》, 씨앗을 뿌리는 사람, 2001.

제2부 | 프레젠테이션의 계획

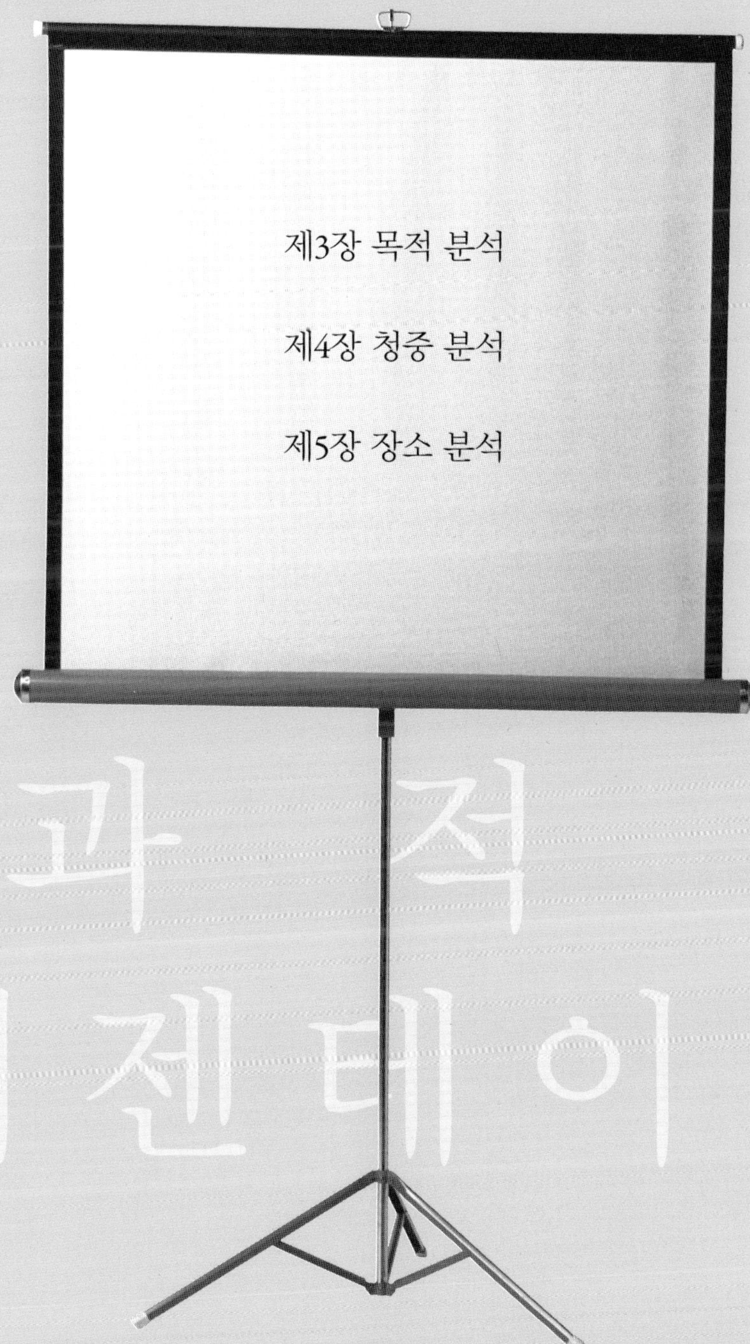

제3장 목적 분석

1. 목적 분석의 이해
2. 정보 전달
3. 설득
4. 의례
5. 동기부여
6. 엔터테인먼트

학습 목표

◎ 프레젠테이션의 유형에 따라 목적을 분석할 수 있다
◎ 프레젠테이션의 목적별 특징을 구분하고 파악한다
◎ 프레젠테이션의 목적에 부합하는 프레젠테이션을 할 수 있다

개 요

이 장에서는 프레젠테이션의 시작 단계인 계획 단계에서 고려해야 할 3P 분석에 대해 살펴보고자 한다. 3P 분석의 첫째 단계인 프레젠테이션의 목적을 파악하고, 프레젠테이션 목적의 유형별로 그 특징과 내용을 알아보고자 한다.

어떤 일에서든 준비가 중요하다는 사실을 모르는 사람은 없다. 성공적인 프레젠테이션을 하기 위해서도 준비가 중요하다는 사실을 모르는 사람은 없을 것이다. 하지만 어려운 일이다. 왜 그럴까? 안이하게 생각하거나, 귀찮아 하거나, 바쁘다거나, 혹은 준비가 부족하여 일어날 실패를 떠올리지 못하거나, 아니면 리스크를 두려워 하지 않을 만큼 용기 있는 사람이거나, 이러한 숱한 이유 가운데 하나일 것이다. 어떤 이유이든 '시간이 별로 없어 제대로 준비하지 못했습니다'라고 발표를 마치는 모습을 쉽게 떠올릴 수 있다. 그러므로 변명이나 사과가 필요 없도록 준비하는 요령은 프레젠테이션 준비에 앞서 '3P 분석'을 해보는 것으로, 이는 시간을 절약하면서 올바르게 준비하기 위한 조건이다.

3P는 내 이야기를 들어주는 청중(people), 내가 프레젠테이션을 통해 얻고자 하는 목적(purpose), 이야기를 하는 환경·공간(place)을 말한다. 이 세 가지 요소를 분석하고 고려하여 프레젠테이션을 준비해야 효과적인 프레젠테이션을 할 수 있다. 프레젠테이션을 잘하는 사람은 간단·명료하게 말하며, 화려한 말보다는 신뢰감 있게 압축된 표현을 활용한다. 즉, 성공적인 프레젠테이션을 준비하기 위해서는 먼저 3P, 즉 청중, 목적, 장소의 분석이 이루어져야 한다.

이 장에서 자세히 살펴볼 프레젠테이션의 목적은 크게 정보 전달, 설득, 의례, 동기부여, 엔터테인먼트로 분류된다. 여기에서는 프레젠터가 하고자 하는 프레젠테이션의 목적을 파악하고 그 특성에 맞는 프레젠테이션을 효과적으로 준비하여 역량을 갖춘 프레젠터가 될 수 있도록 준비 과정을 돕고자 한다.

1. 목적 분석의 이해

3P 분석의 첫번째인 목적 분석은 프레젠테이션의 목적이 정확하게 무엇인지 파악하는 것이다. 목적 분석은 ① 왜 프레젠테이션을 하는가, ② 청중은 무엇을 기대하고 있는가, ③ 청중으로부터 최종적으로 무엇을 얻고싶은가에 대한 목적을 정하는 것이라 할 수 있다.

일반적으로 프레젠테이션의 목적은 ① 정보 전달, ② 설득, ③ 의례, ④ 동기부여, ⑤ 엔터테인먼트로 구분할 수 있다. 정보 전달을 위한 프레젠테이션은 청중들이 특정 주제에 대해 모르는 것을 알게 하기 위한 것이며, 설득 목적을 위한 프레젠테이션은 청중으로 하여금 특정 사안에 대해 호의적인 태도를 갖게 하거나 그러한 태도를 가지도록 변화시키며 어떤 일을 하기로 결심하게 하기 위한 것으로, 행동화하는 것까지 포함된다. 여기에서의 행동화란 청중으로 하여금 특정 행동을 취하게 하는 것이다. 의례를 위한 프레젠테이션이란 발표자와 청중, 혹은 청중 상호간을 '사회적으로 보다 강하게 결합시키려는' 것이다. 동기부여를 위한 프레젠테이션이란 청중의 의욕을 환기하고 기대하는 행동을 받아들이게 하려는 목적이며, 엔터테인먼트를 위한 프레젠테이션은 청중에게 즐거움을 주기 위한 것이다. 그러나 대부분의 프레젠테이션은 설득이나 정보 제공을 달성하기 위해 행해진다고 할 수 있다.

프레젠터가 목적을 분석하기 전에 프레젠테이션이 어떤 유형으로 분류되는지 파악하는 것은 매우 중요한 일이다. 그러나 상당수의 프레젠테이션은 한 가지만의 목적을 가지고 실행되는 것이 아니라, 둘 이상의 목적을 가지고 실시되는 경우가 많다.

즉, 어떤 목적으로 프레젠테이션을 하는지 깊이 생각해보면, 두 가지 이상을 목적으로 하는 경우가 많다. 보고하고 승낙을 구하기도 하고, 설명하여 의견을 구하기도 하며, 엔터테인먼트적 요소를 제공하면서 동기를 부여하기도 하고, 이성과 감정에 호소하면서 설득하기도 하는 등, 여러 가지 목적을 가지고 프레젠테이션을 할 때가 대부분이다. 새로운 제품에 대

따라해보기

목적의 비율 분석

'프레젠테이션의 비중 분석'을 사용하여 자신이 수행하게 될 프레젠테이션 목적이 어디에 비중이 있는가를 측정해보자.

프레젠테이션의 비중 분석	비율
정보 전달	%
설득	%
의례	%
동기부여	%
엔터테인먼트	%
합계	100%

자료 : 야하타 히로시, 나상억 옮김, 《프리젠테이션 박사》, 21세기북스, 1996, 61쪽.

한 내역과 성능의 우수함을 설명하고 구입을 권유하는 것은 '정보 전달'과 '설득'이고, 회사의 창립 기념일 행사에 초대하여 경품 행사와 더불어 신규 회원을 모집하는 것은 '엔터테인먼트'와 '설득'이다. 기업의 새로운 브랜드 네임 공모 행사에서 개회 인사를 하고 사내 직원과 외부 고객에 공모에 참여할 것을 호소하는 것은 '의례'와 '동기부여'이다. 더 나아가 고객을 최고급 호텔에 초청하여 신규 상품 개발 프로젝트의 특징을 설명하면서 상품 개발에 대한 투자 유치를 목적으로 하는 경우는 '엔터테인먼트'와 '정보 전달'과 '설득'을 위한 프레젠테이션이다. 따라서 프레젠터가 목적 분석을 할 때는 '프레젠테이션 비중 분석'을 사용하여 프레젠테이션 목적이 어디에 비중을 두고 있는가를 파악하는 것이 중요하다.

그런데 프레젠테이션 목적의 대부분을 차지하는 정보 제공을 위한 프레젠테이션과 설득 목적을 위한 프레젠테이션은 종종 구분이 어렵다. 설득적 프레젠테이션은 설득뿐만 아니라 정보를 알려주어야 하며, 많은 정보를 제공하기 위한 프레젠테이션은 간접적으로 설득을 하게 된다. 만약 프레젠

생각해보기

다음은 여섯 가지 프레젠테이션의 유형 중 어디에 해당하는가?

- 제주도 지사의 매출 실적을 본사 판매 회의 석상에서 보고한다거나, 상사에게 프로젝트 진행 상황을 구두로 보고하는 것은?
  → 정보 전달을 위한 프레젠테이션
- 자국의 문화적 상황에 적합한 사원 복지 프로그램을 본사에 제안하여 허가를 구하거나 자사 가전제품을 고객에게 팔고자 하는 것은?
  → 설득을 위한 프레젠테이션
- 회사 설립 50주년을 기념하여 회사 대표로서 기념식장에서 인사하는 것은?
  → 의례를 위한 프레젠테이션
- 대한상공회의소 주최 만찬회에서 만찬 후 연설하는 것은?
  → 엔터테인먼트를 위한 프레젠테이션
- 주간 회의 시간에 실적이 좋은 부하 직원을 칭찬하고자 이야기하는 것은?
  → 동기부여를 위한 프레젠테이션

참고 : 데니스 베커 외. 《설득력있는 프레젠테이션》, 커뮤니케이션북스, 1997.

터의 목적이 청중들이 자신들의 신념을 변화시키도록 설득하는 것이라면 설득적 프레젠테이션이다. 그러나 프레젠터의 의도가 단순히 청중이 문제를 이해하도록 일깨우는 것이라면 정보적 프레젠테이션이다. 결국, 프레젠터의 의도가 프레젠테이션의 유형을 결정하는 것이다. 프레젠터로서, 프레젠테이션의 두 유형은 서로 다른 접근을 요구하기 때문에 프레젠테이션을 하기 전에 어떤 프레젠테이션을 할 것인지 결정해야만 한다.

그러나 급속한 사회 변화와 함께 21세기 지식 기반 사회로 변모하면서 청중이 기대하는 것은 달라지고 있다. 이제 청중은 프레젠터와 함께 이야기하기를 원한다. 과거에 프레젠터가 모든 것을 다 아는 사람으로 앞에서서 발표를 했다면, 이제 청중은 자리를 같이하고 앉아 새로운 정보를 서로 교환하고 토론하며 똑같은 정보를 다르게 해석하는 시각을 접하고, 그리하여 새로운 통찰력을 얻게 되기를 기대한다. 이제 사회는 선각자를 필두로 단 한 사람의 리더나 일꾼을 원하는 것이 아니라, 서로 협동하며 함께 문제를 해결하고 과제를 수행해나가기를 원한다.

과거의 프레젠터는 청중보다 훨씬 앞서가는 사람이었거나, 앞서간다고 생각한 사람들이었다. 그러나 현재는 프레젠터가 청중보다는 불과 몇 발자국 앞서간 사람이라고 생각하며, 청중은 프레젠터가 전달하고자 하는 내용을 이미 어느 정도는 알고 있다. 따라서 과거의 청중에게 새로운 것을 전달해주며 그 대가로 청중으로부터 받던 반응을 얻기 힘들기는 하지만, 하나라도 모르고 있던 것을 알게 될 때 또는 하나라도 다른 시각으로 정보가 해석될 때 청중은 그러한 작은 것 하나에 가치를 둔다. 그렇다고 모든 청중이 다 이러한 수준은 아니므로 프레젠터는 프레젠테이션의 근본적인 목적을 이해하고 있어야 한다.

2. 정보 전달

일반적으로 정보 전달적 프레젠테이션은 새로운 정보를 전하고, 정보를 이해하고, 이미 알고 있는 정보를 보충하여 확고히 할 수 있도록 하는 과정으로 정의되어왔다(Berko, Wolvin, Wolvin, 2003). 정보적 프레젠테이션에서 최우선의 목적은 지식을 공유하고 상호간의 이해를 형성하는 것으로, 정보적 프레젠테이션은 누가, 언제, 어디서, 무엇을 등과 같은 6하 원칙에 부합되는 질문에 답함으로써 청중과 지식을 공유하는 것이다. 정보적 프레젠테이션에서 프레젠터는 사물, 사건, 사람, 과정들, 절차, 개념 등에 대한 질문에 답을 하는 역할을 수행한다. 정보적 프레젠테이션을 포함하여 모든 프레젠테이션은 목적에 그 근거를 두고 있으며 목적 또한 다양하다. 정보적 프레젠테이션의 성공과 실패는 청중이 그들 자신의 삶에 전달된 내용들을 얼마나 잘 이해하고 유지하고 적용하는가에 달려 있다고 할 수 있다.

정보적 프레젠테이션의 예를 들면, 보험 설계사들에게 신규 보험 상품의 내용과 특징 그리고 주 가입 대상 등을 설명하거나, 신입 사원들에게 회사의 연혁과 사원 복지, 경력 개발 프로그램 등을 설명하거나, 투자자를 대상으로 회사의 재무 상황과 회계 보고서에 대한 내용을 설명하는 것 등으로, 이러한 것들은 모두 정보 전달을 주 목적으로 하는 프레젠테이션이다.

정보 제공을 위한 프레젠테이션을 우리는 일상생활에서 자주 접하게 되는데, 여기에는 새로운 사실에 대한 설명, 이미 일어난 사건에 대한 보고, 불분명하여 헛소문이 많이 나돌고 있는 사건이나 사실에 대한 명확한 규명, 새로운 개념이나 용어에 대한 정의와 솔선해서 보여주는 시범 등이 포함된다.

이런 정보적 프레젠테이션의 특징은 다음과 같다(문용식, 2002).

첫째, 객관성을 띠고 있다는 점이다. 정보적 프레젠테이션은 청중에게 거짓 정보를 제공하는 것이 아니라 사실을 제공하는 것이므로, 프레젠터의 주장이나 느낌 또는 추측 등이 표현되어서는 안 된다. 둘째, 어려운 용어보다는 청중들이 이해하기 쉬운 용어를 사용해야 한다. 쉬운 말로 표현함으로써 정보적 프레젠테이션의 목적을 달성할 수 있을 것이다. 셋째, 일정한 순서에 따라 체계적으로 풀이해야 한다. 청중에게 정보를 제공할 때 산만하거나 뒤죽박죽으로 얽힌 정보를 제공하기보다는 일정한 논리의 흐름에 따라서 정보를 제공할 때 청중의 이해가 높아질 것은 자명하기 때문이다.

정보적 프레젠테이션에서 유념할 사항은 청중들의 주의를 집중시키는 것과 이를 유지하는 것인데, 실제로 프레젠테이션을 하면서 청중들을 주의 집중하게 하고 이를 유지하는 것은 매우 어려운 일이다. 따라서 정보적 프레젠테이션은 청중이 "아! 이건 정말 몰랐는데?"라는 말을 하고, 더 나아가 "이건 정말 나에게 도움이 되겠네!"라고 감동하면 성공하게 되는 것이다. 이를 위해서는 우선 청중이 원하는 요구(needs)를 파악하고 있어야 한다. 알고싶어 하는 요구에 어떻게 효율적으로 답할 것인가가 프레젠터에게 주어진 일이다. 사람은 일반적으로, 임의로 주어지는 정보에는 별로 흥미를

따라해보기

정보 전달을 위한 프레젠테이션 체크포인트

- □ 청중이 '알고자 하는 요구(needs)'를 느끼고 있는가?
- □ 청중이 이미 알고 있는 정보와 관련성을 갖게 할 수 있는가?
- □ 정리된 정보는 이해하기 쉬운가?
- □ 비주얼을 많이 사용하는 편이 이해하기 쉬운가?
- □ 정보가 지나치게 많아 이해하기 어렵지 않은가?
- □ 청중의 기억에 남도록 하기 위해 정보를 반복해서 말하는가?
- □ 단순히 정보의 나열이 되지 않는가?

자료 : 야하타 히로시, 나상억 옮김, 《프리젠테이션 박사》, 21세기북스, 1996, 69쪽.

보이지 않을 뿐더러 기억하지도 못한다. 따라서 먼저 전체적인 큰 그림을 보여주고 세부 내용을 설명해야 한다. 프레젠테이션에서는 차트, 도표, 사진, 영상 등의 비주얼을 많이 사용하여 간결하게 정리해야 한다. 정리되지 않은 너무 많은 정보는 청중이 이해하지 못하기 때문이다.

청중에게 정보를 효과적으로 전달하기 위한 정보 제공의 방식으로는 분석과 묘사, 분류와 구분, 비교와 대조, 예시와 정의 등의 방법 등이 있다. 이러한 기법들은 앞에서 언급한 정보적 프레젠테이션의 특징처럼 청중이 이해하기 쉽도록 정보를 가공·조직화함으로써 정보적 프레젠테이션의 목적을 달성하는 데 도움을 줄 것이다.

3. 설득

설득이란 사람의 태도, 신념, 가치, 행위에 영향을 주는 과정이라 할 수 있다. 따라서 설득적 프레젠테이션이란 연설이나 발표를 통해 다른 사람의 태도, 믿음, 가치, 행위 등에 영향을 주는 과정이라 할 수 있다. 즉, 설득을 위한 프레젠테이션은 청중의 가치관을 바꾸고 발표자가 의도한 행동양식을 받아들이게 하려는 것이다. 또한 청중의 가치관을 강화하고 보강하며 새로운 가치관을 창출시키고자 하는 것이다. 이를 위해서 프레젠테이션에서는 정보를 제공하여 판단하게 하며, 가치를 인식시켜 의도한 행동을 취하게 한다. 모르는 것을 새롭게 알게 하였다면 다음 수준에서는 결심을 하게 하는 것이다.

예를 들어, '무리한 다이어트는 몸에 해롭다'는 사실을 여러 가지 과학적인 데이터로 설명하여 이해시켰다면, 그것은 모르는 것을 즉시 알게 한 것이다. 그러나 이렇게 알게 된 사실을 토대로 무리한 다이어트는 하지 말아야겠다고 결심을 했다면, 이것이 바로 청중을 설득하여 결심하게 한 것이다. 설득은 단순한 홍보가 아니라 그 이상의 것으로, 무리한 다이어트가 몸에 해롭다는 사실을 알려주는 것과 무리한 다이어트를 하지 않도록 설득하는 것은 차원이 다른 일이다.

청중을 설득하기 어려운 이유 가운데 하나는 우리가 이미 갖고 있는 고정관념이나 편견 또는 습관을 바꾸어놓기가 쉽지 않기 때문이다. 설득하기 위하여 프레젠테이션을 하는 경우 대부분의 프레젠터들은 직선적으로, 단도직입적으로 이야기하기보다 은유나 비유를 사용하면서 우회적으로 의도를 전달하고자 한다. 그러나 모든 법칙에는 예외가 있듯이, 경우에 따라서는 직선적이고 단도직입적인 것이 더 효과가 있을 수 있다. 많은 설득적 프레젠테이션들은 조직 내에서 매우 비형식적으로 이루어진다. 설득적 프레젠테이션의 주제들은 주로 조직원들에게 새로운 재조직화 계획을 위한 요구를 확신시킨다거나, 회사 지침에 순응하도록 설득한다거나, 정책 변화 또는 마감 기한의 연기에 대하여 방어하는 것 등이 포함된다.

설득을 성공시키기 위해서는 감정, 논리, 편익의 관점을 고려해야 한다. 즉, 프레젠터와 청중 사이에 감정적인 저해 요인이 없는 원활한 인간관계를 기반으로 설득을 위한 내용이 논리적이고 납득할 수 있는 것이어야

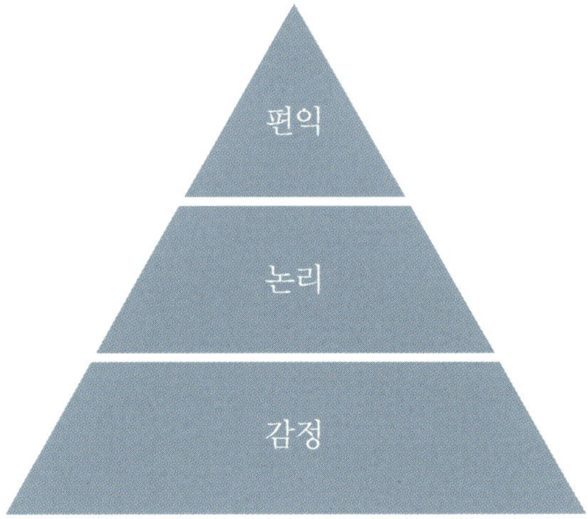

[그림 6] 설득의 삼각형
자료 : 야하타 히로시, 나상억 옮김, 《프리젠테이션 박사》, 21세기북스, 1996, 71쪽.

하는 것이다. 또한 청중의 편익을 강조할 필요가 있다. 이것은 가령 이 물건을 사면 당신에게 어떤 이익이 있는지를 강조하는 것으로, 사람은 자신에게 이익을 가져다줄 제안을 거절할 수 없기 때문에 설득에 매우 중요한 요소이다. 이 세 가지 요소를 충족시킬 수만 있다면 설득에 성공할 것이 분명하다.

설득적 프레젠테이션은 앞에서 언급한 바와 같이 청중이 가지고 있는 태도나 신념을 프레젠터가 원하는 방향으로 변화시키는 데 그 목적이 있다. 그러나 현실에서 프레젠터와 반대되는 태도나 신념을 지닌 청중을 변화시킨다는 것은 그리 쉬운 일이 아니다. 이는 설득의 상황에서 여러 가지 장애 요인들이 작용하기 때문이다. 임태섭(2003)은 설득적 프레젠테이션에서 나타나는 장애 요인으로 다음과 같이 네 가지 요인을 제시하였다.

첫째, 청중의 선택적 수용이다. "달면 삼키고 쓰면 뱉는다"라는 옛말이 있듯이, 사람들은 모든 사람에게 쉽게 귀를 기울이지 않으며, 자기들이 좋아하고 듣기 좋은 말에 귀를 기울인다. 그리고 들은 내용도 자기에게 유리한 쪽으로 해석하려는 경향이 있다. 여기에는 사람의 태도와 신념이 작용하는데, 설득적 프레젠테이션에서도 마찬가지이다. 따라서 설득적 프레젠테이션에서 프레젠터는 청중들로부터 신뢰를 얻을 수 있고, 청중들로부터 선택받을 수 있는 메시지를 만들어야 한다.

둘째, 프레젠터와 청중 사이의 괴리이다. 사람들은 자신과 비슷한 의견에 대해서는 쉽게 받아들이지만, 자신과 상반되는 의견에 대해서는 거부감을 표시하게 된다. 설득적 프레젠테이션에서도 프레젠터는 청중들이 거부할 수 있는 의견을 제시하는 것보다는 청중들이 수용할 수 있는 의견이나 그에 근접한 의견을 제시하는 것이 바람직하다.

셋째, 청중의 이해관계이다. 사람들은 자신의 이해관계에 대해 민감하게 반응한다. 자신과 이해관계가 없는 것에 대해서는 방관적이거나 미온적인 태도를 보이지만, 직접적인 이해관계가 얽혀 있는 상황에서는 아주 민감하게 반응한다. 여기에는 청중의 태도나 가치, 신념이 작용하기 때문에, 청중의 이해관계가 얽혀 있는 설득적 프레젠테이션에서는 그들의 가치관이나 신념 등을 바꾸려고 하지 않는 것이 좋다.

마지막으로 청중의 반발 심리이다. 흔히 타인에 의해 자신의 자유가 제한될 것이라는 생각이 들면 반발하려는 경향이 있는데, 설득적 프레젠테이션 상황에서도 프레젠터가 청중의 행동을 통제하려 든다면 프레젠터가 원하는 방향과 반대로 행동하게 될 수도 있다. 따라서 청중의 반발을 일으키는 자극을 주거나 비위를 상하게 하는 일은 하지 않는 것이 좋다.

가. 청중을 설득하는 기법

그리스의 철학자인 아리스토텔레스는 효과적인 설득적 프레젠테이션을 위해 필요한 요소로서 프레젠터의 신뢰성(ethos), 논리적인 주장(logos), 심리적 호소(pathos)라는 세 가지를 제시하였다(Berko, Wolvin, Wolvin, 2003). 또한 데니스 베커 외(1997)는 에토스를 통한 설득, 파토스를 통한 설득, 로고스를 통한 설득을 제시하면서 전달을 통한 정보 제공, 교육을 통한 정보 제공, 훈련을 통한 정보 제공도 함께 제시하였다. 여기에서는 데니스 베커 외의 여섯 가지 방법을 제시하고자 한다.

1) 에토스(ethos, 신임)를 통한 설득

에토스는 발표자의 명성이나 신용을 바탕으로 청중을 설득하는 것을 말한다. 보통 설득적 상황에서 청중이 프레젠터를 신뢰하고 있다면 프레젠터가 전달하고자 하는 내용을 청중들이 쉽게 수용할 수 있지만, 반대로 청중에게 신뢰감을 줄 수 없다면 청중을 설득하는 것은 많은 시간이 걸리거나 불가능할지도 모른다. 따라서 청중으로부터 신뢰성을 얻기 위해서는 능력, 카리스마, 인격을 갖추어야 한다.

생각해보기

- 저는 지난 6년 동안 이 분야의 책임자로 있으면서……
- 이 연구의 책임연구원으로서……
- 등산은 저에게 두 가지를 가르쳐주었습니다……

발표자가 스스로 신뢰성을 확보해야 하는 경우도 자주 있는데, 만약 다른 사람이 에토스를 만들어줄 수 없는 경우라면 다음과 같은 지침을 따르는 것이 좋을 것이다.

- 짧게 하라.
- 직접적으로 하라.
- 주제와 가장 관련된 사례를 선택하라.

또한 에토스는 복장이나 얼굴 표정, 바디랭귀지 같은 비언어적 요소를 통해서도 구사될 수 있다.

2) 파토스(pathos, 감성)를 통한 설득

파토스는 청중의 감정에 호소하는 것으로, 가장 보편적인 설득 방법이라고 할 수 있다. 이는 프레젠터가 청중의 감정을 자극함으로써 청중을 설득하는 것을 의미한다. 한때 사회적 문제가 되었던 피라미드식 판매 형태는 논리적인 주장보다는 감정에 호소하여 상대방을 설득하는 방식이라 할 수 있다. 이는 친밀감을 형성하거나 유머나 연민 등 감정을 자극해 마음을 움직이는 것으로, 이를 잘 활용하는 분야가 바로 TV 광고이다. 대표적인 예로, 대부분의 광고에서 유명한 연예인을 활용하는 점을 들 수 있다.

파토스를 고양시키는 요소로는 모험(Adventure), 동료애(Companionship), 경의(Respect), 두려움(Fear), 성(Gender), 죄책감(Guilt), 유머(Humor), 충성심(Loyalty), 우상 숭배(Reverence), 혐오감(Revulsion), 수치심(Shame), 동정심(Sympathy) 등을 활용할 수 있다. 또한 발표자는 특정한 색깔이나 무늬, 스타일의 복장으로도 파토스를 표현할 수 있다. 그러나 파토스는 상황 파악을 잘못하면 완전히 역효과를 낼 수 있기 때문에, 감성적 메시지보다 사실과 숫자에 의존하는 과학자나 엔지니어들은 감성에 의존해서는 안 된다.

파토스는 자주 사용되고 매우 강력한 것으로, 유의할 점은 청중들의 경우 자신들의 요구에 맞는 감정적인 호소를 받아들이는 경향이 강하므로 청중들이 원하는 요구가 무엇인지를 파악하여 이에 따라 적절한 방법을 사용해야 한다는 것이다.

3) 로고스(logos, 논리)를 통한 설득

로고스를 통한 설득은 논리적인 주장에 바탕을 둔 것으로, 프레젠터가 청중에게 메시지를 전달할 때 합당한 논리에 근거해야 함을 의미한다. 상식적으로 판단했을 때 이치에 맞지 않거나 허무맹랑한 소리를 프레젠터가 내뱉으면 청중은 프레젠터를 의심할 것이며, 청중 설득에 실패할 것이다.

로고스는 여러 가지 방식으로 전달될 수 있는데, 아무런 어려움 없이 간단하게 설명할 수 있는 내용이 있는가 하면, 청중이 쉽게 따라올 수 없을 정도로 복잡한 기술적 차원에서 설명해야 하는 경우도 있다. 일반적으로 논리적인 주장을 할 때는 연역적 방법이나 귀납적 방법을 활용한다.

로고스 역시 발표자의 외모를 통해 구사될 수도 있다. 짙은 색깔의 단정한 복장은 논리적인 접근을 암시하고, 헤어스타일, 눈화장, 보석, 얼굴화장, 몸짓도 로고스를 구현하는 데 이용될 수 있으며, 이런 비언어적 표시 역시 권위와 신뢰를 담을 수 있다.

4) 전달을 통한 정보 제공

전달을 통한 정보 제공은 단순히 정보를 제공하는 것이 목적인 경우로, 발표자는 청중에게 정보를 이야기할 뿐이다. 이때 프레젠테이션의 강조점은 정확성이다. 이런 형태의 프레젠테이션에서는 설득하거나 영향을 주어 변화시키려고 하지 않으며, 의미를 해석하지도 않는다. 전달은 단순히 보고에 그치고 만다.

5) 교육을 통한 정보 제공

교육을 통한 정보 제공에는 청중에 대한 설득이나 메시지의 전달이 없는 교육, 청중의 이해도 테스트 등 두 가지 방법이 있다. 청중을 교육하고자 하는 프레젠터는 시범이나, 역할 분담, 구경꾼까지 포함시키는 대화식 방법을 자주 사용하며, 청중의 이해도를 테스트하기 위해 청중에게 연습지나 평가지를 배부하여 주제에 관한 자기 평가를 실시하기도 한다.

6) 훈련을 통한 정보 제공

의사 전달의 관점에서 볼 때, 훈련은 말하고 교육하고 시범을 보여주는 것 등을 결합한다. 청중에게 프레젠터가 가르친 스킬을 익히도록 고취시키고, 발표자가 먼저 시범을 보일 수 있다.

정보 제공과 설득을 위한 모든 종류의 프레젠테이션에 필요한 세 가지 지침을 제시하면 다음과 같다.

- 명료할 것 : 청중들에게 무엇을 알려 주고싶은지 분명히 인식하라. 자신의 뜻을 분명하게 전달할 수 있어야 한다.
- 간결할 것 : 주제에 부합되는 사례와 증거만 풍부하게 제시하라.
- 말투와 어휘를 일관되게 구사하라.

따라해보기

행동 계획

아래 표를 이용하여 프레젠테이션 및 대화술을 익히고 연습해보도록 하자. 가운데 칸에 앞에서 제시한 기법을 마스터하기 위한 계획을 간단히 기재한다. 그리고 옆에는 각 단계를 완수할 날짜를 기재한다.

행동 계획		
스킬 : 목적을 분명히 한다		
기법	실천 활동	날짜
1. 에토스를 통한 설득		
2. 파토스를 통한 설득		
3. 로고스를 통한 설득		
4. 전달을 통한 정보 제공		
5. 교육을 통한 정보 제공		
6. 훈련을 통한 정보 제공		

자료 : 데니스 베커 외, 《설득력있는 프레젠테이션》, 커뮤니케이션북스, 1997, 27쪽.

4. 의례

의례를 위한 프레젠테이션이란 발표자와 청중, 혹은 청중 상호간을 '사회적으로 보다 강하게 결합시키려는' 것이다. 즉, 같은 시간이나 공간을 공유하고 같은 기분이나 생각을 갖도록 하는 것이 목적이며, 즐거운 분위기를 조성하고 청중을 유쾌하게 만들고자 행하는 프레젠테이션이다. 즉, 여기에서는 프레젠터가 청중에게 전달하고자 하는 내용이 중요한 것이 아니라, 프레젠테이션에 참석한 사람들 사이의 관계 형성이 요점이라 할 수 있다. 이 유형의 프레젠테이션은 그 목적이 청중이 공유하고 있는 사실, 상황, 의식, 감정 등을 강화하는 데 있다. 이 경우 프레젠터의 교양이나 사회적 상식이 문제가 된다.

이 유형의 프레젠테이션에서는 다음 사항에 유의해야 한다. 첫째, 모임의 취지에 대한 정확한 인식이다. 그러기 위해서는 프레젠터가 참석하는 프레젠테이션 상황을 정확하게 파악하는 것이 관건이다. 예를 들어, 친목도모를 위한 고등학교 동창 모임에서 심각한 정치적인 이슈를 주제로 삼거나, 회사의 파업 상황에 대해 설명하는 노조위원장이 싱글벙글하면서 프레젠테이션을 하는 것은 당연히 프레젠터의 역할과 취지에 맞지 않을 것이다. 따라서 프레젠터로서 프레젠테이션의 취지를 정확히 파악하고 그에 합당한 준비와 행동을 해야 한다. 둘째, '결말 문구', 즉 마무리에 대한 세심한 주의가 필요하다. 예를 들어, 축하 자리에서는 역시 '축복받은 이 자리에 참석하신 여러분들……'로부터 시작하여 '참석하신 여러분들의 무궁한 발전을 기원하며'로 끝마치는 것이 적절하다. 여기서 유의할 점은, 사전에 프레젠테이션의 취지에 맞는 내용을 준비했다고 하더라도 프레젠테이션을 실시하고 있는 상황에 맞게 유연하게 대처해야 한다는 것이다.

따라해보기

의례를 위한 프레젠테이션 체크포인트

- ☐ 모임의 취지를 제대로 인식하고 있는가?
- ☐ 청중이 기대하는 역할에 부응하는가?
- ☐ 분위기에 어울리는 내용인가?
- ☐ 지루하고 장황하게 말하지 않는가?
- ☐ '결말 문구'가 있으니 주의하고 있는가?

자료 : 야하타 히로시, 나상억 옮김, 《프리젠테이션 박사》, 21세기북스, 1996, 73쪽.

5. 동기부여

동기부여를 위한 프레젠테이션이란 청중들의 요구를 자극하여 이 자극에 대해 청중들이 행동화하도록 하려는 의도의 프레젠테이션이다. 동기부여는 동기(motive)와 행동(action)이 결합된 말로, 사람들로 하여금 특정 목표를 달성하기 위한 행동을 불러일으키고 방향을 제시하며 계속적인 움직임을 갖게 하는 일련의 종합적인 과정이다. 예를 들어, 굶주림이라는 생명체 내부의 요구에 의하여 특정 음식에 대한 식욕을 갖는 경우는 물론, 교육에서 학습의 동기부여로서 학습자의 흥미나 관심에 바탕을 둔 교재를 선택한다든지, 아침 조회 시간에 상사가 격려하는 것, 연구 개발팀이 팀 과제를 수행하기 전의 워크숍에서 연구원들을 격려하고 연구의 목표를 전달하며 동기를 부여하고자 하는 프레젠테이션 등이 바로 동기부여를 위한 프레젠테이션이다.

이러한 프레젠테이션을 통해 청중으로 하여금 한번 해보겠다는 의지를 갖게 하는 것만으로도 성공적이라고 할 수 있다. 동기부여를 위한 프레젠테이션에서는 청중에게 논리적인 내용으로 프레젠테이션을 전개하기보다는 감정에 호소하는 프레젠테이션이 성공 확률이 더 높다. 사람에게 동기를 부여하는 방법으로 야하타 히로시(1996)는 크게 다섯 가지를 제시하고 있다.

① 목표 부여 : 청중이 어떤 행동을 하도록 하고싶다면 목표를 구체적으로 제시할 필요가 있다. 행동할 만한 의미가 있고 목표가 구체적으로 보인다면 대개는 열심히 행동으로 옮긴다.

② 경쟁 : 사람은 누구나 남에게 지기 싫어하는 법이다. 따라서 경쟁원리를 잘 작동시킨다.

③ 기록에 도전 : 은메달을 따면 당연히 그 다음은 금메달이다. 인간은 만족을 모르고 끝없이 도전을 반복하는 존재이다.

④ 평가 및 피드백 : 자기가 어느 수준에 있고 어떤 문제점을 해결하

면 좋은지 평가를 통해 피드백해준다. 느슨해진 태엽을 감아주면 다시 작동한다.

⑤ 보상과 징벌 : 당근과 채찍의 원리를 상기한다.

따라해보기

동기부여를 위한 프레젠테이션 체크포인트

- ☐ 청중이 '그럴 기분'이 되어 있는가?
- ☐ 청중이 발표자에게 호의적인가?
- ☐ 논리적인 내용은 효과적이지 못하다는 것을 알고 있는가?
- ☐ 감정에 호소하는 편이 효과적임을 알고 있는가?
- ☐ 목표를 부여하는가?
- ☐ 연출이 필요함을 인식하고 있는가?
- ☐ 경쟁을 시키고 있는가?
- ☐ 기록에 도전하게 하는가?
- ☐ 평가하고 피드백을 하는가?
- ☐ 보상과 징벌을 사용하는가?

자료 : 야하타 히로시, 나상억 옮김, 《프리젠테이션 박사》, 21세기북스, 1996, 77쪽.

6. 엔터테인먼트

엔터테인먼트를 위한 프레젠테이션은 청중을 즐겁게 하고 긴장을 풀어주려는 엔터테인먼트의 요소로서 유머로 시작해 유머로 끝난다. 이러한 프레젠테이션은 단순히 우스운 이야기를 하는 것과는 다르다. 비공식적인 석상에서 새로운 재미있는 이야기를 나누며 웃는 것과 많은 청중 앞에서

격 있는 우스개 이야기로 계속해서 청중을 웃긴다는 것은 분명 다르며, 쉬운 일이 아니다. 이런 형식의 이야기는 개그맨의 단편적인 웃기는 이야기와는 당연히 구별된다. 여기에서 웃기는 이야기는 서로 연관이 되고, 그리고 전달하고자 하는 메시지가 분명히 있어야 한다.

또한, 엔터테인먼트를 위한 프레젠테이션은 청중에게 즐거움을 주는 것이므로 프레젠터는 유머 감각을 지녀야 하고, 프레젠테이션에 참석하는 대상에 대한 주의 깊은 분석이 필요하다. 프레젠테이션에 참석하는 대상이 청소년인지 아니면 성인인지, 성별이 남성인지 여성인지, 관심을 가지고 있는 주제가 무엇인지 등을 파악했을 때 효과가 있다. 예를 들어, 참석 대상이 백화점에 근무하는 여직원들인 경우 군대와 관련된 이야기를 한다면 청중들에게 호응을 얻기는 힘들 것이다.

그러나 과유불급이라는 말도 있듯이, 지나치거나 과도한 제스처나 이야기는 오히려 프레젠터와 프레젠테이션에 대해 역효과를 가져올 수 있다. 따라서 아무리 엔터테인먼트를 위한 프레젠테이션이라도 상황에 맞는 적절한 제스처나 유머를 사용하는 것이 좋다.

따라해보기

엔터테인먼트를 위한 프레젠테이션 체크포인트

- □ 유머나 농담을 적절히 사용하는가?
- □ 분위기에 어울리는 내용인가?
- □ 품위를 지키는가?
- □ 지나치게 까불지는 않는가?
- □ 청중의 성격에 주의하는가?

자료 : 야하타 히로시, 나상억 옮김, 《프리젠테이션 박사》, 21세기북스, 1996, 75쪽.

요 약

이 장에서는 프레젠테이션의 시작 단계인 계획 단계에서 고려해야 할 3P 분석에 대해 살펴보았다. 3P는 내 이야기를 들어주는 청중(person), 내가 프레젠테이션을 통해 얻기를 원하는 목적(purpose), 이야기를 하는 환경·공간(place)을 말한다. 이 세 가지 요소를 분석하고 고려하여 프레젠테이션을 준비해야 효과적인 프레젠테이션을 할 수 있다. 성공적인 프레젠테이션을 준비하기 위해서는 3P 분석이 선행되어야 한다.

3P 분석의 첫째 단계인 프레젠테이션의 목적은 크게 정보 전달, 설득, 의례, 동기부여, 엔터테인먼트와 같이 다섯 가지로 분류된다.

첫째, 청중에게 현재나 과거의 사실을 보고하기도 하고 새로운 정보, 아이디어, 데이터, 사실 등을 전달하기도 하여 이해를 구하는 것은 '정보 전달을 위한 프레젠테이션'이다.

둘째, 설득을 위한 프레젠테이션이란 청중의 가치관을 바꾸고 발표자가 의도한 행동 양식을 받아들이게 하려는 것이다. 혹은 청중의 가치관을 강화하고 보강하며 새로운 가치관을 창출시키고자 하는 것이다. 이를 위해서 프레젠테이션에서는 정보를 제공하여 판단하게 하며, 가치를 인식시켜 의도한 행동을 취하게 만든다.

셋째, 의례를 위한 프레젠테이션이란 발표자와 청중, 혹은 청중 상호간을 '사회적으로 보다 강하게 결합시키려는' 것이다. 요컨대, 같은 시간이나 공간을 공유하고 같은 기분이나 생각을 갖도록 하는 것이 목적이다.

넷째, 동기부여를 위한 프레젠테이션이란 청중의 의욕을 환기하고, 기대하는 행동을 받아들이게 하려는 목적으로 이루어진다.

다섯째, 엔터테인먼트 프레젠테이션은 유머로 시작해서 유머로 끝나지만, 전달하고자 하는 메시지는 분명히 있어야 한다. 엔터테인먼트를 위한 프레젠테이션은 청중으로 하여금 '재미있다'고 느끼게 만드는 것으로 충분하다. 그러므로 유머 감각을 갖출 필요가 있다.

이상의 프레젠테이션 목적을 참고하여 프레젠터가 하고자 하는 프레젠테이션의 목적을 파악하고 그 특성에 맞는 프레젠테이션을 효과적으로 준비하여 역량을 갖춘 프레젠터가 될 수 있도록 준비해야 할 것이다.

▶▶ 주요 용어

3P 분석 프레젠테이션 계획 시 프레젠테이션의 목적(purpose), 청중(people), 장소(place)를 분석하는 것.

정보적 프레젠테이션 청중에게 현재나 과거의 사실을 보고하기도 하고 새로운 정보, 아이디어, 데이터, 사실 등을 전달하기도 하여 이해를 구하는, 정보 전달을 목적으로 하는 프레젠테이션.

설득적 프레젠테이션 청중의 가치관을 바꾸고 발표자가 의도한 행동 양식을 받아들이게 하거나, 청중의 가치관을 강화하고 보강하며 새로운 가치관을 창출시키고자 하는 목적의 프레젠테이션.

의례적 프레젠테이션 발표자와 청중, 혹은 청중 상호간을 '사회적으로 보다 강하게 결합시키려는' 목적의 프레젠테이션.

동기부여 프레젠테이션 청중의 의욕을 환기하고, 기대하는 행동을 받아들이게 하려는 목적의 프레젠테이션.

엔터테인먼트 프레젠테이션 메시지를 포함하지만, 청중으로 하여금 '재미있다'고 느끼게 만들기 위한 목적의 프레젠테이션.

설득의 삼각형 설득을 성공시키기 위해 고려해야 할 요소로서 감정, 논리, 편익의 세 가지를 삼각형으로 표현한 것.

에토스(신임) 발표자의 명성이나 신용을 바탕으로 청중을 설득하는 능력

파토스(감성) 청중의 감정에 호소하는 것으로, 가장 보편적인 설득 방법.

로고스(논리) 연구 결과, 통계, 수치 등을 이용해 청중을 논리적으로 설득하는 방법.

참고 문헌

데니스 베커 외, 《설득력있는 프레젠테이션》, 커뮤니케이션북스, 1997.

문용식, 《스피치 커뮤니케이션 - 이론과 실제》, 도서출판 그리심, 2002.

야하타 히로시, 나상억 옮김, 《프리젠테이션 박사》, 21세기북스, 1996.

오노 가즈유키, 《부드럽게 설명하고 강력하게 설득하는 커뮤니케이션》, 새로운 제안, 2006.

임태섭, 《스피치 커뮤니케이션》, 커뮤니케이션북스, 2003.

한정선, 《프레젠테이션, 하나의 예술》, 김영사, 2004.

Berko, R. M., Wolvin, A. D. & Wolvin, D. R., 이찬규 옮김, 《언어 커뮤니케이션》, 한국문화사, 2003.

Hamilton, C., *Communicating for Results*(3rd), Wadsworth, 1990.

제4장 청중 분석

1. 청중 분석의 이해
2. 청중의 수
3. 청중의 인구통계학적 배경
4. 청중의 요구
5. 청중의 지식 수준
6. 청중의 태도 및 자세
7. 핵심 인물
8. 청중에 대한 정보 수집 방법

학습 목표

◎ 프레젠테이션의 대상인 청중의 특성과 요구를 분석할 수 있다

◎ 프레젠테이션에 참여하는 청중에 대한 정보 수집 방법을 습득한다

개 요

이 장에서는 프레젠테이션의 계획 단계에서 고려해야 할 3P 분석의 대상 가운데 하나인, 프레젠테이션의 대상이 되는 청중(people)을 파악하고자 한다. 따라서 청중에 따라 갖고 있는 특징과 고려해야 할 내용을 알아보고자 한다.

프레젠테이션의 대상인 청중의 수, 인구통계학적 배경, 요구, 지식 수준, 태도, 자세, 핵심 인물에 따라 프레젠테이션의 방법을 달리해야 한다. 마지막으로 청중에 대한 정보 수집 방법을 살펴보고자 한다.

1. 청중 분석의 이해

결승 경기를 앞두고 있는 축구팀이 다음 날 상대하게 될 상대팀 선수들에 대한 정보나 감독의 전략에 대해 전혀 모르고 출전한다면 그 경기는 어떻게 될까? 물론 예외도 있을 수 있겠지만, 그 경기는 아마도 패하기 십상일 것이다. 준비되지 않은 실전은 아무리 훌륭한 선수라 할지라도 당황스러울 수밖에 없다. 따라서 상대팀에 대해 냉철히 분석하고 경기 심판관들의 성향을 미리 파악하여 출전 준비를 한 후 경기에 임한다면, 그 경기는 아마도 승리할 가능성이 대단히 높아질 것이다.

프레젠테이션도 마찬가지이다. 프레젠터가 현장에서 맞이하게 될 사람들의 성향을 미리 파악하고 있다면 더욱 효과적으로 프레젠테이션을 준비할 수 있을 것이다. 프레젠테이션의 최종 소비자이자 심판관은 청중이다. 따라서 프레젠테이션을 준비할 때는 청중의 수, 인구통계학적 배경, 태도, 지식, 욕구, 그리고 감정 상태 등을 잘 파악해야 한다.

3P 분석의 두번째인 청중 분석은 '누구'를 대상으로 하여 프레젠테이션을 할 것인가를 분석하는 것이다. 청중을 분석하지 않고 프레젠테이션을 시작하는 것은 적절하다고 볼 수 없다. 즉, 프레젠테이션을 준비하는 과정에서 ① 청중은 누구인가? ② 왜 청중은 모여 있는가? ③ 청중은 당신에게서 무엇을 찾고 있는가? 등의 질문에 답할 준비가 되어 있어야 한다.

청중 분석에서 우선적으로 해야 할 일은 프레젠테이션이 대상이 되는 청중이 과연 누구인가를 파악하는 일이다. 직접 프레젠테이션에 참석할 청중을 1차 청중(primary audience)이라고 하고, 간접적으로 프레젠테이션 내용을 듣을 청중을 숨은 청중(hidden audience)이라고 한다. 여기서 중요한 점은 의사 결정권자가 1차 청중일 수도 있고 숨은 청중일 수도 있다는 것이다. 예를 들어, 컨설팅을 의뢰한 고객 회사의 최종 의사 결정권자인 사장은 직접 프레젠테이션에 참석하지 않지만 프레젠테이션 미팅에 참석한 담당 매니저의 보고를 받고 최종 의사 결정을 할 수 있다. 따라서 먼저 최종 의사 결정권자가 누구인지를 파악하고, 의사 결정권자가 숨은 청중인 경우 최종 의사 결정권자에게 프레젠테이션 내용을 보고할 1차 청중이 누구인가를 파악해야만 한다.

일반적으로 청중을 분석하는 데서 가장 많이 사용하는 방법으로는 청중의 흥미(interest), 지식(knowledge), 태도(attitude), 포지션(position), 정치적 경향(politics)을 기준으로 청중의 성향을 파악하는 'AIKAPP 분석'이 있다. 이 방법은 청중을 다섯 가지 측면에서 분석하여 청중의 현재 상태 및 이미지를 파악하고자 하는 것으로, 앞에서 설명한 각각의 영어 첫 글자를 조합하여 'AIKAPP 분석'이라 한다. 이들 각각의 영역에서 청중이 어느 지점에 있는지를 5점 척도로 분석할 수 있다. 각각을 살펴보면, 흥미는 '열광적'에서부터 '싫어함'으로 구분하고, 지식은 '전문가'에서 '전혀 없음'으로 구분하며,

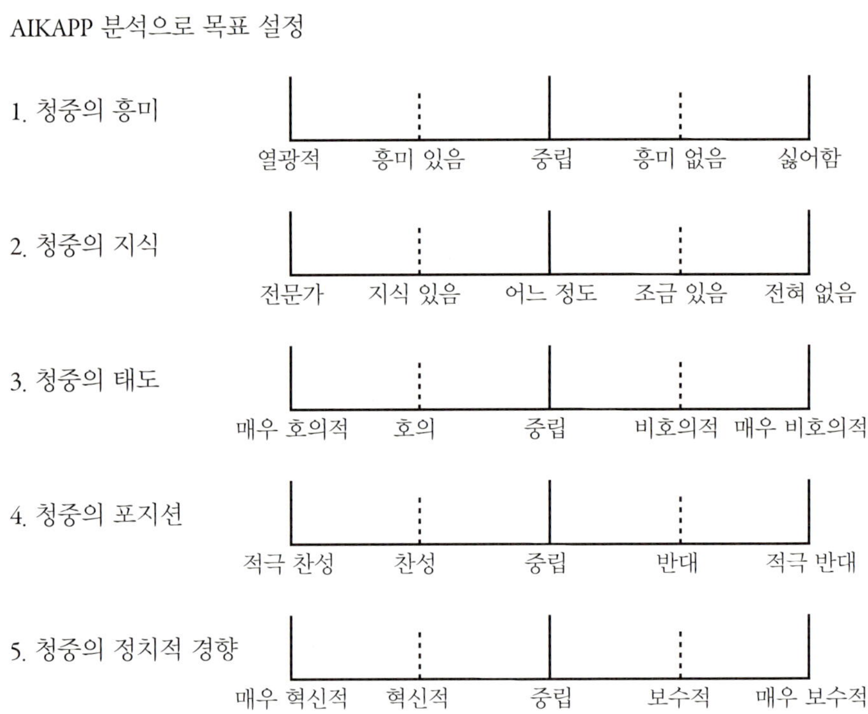

[그림 7] AIKAPP 분석

자료 : 야하타 히로시, 나상억 옮김, 《프리젠테이션 박사》, 21세기북스, 1996, 67쪽.

태도는 '매우 호의적'에서부터 '매우 비호의적'으로 구분한다. 또한 포지션은 '적극 찬성'에서 '적극 반대'로, 정치적 경향은 '매우 혁신적'에서 '매우 보수적'으로 구분할 수 있다. 이러한 척도로 청중이 어떤 성향을 지닌 집단인지 판단할 수가 있으며, 이를 바탕으로 효과적인 프레젠테이션을 수행할 수 있다.

그렇다면 청중 분석이 이렇게 중요한 이유는 무엇일까?

그 첫째 이유는, 청중은 수동적인 수용자가 아니기 때문이다. 프레젠테이션을 듣는 청중은 천진난만한 어린아이처럼 백지와 같은 마음가짐으로 프레젠터의 이야기를 그대로 수용하는 수동적인 존재가 아니다. 청중은 자신의 성장 과정과 경험을 통해 습득한 자기 나름대로의 가치관과 지식 체계를 가지고 있어서, 프레젠터가 그들의 기존 가치관에 부합하지 않는 주장을 내세우거나 그들의 기존 지식 체계에 어울리지 않는 정보를 제공할 때는 프레젠테이션 자체를 무시하거나 그것에 반발하게 된다. 따라서 청중의 태도를 무시한 프레젠테이션은 오히려 역효과를 거두게 되며, 청중의 지식 수준을 무시한 프레젠테이션은 프레젠터의 공신력과 신뢰도만 떨어뜨리게 된다.

둘째 이유는, 프레젠테이션이 철저하게 청중을 중심으로 준비되어야 하기 때문이다. 프레젠테이션을 행하는 프레젠터가 스스로를 프레젠테이션의 주인공으로 여기는 것은 대단히 큰 잘못이다. 프레젠테이션의 목적은 프레젠테이션 자체를 실시하는 데 있는 것이 아니라, 프레젠테이션의 목적을 분석한 후 의도한 그 목적을 청중으로부터 달성하는 데 있다. 프레젠테이션을 실시하는 사람은 프레젠터이지만, 그 목적을 달성시켜주느냐 마느냐 하는 열쇠는 청중이 쥐고 있다. 이러한 이유로 프레젠테이션은 항상 청중을 중심으로 준비되어야 한다. 청중의 흥미, 태도, 지식, 욕구, 포지션, 정치적 경향, 그리고 감정을 잘 파악하여 여기에 부합하는 프레젠테이션을 준비해야만 청중의 마음과 행동을 움직여주고 프레젠터도 본인이 이 프레젠테이션을 통해서 의도하고자 했던 목적을 달성할 수 있다. 그러나 프레젠테이션을 청중 중심으로 준비하라는 것이 청중이 선호하는 것만을 이야기하고 자신의 가치관이나 신념을 버리라는 뜻은 아니다. 자신의 가치관이나 신념을 조금도 바꾸지 않고 청중의 태도와 욕구에 적응하는 방법은 얼마든지 있다. 여기에서 중요한 것은, 자신이 하고싶은 말은 하되 청중이 더 많이 호응할 수 있는 방향으로 나아가야 한다는 것이다(임태섭, 2003).

프레젠테이션 실패의 원인은 대부분 청중이 누구인지, 청중의 목적이 무엇인지, 프레젠터에게 무엇을 원하는지 모르고 발표를 시작하는 데 있다. 이러한 상태로 프레젠테이션을 실시한다면, 청중이 알고싶어 하는 바를 시원하게 전개하지 못할 수도 있고, 프레젠터의 견해를 이해시킬 수도 없을 것이다. 청중이 이해를 못하는 것은 전적으로 프레젠터의 책임이다. 그럼 지금부터 청중을 분석할 때 고려해야 할 여섯 가지 사항에 대해서 알아보기로 하자.

2. 청중의 수

청중을 분석하는 첫번째 기준은 프레젠테이션 장소에 모여 있는 '청중의 수'이다. '프레젠테이션 장소에 모이는 사람의 수에 따라 청중의 성격이 다르다'는 것은 그만큼 청중의 수가 프레젠테이션에 영향을 주고 있음을 알 수 있다는 것이다. 청중의 크기는 프레젠테이션의 발표 양식에 커다란 영향을 미치는데, 수천 명 또는 수만 명에 이르는 큰 청중을 대상으로 할 때는 목소리와 제스처가 과장되어야 하지만, 소수의 청중을 대상으로 할 때는 대화 시에 사용하는 목소리와 몸동작이 더 잘 어울린다.

예를 들어, 부서 회의나 동호회 모임 또는 임원 회의 등과 같이 청중의 수가 적은 경우 청중이 비슷한 유형의 사람들이며, 비슷한 세대에 생각이나 가치관, 취미, 흥미, 요구도 큰 차이가 없을 것이다. 그러나 심포지엄, 포럼, 학회, 특강 등과 같이 청중의 수가 많은 경우 청중은 긴장감이 떨어지고 산만하며, 종종 이탈하는 경우도 발생할 것이다. 청중의 수에 따른 프레젠테이션 시 나타나는 특징은 다음과 같다.

〈표 6〉 프레젠테이션 시 청중의 수에 따른 고려 사항

구분	소수 인원	다수 인원
인원수	10~20인 정도	100명 이상
종류	부서 내 회의, 부서상 회의, 간단한 파티, 강의 등	국제 회의, 학회 발표, 강연회 등
청중의 성격	청중과 안면이 있는 경우가 많다. 청중들 사이에 긴장감이 있다.	청중의 니즈가 다양하다. 청중들 사이에 긴장감이 없다.
프레젠테이션 시 유의점	주제가 구체적일 수 있다. 콘셉트를 잡기 쉽다. 시각 자료를 많이 사용해도 무방하다. 약간의 연출이면 충분하다. 배포 자료를 프레젠테이션 도중에 배포하는 것이 가능하다.	일반적인 주제가 좋다. 콘셉트를 잡기가 어렵다. 시각 자료 사용이 제한적이다. 어느 정도의 배포 자료는 사전에 배포하는 것이 좋다.

가. 청중이 적을 경우

청중이 적을 경우에는 보통 서로 안면이 있는 것이 특징이다. 프레젠터에게 이는 매우 다행스러운 일인데, 그 이유는 청중 사이에 긴장감이 형성되기 쉽기 때문이다. 사전에 알고 있던 관계에서 프레젠터의 프레젠테이션을 소홀히 듣게 된다면 프레젠테이션이 끝난 후 어색한 관계가 될 수도 있으며, 프레젠테이션에 함께 참여했던 청중들로부터 나쁜 평판을 들을 수도 있을 것이다.

또한 청중이 적을 때는 특별한 경우를 제외하고 청중들은 비슷한 유형의 사람들로, 비슷한 세대에 생각이나 취미, 흥미도 거의 같고 요구도 큰 차이가 없을 것이다. 따라서 프레젠테이션의 주제를 구체화하고 내용을 압축하기가 용이하다. 일반적으로 따분하고 효과적이지 않은 프레젠테이션은 주제가 일반적이고 피상적이어서 청중들에게 실제적으로 와 닿지도 않을 뿐만 아니라, 청중의 의사 결정이나 문제 해결에 전혀 도움이 되지 않을 수도 있다. 프레젠터는 청중의 특성을 파악하고 주제에 대한 심층적인 이해와 분석을 통해 청중의 흥미와 관심을 유발할 수 있어야 한다. 즉, 청중

의 입장에서 프레젠터의 프레젠테이션이 청중의 현실적인 문제와 얼마나 연관이 있는가 하는 점이 매우 중요하다. 청중 개개인에게 주목하고 그들의 문제를 분석하여 압축해내면 청중의 요구를 모두 수용할 수 있는 해결책 도출이 가능하고 효과도 더욱 증진시킬 수 있다. 또한 청중의 수가 적다면 프레젠테이션을 할 때 연출에 공을 들이지 않더라도 그들의 관심을 붙들어둘 수 있으며, OHP, 화이트보드, 비디오, 포스터와 모형, 실물과 같은 다양한 시각적 비주얼을 사용할 수도 있다. 여기에서 한 가지 주의할 점은 자료 배포 시점이다. 자료를 사전에 모두 배포하면 청중의 주의를 붙들어두기가 어려워진다. 따라서 청중이 자료가 아닌 프레젠터에 집중하게 하려면 자료는 필요할 때마다 배포하는 것이 효과적이다.

나. 청중이 많을 경우

청중이 많은 경우 일반적으로 청중은 긴장감도 없고 주의도 산만하게 마련이다. 프레젠테이션이 시작되면 청중은 처음에 잠시 집중하다가 시간이 지날수록 한눈을 팔거나 옆 사람과 잡담을 나누거나 사적인 이야기 등을 하게 된다. 다수의 청중 속에서의 청중은 이 많은 사람들 중에서 나 하나쯤이야 눈에 띄지 않겠지 하는 안이한 생각을 하게 된다. 프레젠터는 국제 회의, 학술 대회, 특강, 심포지움 등의 경우 50명 혹은 100명 이상의 많은 청중 앞에서 프레젠테이션을 하게 된다. 대형 연회실이나 강연장처럼 큰 공간을 사용하면 마이크를 통해 프레젠테이션을 한다.

이렇게 많은 청중 앞에서 프레젠테이션 할 때 주의해야 할 사항은 다음과 같다.

첫째, 청중의 수가 많은 만큼 그 속성이 제각각이고 흥미나 관심사 또한 다양하다. 따라서 내용을 압축하기도 어렵고, 프레젠테이션 주제는 일반적인 내용이 될 수밖에 없다. 청중에게 특별히 관심을 주는 화제나 도움이 되는 내용이 아니라면 청중의 흥미를 유발하기 어렵다.

둘째, 넓은 회의장이나 강연장에서 사용할 수 있는 시각적인 비주얼 자료는 제한적이다. 청중이 적은 경우에는 효과적으로 사용되었던 화이트보드나 포스터, 모형, 실물 등은 잘못 사용하면 오히려 역효과를 가져와 프레젠테이션장을 소란스럽게 만들 수도 있다. 따라서 시각적 자료를 사용하고자 한다면 사전에 세심하게 준비하여 청중의 주의를 분산시키지 않도록 주의해야 한다.

셋째, 청중이 적은 경우와 달리 청중의 수가 많을 때는 자료를 프레젠테이션 전이나 후에 일괄적으로 배포해야 한다. 배포 자료를 프레젠테이션의 흐름에 맞추어 그때그때 나누어줄 수 없어서 사전에 배포해야 하는 경우에는 청중들이 프레젠터에게 집중하지 않고 자료로 시선이 분산된다는 단점이 있으며, 자료를 배포하는 시간으로 인해 발표 시간이 길어질 수도 있다. 이런 단점을 보완하기 위하여 프레젠테이션이 끝났을 때 정리하여 배포하는 것이 효과적일 수도 있다.

이처럼 많은 청중을 상대로 프레젠테이션을 할 경우 여러 가지 곤란한 일과 마주치게 된다. 프레젠테이션 준비 단계에서는 다양한 청중의 요구를 압축하기 어렵고, 시각적인 비주얼은 대규모 장치를 준비해야만 한다. 또한 프레젠터도 많은 사람 앞에서 받게 되는 심적인 부담을 극복해야만 하고, 프레젠테이션 과정에서도 청중의 집중력을 지속시키기 위해 세심한 주의를 기울여야 하는 것이다.

3. 청중의 인구통계학적 배경

청중을 분석하는 또 하나의 중요한 척도는 성별, 연령, 직업, 종교, 문화적 배경 등의 인구통계학적 특징이다. 이들 특징에 따라 청중의 특성이 달리 나타나기 때문이다.

예를 들어, 성별을 기준으로 보았을 때, 청중이 남성일 경우 프레젠터는 남성적인 프레젠테이션을 준비하는 것이 적절하다고 할 수 있다. 일반적으로 남성 청중의 경우 논리적인 프레젠테이션이 적절하며, 논리적인 인과관계를 보여주는 자료를 제시하고 통계 수치와 같은 데이터를 사용하는 것이 효과적이다. 반면, 청중이 여성일 경우 성별에 대한 불필요한 언급은 삼가고, 성적으로 차별적인 말이나 농담은 피해야 한다. 또한 프레젠테이션 시에 수치를 제시하는 등의 지루한 내용보다는 일상생활 주변에서 볼 수 있는 에피소드나 구체적인 사례를 많이 이용하는 것이 청중의 주의를 환기시키기 쉽다.

다음으로 연령을 기준으로 청중의 특성을 보았을 때, 청중의 연령에 맞춘 언어나 행동을 하는 것이 필요하다. 젊은 청중의 특징은 진보적 성향이 강하며, 경험이 부족하고, 돈보다는 명예와 승리를 중시하며, 정의감과 희망, 그리고 자긍심이 강한 편이다. 따라서 젊은 청중을 대상으로 한 프레젠테이션에서는 무거운 내용을 다루기보다는 캐주얼하고 편안하게 진행하는 것이 효과적이다. 반면, 중년층의 청중은 보수적 성향이 강하며, 경험이 풍부하고, 자신의 이익과 실리를 중시하며, 논리적이고 원칙적이고 현실감이 뛰어난 특징을 지니고 있다. 따라서 중년층의 청중을 대상으로 한 프레젠테이션에서 프레젠터는 이러한 특징들을 반영하여 현실적이고 실제적인 제안임을 강조해야 하며, 논리적으로 짜임새 있게 구성해야 할 것이다.

가. 청중의 구성상 특성

프레젠테이션에 임하는 프레젠터는 청중을 개인으로 대하는 것이 아니고 하나의 집단으로 대하게 되므로, 효과적인 프레젠테이션을 준비하기 위해서 반드시 고려해야 할 구성상의 특성으로는 청중의 동질성 여부와 조직성을 들 수 있다(임태섭, 2003).

1) 청중의 동질성

현재 우리 사회를 구성하고 있는 다양한 집단들은 구성원들의 구성에서도 매우 다양하다. 이와 마찬가지로 프레젠테이션에 참석하는 청중들의 경우도 동질성 측면에서 보면 천차만별이다. 예를 들어, 대학 입시와 관련

생각해보기

청중의 구분(audience segmentation)

1. 필요성

청중이 완전히 동질적이라고 가정할 수 없는 경우에는 청중을 필요한 수만큼의 하위 집단으로 나누어 각각 다르게 취급해야 한다. 그렇지 않고 전체를 동일시하다가는 그중 일부에게 불쾌감을 안겨줄 수도 있다.

2. 동일시의 예

"사람은 누구나 다 하나님의 존재를 믿어야 할 것입니다. 여기 계신 분들은 모두 하나님을 믿고 계시지요? 우리 모두 하나님의 영광을 위해 이 일에 발벗고 나섭시다."

3. 청중 가르기

청중을 여러 하위 집단으로 나누어 각 집단의 관심사를 따로따로 취급하는 기법이다.

4. 청중 가르기의 예

"여러분들 중에서 교회를 나가시는 분도 있고 그렇지 않으신 분도 있을 것입니다. 교회를 나가시는 분은 무엇보다도 하나님의 영광을 위해서 이 일에 정성을 쏟아주셔야 합니다. 또 교회를 나가지 않으시는 분은 우리의 이웃과 사회를 위해 이 일에 발벗고 나서주셔야 하겠습니다."

자료 : 임태섭, 《스피치 커뮤니케이션》, 커뮤니케이션북스, 2003, 79쪽.

된 프레젠테이션을 할 때 서울의 특정 고등학교 상위권에 속한 3학년을 대상으로 하는 경우와 3학년 전체를 대상으로 하는 경우 또는 전국의 고등학생을 대상으로 한 경우를 상상해보자. 이럴 경우 각각의 세 집단 사이에는 동질성에서 분명한 차이가 있다.

첫번째 예처럼 동질성이 매우 클 경우 참여한 청중들의 태도, 가치관, 요구 등이 매우 비슷하므로 프레젠테이션을 준비하는 과정이나 실행하는 과정이 이질적인 집단에 비해 까다롭지 않을 것이다. 반면, 세번째 예의 경우나 여기에 학부모가 청중으로 참석할 경우에는 프레젠테이션을 준비하기가 매우 쉽지 않을 것이다.

이처럼 청중의 집단이 이질적인 경우에는 일반적으로 하나의 하부 집단이 주어진 청중의 절대 다수를 형성하지 않는 한, 각 하부 집단의 특성을 고루 반영하여 프레젠테이션을 준비하는 것이 바람직하다.

2) 청중의 조직성

앞의 예에서 사용한 청중 집단들의 경우는 비교적 조직적으로 청중을 구성한 경우일 것이다. 반면, KBS 〈생방송 심야토론〉의 청중은 불특정 다수이고 비조직적이다. 잘 조직된 청중 집단의 경우에는 프레젠터의 입장에서 청중의 관심을 이끌어내는 것이 용이한 반면, 불특정 다수를 대상으로 하는 선거 유세, TV 프로그램을 통한 프레젠테이션은 참여한 청중의 가치관, 태도 등이 다양하기 때문에 프레젠테이션에 집중하도록 만들기가 매우 어렵다. 따라서 청중이 잘 조직된 경우에 비해 비조직적인 집단을 대상으로 프레젠테이션을 실시할 때는 주의나 관심을 끌기 위한 여러 가지 방안을 마련해두어야 한다.

나. 청중의 성별

1) 청중이 남성일 경우

여성의 사회 진출로 인해 여성들이 비즈니스의 세계에 많이 참여하고 있으나, 일반적으로 비즈니스 회의에서 프레젠테이션을 하게 될 경우 아직까지는 청중의 대부분이 남성인 경우가 많다. 프레젠테이션 준비 단계에서 청중의 다수가 남성임을 알게 되면 남성적인 프레젠테이션을 준비해야 한다. 일반적으로 남성 청중의 경우 논리적인 프레젠테이션이 적절하며, 논

〈표 7〉 청중의 성별에 따른 청중의 특성

성별	남성	여성
특징	- 논리적 - 분석적	- 감정적 - 주관적
프레젠테이션 시 유의점	- 통계나 수학 - 논리적인 내용 - 추상적 개념	- 경험적인 내용 - 감정적인 내용 - 구체적인 사례

리적인 인과관계를 보여주는 자료를 제시하고 통계 수치와 같은 데이터를 사용하여 프레젠터의 분석력을 보여주는 것이 효과적이다. 이때 통계 수치를 그래프나 차트 같은 시각적 도구를 사용하여 제시하면, 개념적으로 잘 와 닿지 않던 숫자들도 시각적 도구의 도움을 받아 쉽게 이해할 수 있게 된다. 예를 들어, 내년도의 경제성장률에 대한 프레젠테이션을 하는 경우 내년도의 성장률이 10퍼센트라는 것을 청중에게 설명하고자 한다면, 청중에게 말로서 장밋빛 환상과 꿈을 심어주는 것이 아니라 논리적이고 분석적으로 접근하면서 침착하게 작년의 성장률과 올해의 성장률 추이 그리고 각종 경제지표들을 수치로 제시하고 성장률이 증가할 수밖에 없는 원인들을 다각적으로 파악함으로써 경제성장률에 대해 프레젠터가 제시하는 전망의 신뢰도를 높여야 할 것이다.

또한 프레젠테이션 시에 논리에 맞지 않는 부분이 발견되면 남성 청중들은 사고 회로를 정지시키게 된다. 이 경우 사리에 맞지 않는 내용에 민감해지고 마음속에 항상 '왜'라는 의문을 갖게 된다. 이러한 의문에 대해서 프레젠터는 답변할 준비가 되어 있어야 한다. 그렇지 않은 경우 남성 청중들은 프레젠터의 말을 듣고 '그래서 어떻다는 거야'라고 반문한다. 프레젠테이션이 끝난 후 애매모호한 의문을 남기고 의문에 대한 답이 적절히 이루어지지 않는다면 청중들은 프레젠터의 역량에 대해 의문을 가지게 된다. 따라서 남성 청중을 대상으로 하는 경우, 프레젠터는 특별히 논리적인 프레젠테이션을 준비할 필요가 있다.

2) 청중이 여성일 경우

앞에서 비즈니스 상황의 프레젠테이션에서는 청중의 다수가 남성이라고 했다. 그러나 사회는 빠르게 변화하고 있고 이에 발맞추어 여성의 경제활동 참여도 지속적으로 증가하는 추세에 있으므로, 비즈니스 프레젠테이션에 참석하는 사람이 남성뿐이라고 생각했다가는 실수를 범할 수도 있다. 여성의 사회적 지위는 점차 향상되고 있으며, 중요한 비즈니스 회의 석상에서 여성을 만나는 경우도 눈에 띄게 많아지고 있다. 따라서 비즈니스계에서 활동하는 여성들은 앞으로 점차 남성들의 비즈니스 파트너로서 자리매김할 것이다.

여성 청중을 대상으로 프레젠테이션을 하게 되는 경우, 남성을 전제로 한 프레젠테이션을 해서는 안 된다. 남성과 비교할 때 여성의 경우는 감정적이고 주관적인 특성을 지니고 있으므로 추상적이거나 논리적인 접근보다는 구체적인 경험이나 사례 또는 감정적인 내용을 통해 프레젠테이션을 하는 것이 효과적이다. 또한 성차별적 뉘앙스의 언급을 해서도 안 되며, 성적인 농담도 피해야 한다.

다. 청중의 연령

프레젠테이션을 시작하기 전에 청중의 연령을 분석하는 것은 프레젠터가 간과해서는 안 될 중요한 일이다. 만약 나이가 지긋한 중년의 청중 앞에서 젊은 프레젠터가 본인의 친구들끼리 나누던 농담을 한다든지 젊은이들 사이에 유행하는 은어나 축약어 등을 사용한다면 청중의 반응은 싸늘하게 변할 것이다. 반면, 젊은이들을 상대로 고사성어를 인용한 격조 높은 한문조의 프레젠테이션을 한다면 청중들은 지루해서 어쩔 줄 모를 것이다. 결과적으로, 두 경우 모두 청중의 연령을 전혀 고려하지 않은 실패한 프레젠테이션이 될 것이다. 따라서 프레젠터는 사전에 본인이 대상으로 하게 될 청중의 연령을 분석해야 하며, 그래야만 성공적인 프레젠테이션을 할 수 있을 것이다.

〈표 8〉 연령에 따른 청중의 특성

연령	나이가 많은 사람	나이가 적은 사람
특징	– 보수적, 실제적	– 혁신적, 낙천적
성격	– 실리주의	– 이상주의
프레젠테이션 시 유의점	– 공식적 – 논리적인 전개 – 온건한 개혁	– 비공식적 – 도전 – 혁신적인 개혁 – 새로운 제안

1) 청중이 젊은 층일 경우

앞에서 언급한 것처럼, 젊은 청중의 특징은 일반적으로 진보적 성향이 강하고, 경험이 부족하며, 돈보다는 명예와 승리를 중시하고, 정의감과 희망, 그리고 자긍심이 강한 편이다. 따라서 젊은 청중을 대상으로 한 프레젠테이션에서는 무거운 내용을 다루기보다는 캐주얼하고 편안한 분위기의 프레젠테이션을 하는 것이 효과적이다. 연령으로 봐서는 프레젠터가 청중의 아버지 연배라고 해도 마치 이웃집 형이나 오빠라는 생각을 가지고 대하는 편이 효과적이다. 그러면 젊은이들은 그들 특유의 개방성과 수용성으로 프레젠터를 편견 없이 열렬히 환영할 것이다.

젊은 청중들은 중년 청중들에 비해 경험이 짧고 이상주의적이며 자유분방한 사고를 하는 편이다. 개인차는 있겠으나, 매사를 별로 심각하게 생각하지 않으며 낙천적이고 항상 새로운 일에 도전하려고 한다. 그러므로 자극적인 의견이나 모험적인 제안에 반응을 보이는 성향이 중년 청중들에 비해 상대적으로 크다. 도전적·모험적·자극적·혁신적·이상주의적 등등이 젊은이를 상징하는 키워드이므로, 프레젠테이션에 자주 활용한다면 효과적일 것이다. 그렇다고 프레젠터의 프레젠테이션 주제가 보수적이고 이념적임에도 무리하게 내용이나 분위기를 바꾸어 젊은 사람에게 영합할 필요까지는 없다. 그들에게 때로는 보수적인 것이 자극적이고 도전적인 것이기도 하기 때문이다.

2) 청중이 나이가 많을 경우

앞에서 언급했듯이, 중년층의 청중은 일반적으로 보수적 성향이 강하고 경험이 풍부하며 자신의 이익과 실리를 중시한다. 또한 논리적이고 원칙적이며 현실감이 뛰어나다는 특징을 지니고 있다. 따라서 중년층의 청중을 대상으로 한 프레젠테이션에서 프레젠터는 이러한 특징들을 반영하여 현실적이고 실제적인 제안임을 강조해야 하며, 논리적으로 짜임새 있게 구성해야 할 것이다. 즉, 중년층의 청중은 프레젠터의 의견이 현실적이고 실제적인가를 지그시 관찰하면서 경청한다. 그리고 예의 바르고 신뢰할 만한 사람인가를 평가 기준으로 삼고 있다.

예를 들어, 기업의 임원들 앞에서 신제품에 대한 기획안을 프레젠테이션하게 되는 경우, 프레젠터는 프레젠테이션을 준비하면서 신제품에 대한 전문적인 지식을 갖추었을 것이다. 설령 임원들이 신제품에 대해 프레젠터가 가지고 있는 만큼의 지식을 가지고 있지 않다고 하더라도, 프레젠테이션 시에는 임원들에게 예의와 존경을 표하고 언어 구사 하나하나와 마지막 인사까지 정중하게 예의를 갖추어야 하며, 프레젠터의 제안이 단지 꿈이나 이상이 아닌 현실적이고 실제적인 것임을 강하게 어필해야 한다. 따라서 프레젠테이션 준비 과정에서 제반 사항을 고려한 다각적인 검토를 해야 함은 물론, 발생 가능한 문제에 대한 해결책, 예상 투자 금액, 해당 제품을 개발함으로써 얻을 수 있는 기업의 이익 등을 프레젠테이션 진행 시 구체적으로 보여줄 수 있도록 준비해야 한다.

라. 청중의 사회적·경제적 지위

청중의 교육적 배경, 청중의 직업, 청중의 지위 등을 포함하는 청중의 사회적·경제적 지위는 청중의 특성을 파악할 수 있는 중요한 인구통계학적 요소이다. 청중의 사회적·경제적 지위에 따라 청중의 흥미와 특정 문제에 대한 문제 의식 및 가치관이 각각 다르기 때문이다. 즉, 임금 인상률에 대해 생산직 노동자와 최고경영자의 시각이 다를 수 있으며, 동일한 사안인 FTA(Free Trade Agreement) 문제를 두고도 대도시의 화이트칼라와 시골의 농민들이 바라보는 시각은 다를 수 있으므로, 청중에 따라 달리 접근할 필요가 있다.

사회적·경제적 지위가 높은 사람은 프레젠터에게 문제 해결을 위한 확실한 의견이나 전문가로서의 견해를 기대한다. 또한 편협하고 단절된 사고에서 나온 의견이 아니라 전체를 간파한 공평한 시각에서 나온 의견임을 보여줄 필요가 있다. 그러나 전문가들이 갖게 되는 딜레마로 전문성이 심화될수록 유감스럽게도 시야가 좁아지는 경향이 있다. 예를 들어, 회사의 마케팅 업무를 책임지고 있는 팀장이 마케팅 업무에 대한 문제점과 그 해결 방안에 대해 경영진에게 프레젠테이션을 하는 경우, 프레젠터는 전문가이기 때문에 마케팅 업무에 대해 전문성을 가지고 있을 것이다. 그러나 마케팅 업무의 문제점에 대해 그 중요성을 강조할수록 청중인 경영진은 한발 뒤로 물러나 발표자의 말을 냉정하게 청취하려고 한다. 사회적·경제적 지위가 높은 청중은 전체의 균형을 중시하기 때문이다. 즉, 마케팅 분야의 전문성과 중요성만이 아니라 기업의 전체적인 관점에서의 조화를 생각하기 때문에 프레젠터는 프레젠테이션 시에 다른 부문과의 균형이나 기업 전체의 관점을 수용하면서 프레젠테이션을 해야 성공적인 결과를 얻을 수 있다.

반대로, 사회적·경제적 지위가 낮은 사람들에게는 프레젠터의 전문성만을 강조할 것이 아니라, 청중이 이해하기 쉬운 내용으로 주제를 쉽게 풀이 평이한 용어로 설명해야 한다.

마. 기타

1) 청중이 외국인일 경우

21세기는 세계화 시대이고, 기업들 역시 다국적 기업처럼 전 세계로 진출하고 있으며, 기업 내에서의 사내 프레젠테이션도 외국어로 실시되는 경우가 늘어나고 있다. 따라서 프레젠테이션의 대상인 청중 또한 내국인에 한정되었던 경우에서 점차적으로 다양한 국적을 지닌 청중들로 그 추세가 바뀌어가고 있다.

프레젠테이션의 청중이 외국인일 경우 우선 두려움을 버리고 용기를 가져야 한다. 자신의 영어 구사 능력에 설령 자신이 없다고 하더라도 지나치게 걱정할 필요가 없다. 영어 구사 능력과 프레젠테이션이 관련은 있지만 사실은 별개이다. 영어 회화가 가능하다고 프레젠테이션이 가능한 것은 아니다. 프레젠테이션 기술을 습득하면 영어 구사는 기본적인 능력으로도 충분하다.

또한 외국인 청중을 대상으로 한 프레젠테이션을 할 경우 그들의 문화적 배경을 잘 알 필요가 있다. 문화적 차이 문제에서 가장 어려운 문제는 가치관과 행동 양식의 차이로, 문화적 배경의 차이를 무시하고 외국인 청중 앞에서 프레젠테이션을 하는 것은 나침반 없이 목적지를 향해 가는 것과 같다. 더불어 커뮤니케이션 진행 방식에 대해서도 주의할 필요가 있는데, 결론부터 먼저 언급하고 어떠한 인과관계를 거쳐 그런 결론이 나오게 되었는지를 보여준 다음 결론을 맺는 프레젠테이션이 효과적이다.

2) 종교 문제

문화의 차이와 더불어 종교 문제는 매우 중요하게 고려해야 할 사항이다. 다양한 청중을 대상으로 프레젠테이션을 할 때 프레젠터가 특정 종교에 대해 언급하는 것은 자칫 오해를 불러일으킬 소지가 있으므로 삼가는 것이 좋다. 종교적인 것은 지극히 개인적이며 주관적인 성향이 농후하다. 사람의 종교적 신념은 그 누구도 범할 수 없는 영역이므로 청중과 종교 문제를 가지고 대립할 필요가 없으며, 그와 같은 문제를 일으키는 것은 어리석은 일이다. 따라서 프레젠테이션에서 음주 문제, 종교 문제, 이혼 문제, 낙태 문제 등에 대해서 이야기해야 할 상황이라면 청중의 종교적 배경을 알아둘 필요가 있다. 이것들은 매우 민감한 사안이므로 가급적 다루지 않는 편이 현명하다.

만약 구미(歐美) 사람들을 대상으로 프레젠테이션을 하게 된다면 기독

생각해보기

피해야 할 테마들

- 종교
- 정치적 신조
- 이데올로기
- 성차별
- 인종차별
- 개인 공격
- 이혼 문제
- 낙대 문제 등

자료 : 야하타 히로시, 나상억 옮김, 《프리젠테이션 박사》, 21세기북스, 1996, 43쪽.

교에 대한 기본 소양을 갖출 필요가 있다. 왜냐하면 신앙심이 깊은 사람은 물론 보편적으로 일반 사람들 역시 기본적인 가치관은 종교로부터 영향을 받게 마련이기 때문이다. 또 국가와 문화에 따라 종교가 다르기 때문에 외국인을 상대로 프레젠테이션을 할 기회가 있다면 세계 주요 종교의 교의와 관련해 학술적 관점에서 조사하고 각 종교나 문화에서 금기시하는 것들에 대한 정보를 입수하여 대비할 필요가 있다. 프레젠테이션의 내용 때문이 아니라 부수적인 것들로 인해 프레젠테이션을 실패하는 실수는 범하지 말아야 할 것이다.

4. 청중의 요구

청중은 무엇인가를 원하기 때문에 프레젠테이션을 들으러 온다. 아무런 욕구도 없는 사람이 남의 말을 들으러 올 이유가 없는 것이다. 프레젠테이션에 참여하는 청중의 욕구는 매우 다양하다. 어떤 청중은 프레젠터의 비전이나 능력을 알고싶어 하고, 어떤 청중은 새로운 사실을 배우고자 한다. 또 어떤 청중은 프레젠터를 통해서 자신들의 정체성을 고취시키고자 하며, 어떤 청중은 그저 프레젠터의 얼굴을 보거나 목소리를 듣고싶어서 참석하기도 한다.

이를테면, 당신이 마케팅 담당자인 경우 가능성 있는 기업에 가서 '귀사의 요구(needs)는 무엇입니까?'라고 물어도 아무도 대답해주지 않는다. 청중의 요구는 스스로 찾아야 하는데, 그럴 경우 먼저 업계 분석을 하고 경영 분석, 재무 분석, 인물 분석의 네 가지 항목에 대한 분석을 통해 문제를 해결해나가야 한다. 마지막의 '인물 분석'은 프레젠터의 프레젠테이션에 참가하는 청중 또는 마케팅 담당자에 대한 것이다. 즉, 이 네 가지 항목을 분석하여 상대의 요구를 찾아내야 한다. 따라서 청중 분석에서 꼭 파악할 것은 청중의 요구이다.

먼저, 청중이 프레젠테이션에서 듣고자 하는 내용은 무엇인가를 파악해야 한다. 예를 들어, 신상품에 대한 네이밍 전략을 프레젠테이션하려고 할 때 의사 결정권자가 브랜드 네이밍 후보 안에 주로 관심이 있을 수 있지만, 신상품의 시장 환경에 더 관심이 있거나 시장 전략에 더 관심이 있을 수도 있다. 이런 경우 프레젠터는 의사 결정권자의 요구에 부응하여 시장 환경과 전략에 대한 분석도 제시할 수 있어야 한다. 그렇지 않으면 의사 결정권자는 프레젠테이션을 듣고나서도 여전히 의문인 상태로 남아 있을 수 있기 때문이다.

좋은 프레젠테이션을 준비하기 위해서는 반드시 청중의 요구를 고려해야 한다. 그들이 무엇을 필요로 하는지, 어떠한 것에 흥미를 가지고 있는지, 또 어떠한 동기로 이 프레젠테이션을 들으러 오는지 등을 파악한 후, 이를 충족시키는 방향으로 프레젠테이션을 준비해야만 청중의 마음을 움직일 수 있는 것이다. 청중의 요구도 제대로 이해하지 못한 채 프레젠테이션을 하거나 대충은 알면서도 무시해버리는 경우에는 청중의 호응을 얻을 수 없다.

5. 청중의 지식 수준

프레젠테이션에서 청중이 이해할 수 있는 내용을 제시하는 것은 중요하기 때문에, 청중 분석에서 빠뜨려서는 안 되는 항목이 바로 청중의 지식 수준이다. 따라서 프레젠테이션에서 발표할 내용에 대해 청중이 어느 정도 알고 있는가를 사전에 조사할 필요가 있다. 이렇게 청중의 지식 수준을 파악함으로써 프레젠테이션의 내용을 어떻게 구성해야 할지를 정할 수 있다. 청중의 지식 수준 분석 결과, 청중이 전문가일 경우에는 청중의 기대에 부응하기 위해 많은 데이터를 준비하는 것이 필요하며, 지식이 부족한 청중일 경우에는 어려운 말과 구조를 통해 제시하는 것보다는 쉬운 내용으로 구성하여 제시하는 것이 좋다. 예를 들어, 농촌 지역의 고령의 농업인을 대상으로 FTA가 농업 분야에 미치는 영향에 대해 프레젠테이션을 할 때, 전문 용어나 복잡한 국제 관계를 장황한 문장으로 제시하는 것보다는 단순하면서도 이해하기 쉬운 도표나 그림을 활용하는 것이 보다 효과적이다.

따라서 프레젠터는 효과적인 프레젠테이션을 위해 청중이 일반인인지 전문가인지 혹은 청중 가운데 전문가는 몇 사람쯤 있으며 일반인은 어느 정도의 비율인지 알아볼 필요가 있다. 또한 말하고자 하는 주제에 대해서 청중이 어느 정도 알고 있는지 아니면 전혀 모르고 있는지 등을 '청중의 지식 분석' 매트릭스에 따라 분석할 필요가 있다. 즉, 청중의 전부가 전문가이거나 일반인이라면 문제가 없겠으나, 그 구성비는 다양하므로 청중의 지식 수준에 대한 분석을 세심하게 해야 한다. 이때 사용되는 청중의 지식 수준 분석은 〈표 8〉을 참고하기 바란다.

〈표 8〉 청중의 지식 수준 분석

지식 수준 / 청중	높다	낮다
일반인	%(명)	%(명)
전문가	%(명)	%(명)

자료 : 야하타 히로시, 나상억 옮김, 《프리젠테이션 박사》, 21세기북스, 1996, 45쪽.

가. 청중의 일반적 지식 수준 파악

일반적 지식이란 다른 사람의 말을 이해할 수 있는 능력, 즉 어휘와 문법을 이해할 수 있는 언어적 능력과 논리 체계를 이해할 수 있는 사고력을 일컫는다. 어휘와 문법 그리고 논리에 대한 이해력은 대체로 교육 수준과 비례한다. 교육 수준이 아주 낮은 청중은 어휘력과 문법 구조에 대한 지식이 제한되어 있으며, 논리의 전개와 이해에서도 취약하다. 반대로 교육 수준이 아주 높은 사람은 어휘가 풍부하고 다양한 문법 구조에 익숙하며 논리적인 사고 능력 또한 갖추고 있다. 교육 수준이 보통인 사람은 언어 능력과 논리적 사고 능력 면에서 이 양극단의 중간에 속한다고 보면 된다(임태섭 2003).

청중이 일반인일 경우, 일반인 청중은 프레젠터에게 누구라도 이해할 수 있는 내용을 기대한다. 뛰어난 평론가나 대학교수가 텔레비전에서 시청자들에게 말하듯이 평이하며 알기 쉬운 말이 나올 것으로 생각한다. 그러나 전문가들은 난해한 이야기를 자기들만의 암호를 사용하여 괜스레 어렵게 표현하는 경향이 강한데, 이것은 전문가의 오만이다. 어려운 내용을 쉽고 평이하게 표현할 수 있는 사람이 진짜 뛰어난 전문가이다. 더욱이 교육 수준이 낮은 청중을 대상으로 할 때는 쉬운 말과 짧은 문장 그리고 단순한 논리를 사용하는 것이 그들의 이해 정도를 높이는 데 도움이 된다. 일반인 청중을 대상으로 한 프레젠테이션에서는 주제를 압축하고 주제의 범위를 좁히며 군더더기를 제거하여 간결한 프레젠테이션이 되도록 노력해야 한다. 때때로 일반인들은 전문가라는 사람들의 말을 들으며 불쾌감을 느낄 때가 있다. 자기가 매우 똑똑하고 잘났다는 이야기만 늘어놓거나 청중을 얕보는 태도를 취할 때 더욱 그렇다. 프레젠테이션을 하다보면 자칫 프레젠터가 청중보다 우위에 있다고 착각하기 쉽다. 발표자가 주제에 대해 청중보다 많이 알고는 있겠지만, 그 주제에 대해서만 그렇다는 것이고 인격적으로 우월한가 하는 점은 별개의 문제이다. 전문가일수록 사람들 앞에서 말하기 시작하면 세계가 자기를 중심으로 돌고 있는 듯이 착각하기 쉽

따라해보기

일반인 청중 체크포인트

- ☐ 전문 용어를 지나치게 사용하지 않는가?
- ☐ 전문 용어를 해설하는가?
- ☐ 신변의 화제와 결부시키는가?
- ☐ 많은 사례를 예시로 제시하는가?
- ☐ 주제를 압축하는가?

자료 : 야하타 히로시. 나상억 옮김, 《프리젠테이션 박사》, 21세기북스, 1996, 49쪽.

다. 따라서 당신이 아무리 유식하더라도 일반인 청중을 상대할 때는 그들의 눈높이에서 이야기할 필요가 있다.

반면, 교육 수준이 아주 높은 청중을 대상으로 할 때는 전문 용어나 복합적인 문장 그리고 정교한 논리를 사용하는 것이 오히려 빠른 이해를 보장하는 길이 된다. 그리고 보통의 교육 수준을 가진 청중을 대상으로 할 때는 우리 성인이 일상적으로 사용하는 언어와 문장 그리고 논리 체계를 사용하는 것이 효과적이다.

나. 청중의 주제에 대한 지식 파악

주제에 대한 지식이란 프레젠터가 프레젠테이션에서 다루고자 하는 주제 및 소재에 대한 청중의 예비 지식을 일컫는다. 이를테면, '아파트 선시공/후분양제'라는 주제를 놓고 이를 옹호하는 연설을 할 때, 청중이 '신시공/후분양제와 선분양/후시공제에 대해 그 차이점과 장단점을 얼마나 알고 있는가?' 하는 것이 주제에 대한 그들의 지식 수준을 나타낸다.

주제에 대한 지식 수준은 그 주제에 대해 직접 또는 간접적으로 쌓아

온 경험이 어느 정도인가에 따라 결정된다. 직접적 경험이란 실제로 그 주제와 관련된 일을 겪거나 해보았을 때 생기는 것이며, 간접적 경험이란 교육 과정이나 시사 매체 등을 통해 얻어지는 것이다. 따라서 주제에 대한 지식 수준을 판단할 때는 우선 청중이 그 문제를 실제로 겪어본 적이 있는지를 알아보아야 하며, 다음으로 그들의 교육 수준 및 시사에 대한 관심 등을 파악해야 한다(임태섭 2003).

주제에 대한 지식이 부족한 청중은 그 주제에 관한 한은 세상 물정을 모르는 아이들과 같다. 그러므로 이런 청중들을 대상으로 배경 설명도 없이 바로 본격적인 논의에 들어가버리면, 이들은 곧 미궁에 빠지고 만다.

반대로 주제에 대해 해박한 사람들은 그 문제에 관한 한은 준전문가인 셈이다. 이런 청중들을 상대로 배경 설명에 너무 많은 시간을 할애하면 이들은 '뻔한 이야기를 왜 그렇게 길게 하냐!' 하는 식으로 비판하게 된다.

주제에 대한 지식이 많은 사람들은 프레젠터에게 전문가로서의 정보나 견해, 식견을 기대한다. 청중은 본인이 모르는 새로운 정보, 다른 의견을 기대하는 것이다. 따라서 청중의 기대에 부응하지 않으면 안 된다. 그러기 위해서는 많은 데이터를 준비하는 것이 좋다. 통계 수치, 실험 결과, 문헌, 조사 자료, 권위 있는 사람의 의견 등 논리를 보강할 재료를 풍부하게 준비해야 한다. 만약 적은 데이터로 주장을 뒷받침하려고 하면 반드시 문제가 생기고 만다. 어떤 데이터이든 항상 반대의 데이터가 존재하게 마련이므로, 프레젠테이션에서 10의 정보를 제공하고 싶다면 100의 데이터가 필요하다는 점을 기억해야 한다. 왜냐하면 주제에 대한 지식이 많은 사람들은 프레젠테이션이 끝나면 많은 질문을 할 것이고, 이때 프레젠터는 그 질문에 대해 나머지 90의 데이터를 활용하여 자신 있게 답변해야 하기 때문이다. 따라서 데이터의 10퍼센트 정도는 프레젠터의 주장과는 다른 것을 수집하는 일도 잊어서는 안 된다. 주제에 대한 지식이 많은 사람들은 때때로 프레젠터의 주장과 다른 데이터를 제시하며 반론을 펴기도 한다. 반론에 대해서는 자신을 가지고 미리 준비한, 당신의 주장과는 다른 데이터를 제시하여 대응한다.

따라해보기

청중의 주제에 대한 지식 수준에 적응하는 법

1. 주제를 잘 아는 청중
   - 기초를 설명하는 데 시간을 낭비하지 마라.
   - 청중이 잘 알고 있는 내용만을 이야기하는 것으로 끝나서는 안 된다. 기존의 지식 위에 새로운 지식을 제공할 수 있어야 한다.
   - 새 지식은 기존 지식과 연결하여 설명하라.
   - 그들에게 익숙한 전문 용어를 사용하라.

2. 주제를 잘 모르는 청중
   - 기초부터 차근차근 설명하라.
   - 한꺼번에 많은 정보를 제공하려는 욕심을 버려라.
   - 전문 용어보다는 일상적인 용어로 설명하라.

3. 주제를 잘 알지만 무관심한 청중
   - 시작부에서 주제가 그들에게 얼마나 중요한가를 강조하라.
   - 설명 도중에도 내용을 그들의 삶과 결부시킬 수 있어야 한다.

자료 : 임태섭, 《스피치 커뮤니케이션》, 커뮤니케이션북스, 2003, 76쪽.

주제에 대한 지식이 많은 사람들을 납득시키기 위해서는 충분한 사전 조사로 대비하는 것이 유일한 방법이다. 다만, 전문가인 프레젠터에게 자부심이 있듯이 주제에 대한 지식이 많은 사람들이 청중인 경우 그들에게도 자부심은 있다. 일방적으로 공세를 취한다면 청중도 욕구불만이 쌓인다. 이때는 '이 점에 대해서는 여러분이 전문가라 생각합니다……' 등의 표현으로 청중의 자부심을 세워줄 필요가 있다.

6. 청중의 태도 및 자세

프레젠테이션은 청중과 직접 대면한 상태에서 이루어지기 때문에 청중에 대한 배려가 요구된다. 아무리 좋은 내용이라 하더라도 청중에 대한 고려가 없다면 성공적인 프레젠테이션을 기대하기 어렵다. 그런 의미에서 성공적인 프레젠테이션을 위해서는 청중들이 프레젠테이션의 내용 또는 프레젠터에 대해 어떠한 태도를 가지고 있는지 파악하는 것이 매우 중요하다. 일반적으로 프레젠테이션 상황에서 청중의 태도와 관련하여 청중을 호의적인 청중, 비호의적인 청중, 중립적인 청중으로 분류할 수 있다(문용식, 2002).

첫째, 호의적 청중은 프레젠터에게 기대하는 바가 크다. 호의적인 청중의 경우, 프레젠터에 대한 믿음이 크기 때문에 프레젠터는 되도록 간결하고 명쾌하게 프레젠테이션을 실시하면 된다. 호의적인 청중라고 해서 프레젠테이션 준비를 게을리 한다거나, 지나친 농담을 한다거나, 실없는 농담을 하는 것은 자제해야 한다. 호의적인 청중에게는 특히 신경을 써서 확실한 준비를 해야 하는데, 그들은 매번 같은 말을 하는 등의 평범한 내용에는 납득하지 않기 때문이다. 따라서 호의적인 청중에게는 신선하고 살아있는 정보를 제공해야 한다. 또한 대중이 모인 프레젠테이션 장소에서 호의적인 청중을 특별 취급하는 것은 바람직하지 않다. 이는 제3자가 볼 때 기분 나쁠 일이기 때문이다. 호의적인 청중들에게도 다른 청중들과 마찬가지로 공평하게 대함으로써 모든 청중에게 공정하다는 인상을 심어주는 것이 무엇보다 중요하다.

둘째, 비호의적 청중은 프레젠터와 의견을 달리하고 있음을 인정하고 프레젠터의 의견을 표현해야 한다. 비호의적인 청중들이 가지고 있는 의견은 무엇인지 정확히 파악하고 프레젠터의 입장과 공통적인 가치가 있는 부분을 찾는 것이 좋다. 동의하는 부분을 찾아 거기서부터 논의를 풀어가는 것이 비호의적인 청중을 자신의 편으로 만드는 길이기 때문이다. 이때 한쪽에 치우치는 의견보다는 균형 있게 프레젠테이션을 이끌어나가야 한다. 또한 비호의적인 청중을 상대로 이야기를 시작하기도 전에 지나치게 긴장하거나 지레 포기할 필요가 없으며, 오히려 장기적 전략을 수립하여 프레젠테이션이라는 전술을 성공시켜야 한다. 프레젠테이션 시작부터 체념하지 말고 끈기를 가지고 적극적으로 마음을 털어놓고 프레젠테이션을 한다면 난공불락의 상대라도 '열심히 하는 사람'이라고 인정하고 마음을 열어줄 것이다.

셋째, 중립적인 청중은 무관심한 청중으로, 그들은 프레젠테이션이 자기와는 관계가 없다는 태도를 취한다. 무관심한 청중이 관심을 갖도록 하자면 '청중'과 '주제'를 연계시킬 필요가 있다. 즉, 전체 프레젠테이션 과정에서 "이것은 여러분의 문제입니다"라고 강조하는 것이다. 즉, 청중을 자극하는 내용을 제시해야 한다. 그럼으로써 청중에게 문제 의식을 갖게 하고 잠자는 그들의 관심을 일깨울 수 있다. 또한 중립적인 청중에게는 충분한 내용을 전달해야 한다. 호의적인 청중이라면 간결한 내용으로도 프레젠

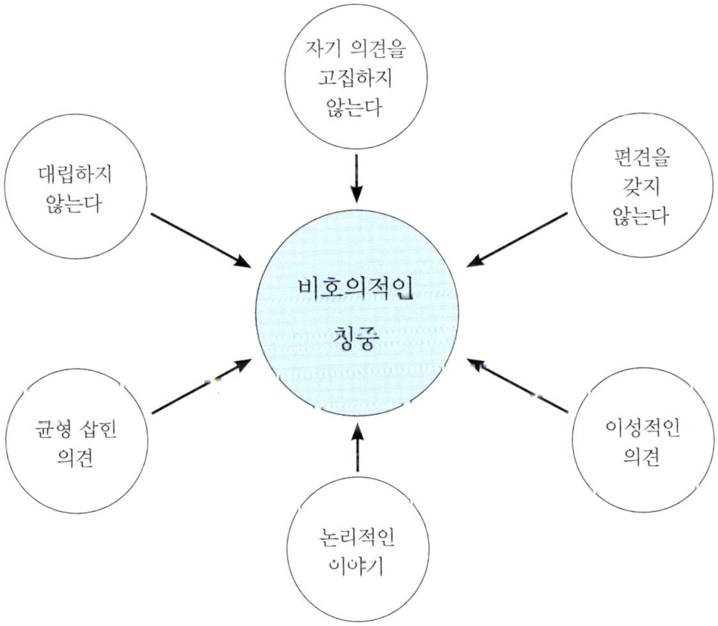

[그림 8] 비호의적인 청중을 다루는 방법
자료 : 야하타 히로시, 나상억 옮김, 《프리젠테이션 박사》, 21세기북스, 1996, 51쪽.

테이션을 끝낼 수 있지만, 중립적인 청중에게는 말하고싶은 내용을 충분히 전달하는 것이 유리하다. 이처럼 중립적인 청중에게는 세심한 주의를 기울여야 한다.

요약하면, 청중 분석 결과 호의적인 청중일 경우 이들은 기대를 안고 있으며 프레젠터에 대해 호의적일 것이다. 그러나 아무리 호의적인 청중일지라도 비호의적인 청중으로 변해버릴 수 있음을 염두에 두고, 공정하며 냉철하게 프레젠테이션에 임해야 한다. 반대로 청중 분석 결과 비호의적인 청중이라면 청중과의 대립은 금물이며, 균형적인 사고를 피력하고 공정한 태도를 유지해야 한다. 그리고 지나친 긴장보다는 오히려 적극적인 프레젠테이션이 필요하다.

가. 청중의 태도

인간은 성장 과정에서 겪는 경험도 서로 다르고 처한 입장도 서로 다르므로 주어진 대상에 대하여 갖고 있는 태도도 서로 다르다. 자신이 별로 경험한 바도 없고 자신의 이익과 무관한 영역에 대해서는 중립적인 태도를 갖게 되지만, 자신이 직·간접적으로 경험해본 대상이나 자신의 이익과 결부된 대상에 대해서는 비교적 확고한 태도를 갖게 마련이다. 즉, 프레젠테이션에 참여하는 청중들도 개인의 성장 과정과 상황에 따라 프레젠테이션에 대한 태도가 달라질 수 있는 것이다.

인간은 성장 과정을 거치면서 스스로의 가치 체계(value system), 즉 기본 성향을 확립해간다. 이 기본 성향의 핵심에는 태도(attitudes)가 자리 잡고 있으며, 태도란 주어진 대상에 대한 그 사람의 감정적인 평가, 즉 그 대상을 좋아하거나 싫어하는 정도를 의미한다. 사람들은 각자 다른 삶을 살아오면서 다른 경험을 하였기에 이런 차이로 인해 자신의 태도에 따라 선택적으로 참여하고, 선택적으로 인식하며, 선택적으로 저장하고, 선택적으로 회상한다고 한다(임태섭, 2003).

이처럼 청중이 가지고 있는 태도는 그들에게 다가오는 외부 현상에 대해 판단하고 그에 따라 행동하는 데 영향을 주게 된다. 따라서 청중의 태도를 정확하게 파악하지 않고 그들을 설득하거나 이해시킨다는 것은 불가능하다. 청중의 태도 가운데 우선적으로 파악해야 할 것은 프레젠터, 프레젠테이션 주제, 프레젠테이션 목적에 대한 태도이다.

1) 프레젠터에 대한 태도 파악

청중의 태도를 분석할 때 첫번째로 파악해야 할 것이 청중의 프레젠터에 대한 태도이다. 즉, '청중이 프레젠터에게 얼마나 호의적인가?'를 판단하는 것이 청중 태도 분석의 시작이다. 청중의 프레젠터에 대한 태도는 크게 우호성(friendliness)과 존중심(respect)의 두 측면으로 나누어 분석할 수 있다(임태섭, 2003). 우호성이란 청중이 프레젠터에세 가지는 친근함을 나타내는데, 우호성이 높은 청중은 프레젠터를 동지처럼 생각하고 우호성이 낮은 청중은 프레젠터를 적대시한다. 따라서 우호성이 높은 청중을 상대로 할 때는 그들의 우호적 감정을 더욱 고취시키는 방향으로 프레젠테이션을 이끌어야 하며, 우호성이 낮은 청중을 상대로 할 때는 감정적 측면보다는 이성적 논의를 중심으로 프레젠테이션을 이끌어나가야 한다.

존중심이란 청중이 프레젠터를 얼마나 높이 평가하느냐를 가리키는 것인데, 이는 공신력과 밀접한 관련을 맺고 있는 개념이다. 공신력이 높은 프레젠터는 청중으로부터 존중을 받지만, 공신력이 낮은 프레젠터는 청중의 존중을 받기가 힘들다. 따라서 청중이 프레젠터를 존중하는 정도는 청중이 프레젠터에세 부여하는 공신력에 준하여 판단하면 되고, 이 존중심을 프레젠테이션에 이용하는 방법도 공신력을 이용하는 방법과 동일하다고 보면 된다.

2) 주제에 대한 태도 파악

청중의 태도를 분석할 때 두번째로 파악해야 할 것은 프레젠테이션 주제에 대한 그들의 태도이다. 프레젠테이션 주제에 대한 청중의 태도는 일치성과 흥미도라는 두 가지 측면에서 분석할 수 있다.

첫째, 프레젠테이션 주제에 대한 양자의 일치성 여부이다. 일치성이란 주제에 대한 청중의 태도가 프레젠터 자신의 태도와 비슷한가 아니면 상반되는가 하는 정도를 나타내는 말이다. 프레젠터와 청중 사이에 주제에 대한 태도가 비슷하거나 일치한다면 쉽게 청중을 설득할 수 있지만, 그렇지 않을 경우 프레젠터는 많은 시간과 노력을 기울여야 한다. 예를 들어, '지자체에 혐오 시설 유치'라는 주제를 놓고 프레젠테이션을 하는 경우, 환경 보전이나 주거 환경에 높은 가치를 부여하는 청중은 이 주제를 좋아하지 않을 것이고, 님비(Nimby, Not in my backyard) 현상을 비판적인 관점에서 바라보는 청중은 이 주제를 선호할 것이다. 따라서 환경 보전이나 주거 환경 옹호자들을 대상으로 프레젠테이션을 하는 경우, 프레젠터는 지자체에 혐오 시설을 유치하는 것이 환경이나 주거 시설을 해치지 않으며 오히려 그로 인해 쾌적한 환경으로 거듭날 수 있다는 점을 설득시키고, 그 시설이 지자체에 꼭 필요한 것임을 입증해야 한다. 그러나 님비 현상을 경계하는 청중을 대상으로 프레젠테이션을 하는 경우, 프레젠터는 환경이나 주거 시설 문제를 언급할 필요가 없으며, 이 시설이 설치되지 않으면 큰 문제가 발생할 수밖에 없다는 사실만 납득시키면 된다.

둘째, 청중의 주제에 대한 흥미도이다. 흥미도란 청중이 프레젠테이션 주제에 대해 얼마나 많은 관심을 갖고 있느냐 하는 것을 의미한다. 대부분의 사람들은 자신이 관심 있는 것들에 대해서는 보다 많은 관심을 기울일 것이다. 예를 들어, 축구에 관심이 있는 사람들은 방송에서 축구에 관한 뉴스가 나오면 가던 길을 멈추고 내용을 시청하겠지만, 그렇지 않은 사람은 그냥 지나칠 것이다. 프레젠테이션 상황도 이와 같아서, 자신들에게 흥미 있는 주제일 경우 청중들은 관심을 보이며 참여할 것이고 그렇지 않은 경우라면 시큰둥한 반응을 보일 것이다. 따라서 되도록이면 청중이 관심을 가지고 있는 주제를 선택해야 하고, 그것이 여의치 않을 경우에는 청중의 흥미를 유발할 수 있는 전략을 활용해야 할 것이다.

3) 프레젠테이션 목적에 대한 태도 파악

청중의 태도를 분석할 때 마지막으로 고려해야 할 사항은 프레젠테이션 목적에 대한 청중의 태도이다. 프레젠테이션 목적이란 프레젠터가 그 프레젠테이션을 통해서 궁극적으로 성취하고자 하는 바를 의미한다. 예를 들어, 경영진에게 기획안을 발표하는 경우 그 프레젠테이션은 프레젠터의 기획안이 채택되도록 하려는 목적을 가지며, 강의를 위한 프레젠테이션은 청중에게 프레젠터가 가진 정보를 효과적으로 전달되도록 하려는 목적을 가진다.

청중의 태도는 앞에서 언급한 바와 같이 호의적인 청중, 비호의적인 청중, 중립적인 청중으로 분류할 수 있다. 프레젠테이션의 소기의 목적을 달성하기 위해서는 청중의 테도에 따라 목적을 표현하는 방식에 차이를 두어야 한다. 호의적인 청중 앞에서는 간결하고 명확하게 제시하는 것이 좋고, 비호의적인 청중 앞에서는 대립되는 사항을 제시하기보다는 서로간에 공감할 수 있는 부분부터 시작해서 최종의 목표까지 논리적으로 차근차근 접근해야 하며, 중립적인 청중에 대해서는 프레젠테이션에 관심을 가질 수 있도록 유도한 이후에 목적을 달성할 수 있도록 진행해야 한다.

나. 청중의 자세

인간은 감정의 동물이고 누구나 희로애락의 정서를 지니고 있다. 프레젠테이션을 들으러 오는 청중도 마찬가지여서, 때로는 기쁨에 차 있기도 하고, 때로는 분노의 감정에 빠져 있기도 하며, 때로는 실망하여 착잡한 기분에 빠져 있기도 하고, 때로는 삶에 대한 즐거움으로 가득 차 있기도 하다. 좋은 프레젠터라면 청중의 현재의 감정 상태를 잘 이해하고, 청중의 감정 상태에 대한 이해를 바탕으로 이 감정 상태를 효과적으로 이용할 수 있어야 한다. 예를 들어, 월드컵 4강의 기쁨에 들떠 있는 청중들에게 축구 용품 신제품을 세일즈하기 위한 프레젠테이션을 할 경우 그들의 기쁜 상태를 구매로 연결시킬 수 있도록 프레젠테이션을 준비해야 할 것이고, 불쾌감이나 분노에 차 있는 청중을 상대로 프레젠테이션을 할 경우에는 그들의 감정 상태를 자극하지 않는 프레젠테이션을 준비해야 할 것이다.

7. 핵심 인물

청중 분석 시 고려해야 할 마지막 사항은 핵심 인물에 대한 분석이다. 프레젠터는 청중 속에서 최종 의사 결정을 하는 인물이 누구인지 알고 있어야 하는데, 이 사람이 프레젠터가 프레젠테이션 시에 설득을 시켜야 할 핵심 인물이다. 이 핵심 인물을 설득시켜야 최종적으로 프레젠테이션에서 성공했다고 할 수 있을 것이다. 이를 위해서는 우선 조직 내 역학 관계에 관한 정보를 파악하고, 그런 다음 정보를 살펴 핵심 인물이 누구인지를 파악하며, 핵심 인물에 대한 분석을 실시해 핵심 인물의 취향, 관심 분야 등을 파악하여 프레젠테이션을 준비하는 것이 효과적일 것이다. 핵심 인물에 대한 세부적인 분석 내용을 살펴보면 다음과 같다.

첫째, 핵심 인물을 파악했다면 다음으로 성별, 연령, 지위, 출신 학교, 수입, 납세액, 취미, 가족 구성 등을 철저히 조사한다. 그러나 위법 행위는 삼가고, 회사 직원록, 인명록, 실무 인사란, 잡지 등 공식 정보를 수집한다. 단지 직함만으로 핵심 인물을 판단하는 것은 초보적이므로, 조직 내 역학 구조에 대한 정보를 평소에 꾸준히 수집해야 한다. 그렇지 않으면 프레젠테이션 목적을 달성하기 어렵다.

둘째, 평판, 취미, 소문 등 비공식 정보를 수집한다. 수집한 핵심 인물 정보를 분석하고 프레젠테이션 주제와 연결해보는 것도 한 방법이다. 예를 들어, 핵심 인물인 인사부장의 취미가 등산이라면 이 점을 활용할 수 있을 텐데, 프레젠테이션에서 등산의 과정을 인용해 인재 육성을 설득하면 프레젠터의 목적을 효과적으로 달성할 수 있을 것이다.

셋째, 청중의 의사 결정 방식에 대한 정보를 수집한다. 어떤 기업은 사장이 독단적으로 의사 결정을 할 수 있지만, 어떤 기업은 실무자들의 의견을 최대한 존중하는 민주적인 조직 문화를 갖고 있을 수도 있다. 누가 실질적 의사 결정권자인지를 아는 것은 프레젠테이션의 초점을 누구에게 맞출 것인지를 결정하는 중요한 정보이다.

넷째, 대상 청중 조직의 조직 문화에 대한 정보를 수집한다. 청중 조직의 문화가 안정·보수 지향이라고 한다면 혁신적인 제안이 받아들여지기 힘들 것이고, 모험적인 조직 문화를 가진 곳에서 현상 유지를 위한 제안은 매력적으로 받아들여지기 어려울 것이다. 따라서 청중 조직의 문화에 대한 파악도 프레젠테이션의 성패에 큰 영향을 미칠 수 있다.

8. 청중에 대한 정보 수집 방법

좋은 프레젠테이션을 준비하기 위해 청중의 속성을 파악할 수 있는 방법은 다음과 같이 세 가지로 나눌 수 있다.

가. 직접적 정보 수집

이 방법은 청중들의 일부 또는 전부를 미리 만나 그들의 태도와 지식 그리고 욕구와 감정 상태 등에 대해 직접 면대면으로 조사하는 방법이다. 이 조사 방법은 주로 인터뷰 형식이나 설문 조사 형식을 통해 이루어진다. 직접적 정보 수집 방법은 청중의 속성을 그들의 입과 참여를 통해 직접 듣게 됨으로써 정보의 왜곡을 최대한 줄일 수 있어 정확한 정보를 얻을 수 있다는 장점이 있다. 그러나 이 방법은 많은 시간과 노력, 비용을 필요로 한다는 단점이 있다.

나. 간접적 정보 수집

이 방법은 정보원(informant)을 통해 간접적으로 정보를 수집하는 방법이다. 이 방법은 청중들을 잘 알고 있는 제3자에게 청중의 속성에 관해 질문하는 방법이다. 이 방법은 프레젠터 자신이 청중에 대해 아는 것이 거의 없고 직접적으로 정보를 수집할 여유도 없을 때 많이 사용하는 방법이다. 많은 경우 프레젠터가 프레젠테이션 요청을 받았을 때 특강이나 프레젠테이션을 요청한 사람에게 청중들의 인원과 성향, 특성 등에 관한 정보를 요구하여 얻게 된다. 그러나 이 방법은 소수 정보원의 개인적 판단에 의존하기 때문에, 정보의 왜곡이 있을 수 있어 정확성을 보장할 수 없다는 단점이 있다.

다. 추론에 의한 정보 수집

이 방법은 청중의 인구통계학적 속성을 파악한 후 이에 근거하여 그들의 태도, 지식, 욕구, 그리고 감정 상태를 추론하는 방법이다. 인구통계학적 속성이란 나이, 성별, 교육 수준, 경제 수준, 직업, 주거 지역, 출신 지역, 출신 학교, 소속 집단, 그리고 종교와 같이 표면에 쉽게 드러나는 그 사람의 집단적 속성을 가리키는 말이다. 인구통계학적 속성이 다른 사람들은 대체로 서로 다른 사회심리를 지니게 되는데, 사회심리에는 태도, 지식, 욕구, 또는 감정 상태 등의 내용이 포함된다.

예를 들어, 나이를 기준으로 보았을 때 젊은 청중들은 개방적이고 도전적인 성향이 강하며 의리와 명분을 중시하는 반면, 중년의 청중들은 보수적이고 현실적인 성향이 강하며 명분보다는 실리를 중시하는 특성을 가진다.

이러한 인구통계학적 속성에 의해 추론하는 방법은 청중에 관한 여러 가지 유용한 정보를 손쉽게 얻을 수 있다는 장점이 있으나, 객관적 사실보다는 집단에 대한 고정관념에 기초하기 때문에 부정확한 결론을 가져다줄 가능성이 없지 않다.

따라해보기

청중 분석 체크리스트

상대방에 대한 정보를 어떻게 얻을 것인가? 다음 10문항의 체크리스트를 이용하라. 발표 전에 상대방에 대해 필요한 정보는 거의 얻을 수 있을 것이다. 각자의 상황에 따라 한두 문항을 추가해도 좋을 것이다.

1. 나는 왜 그들에게 발표하는가?
   - ☐ 과시하고싶거나 그럴 필요가 있어서
   - ☐ 그들의 사장이 초빙해서
   - ☐ 그 문제에 관하여 전문가가 되고싶어서
   - ☐ 우리 사장이 시켜서
   - ☐ 프레젠테이션 기술을 연습하고자
   - ☐ 기타

2. 그들은 왜 듣는가?
   - ☐ 다른 방법이 없기 때문에
   - ☐ 이 분야의 정보가 필요하기 때문에
   - ☐ 나에 대해 좀더 알고싶어서
   - ☐ 아마 이유를 모를지 모른다
   - ☐ 아마도 호기심 때문에
   - ☐ 기타

3. 그들의 태도와 자세는 어떨 것 같은가?
   - ☐ 내 주장에 호의적일 것이다
   - ☐ 내 주장에 반대할 것이다
   - ☐ 확실하지 않다
   - ☐ 나에게 호의적일 것이다.
   - ☐ 나에게 적대적일 것이다
   - ☐ 확실하지 않다
   - ☐ 소란할 것이다
   - ☐ 둔감할 것이다
   - ☐ 대화를 원할 것이다
   - ☐ 도전적일 것이다
   - ☐ 신경질적일 것이다
   - ☐ 기뻐할 것이다
   - ☐ 기타

4. 그들과 어떤 관계인가?
   - ☐ 같은 직업 종사자들이다
   - ☐ 매일 만나는 동료들이다
   - ☐ 내 일을 알고 있다
   - ☐ 나는 그들의 보스이다
   - ☐ 내 이름이 진행 프로그램에 올라 있었다
   - ☐ 그들이 나의 상사이다
   - ☐ 기타

5. 그들은 각각 어떤 사이인가?
   - ☐ 매일 만나는 동료들이다
   - ☐ 같은 직업 종사자들이다
   - ☐ 같은 회의에 참석한 사람들이다
   - ☐ 이 문제에 관심이 있는 사람들이다
   - ☐ 경쟁사이다
   - ☐ 아무 관계가 없다
   - ☐ 기타

6. 그들은 주제에 관해 얼마나 알고 있는가?
   - ☐ 아무 것도 모른다
   - ☐ 약간 안다
   - ☐ 나만큼 안다
   - ☐ 나보다 더 많이 안다
   - ☐ 모를 수도 있고 알 수도 있다
   - ☐ 기타

7. 그들은 무엇을 알고싶어 하는가?
   - ☐ 아무 것도 없다
   - ☐ 자기들도 확실하지 않다
   - ☐ 내가 알고 있는 모든 것
   - ☐ 내 정보가 자기들 일에 어떻게 적용될 수 있는지
   - ☐ 기타

8. 그들은 이 정보를 어떻게 이용하려 하는가?
   - ☐ 모르겠다
   - ☐ 이 문제에 대해 전반적 지식을 얻기 위하여
   - ☐ 특정한 분석을 위하여
   - ☐ 개인적 발전을 위하여
   - ☐ 비판적 문제의식을 발전시키기 위하여
   - ☐ 기타

9. 발표 전후에 그들은 무엇을 하는가?
   - ☐ 식사
   - ☐ 음주
   - ☐ 다른 발표를 청취한다
   - ☐ 여행
   - ☐ 회의
   - ☐ 출근 혹은 퇴근
   - ☐ 근무
   - ☐ 기타

10. 발표 환경은 어떠한가?
    - ☐ 시간
    - ☐ 위치
    - ☐ 발표장 구조
    - ☐ 온도
    - ☐ 좌석
    - ☐ 조명
    - ☐ 다른 발표자들
    - ☐ 사회자
    - ☐ 상호 작용 환경
    - ☐ 공식적
    - ☐ 비공식석
    - ☐ 청중 수
    - ☐ 음향
    - ☐ 기타

자료 : 데니스 베커 외, 《설득력있는 프레젠테이션》, 커뮤니케이션북스, 1997, 14~17쪽.

요 약

이 장에서는 프레젠테이션의 계획 단계에서 고려해야 할 3P 분석의 대상 가운데 하나인, 프레젠테이션의 대상이 되는 청중(people)을 파악하고자 하였다. 그러므로 청중에 따라 지니고 있는 특징과 고려해야 할 내용들을 알아보았다.

프레젠테이션의 대상인 청중에 대해서는 크게 청중 수, 인구통계학적 배경, 요구(needs), 지식 수준, 태도, 자세, 핵심 인물에 따라 프레젠테이션의 방법을 달리해야 한다.

첫째, 청중의 수는 적은 경우와 많은 경우로 나눌 수 있는데, 프레젠테이션의 용도와 목적에 따라 그 특징을 달리하며, 프레젠터와의 관계 설정이 달라질 수 있다.

둘째, 청중의 인구통계학적 배경은 청중의 구성상의 특성, 성별, 연령, 사회적·경제적 지위 등에 따라 달라진다. 청중의 구성상의 특징은 청중의 동질성 정도와 청중의 조직성으로 살펴보았고, 청중의 성별은 남성과 여성으로 분류하였으며, 청중의 연령은 젊은 층과 나이든 층으로 나누어 살펴보았다. 그리고 추가적으로 청중의 사회적·경제적 지위, 외국인인 경우와 종교 문제가 포함되는 경우 등을 살펴보았다.

셋째, 청중의 요구는 청중이 듣고자 하는 것을 파악하는 것으로, 성공적인 프레젠테이션을 수행하는 데 꼭 분석해야 할 내용이다.

넷째, 청중의 지식 수준은 청중의 일반적인 수준을 살펴보고 다음으로 청중의 주제에 대한 지식을 파악한다. 이때 청중이 일반인인 경우와 전문가인 경우에 따라 프레젠테이션을 구분해야 한다.

다섯째, 청중의 태도는 호의적인 청중, 비호의적인 청중, 중립적인 청중으로 나누어볼 수 있으며, 청중의 자세는 그들의 감정 상태에 따라 달라질 수 있음을 인지해야 한다.

여섯째, 많은 청중 가운데 프레젠테이션을 수행한 후 최종적으로 의사 결정권을 가지고 있는 사람이 누구인지를 파악하는 것은 성공적인 프레젠테이션을 위해 꼭 필요한 요소이다.

마지막으로, 청중에 대한 정보 수집에서는 직접적 정보 수집과, 간접적 정보 수집, 추론에 의한 정보 수집 방법 등이 사용된다.

▶▶ 주요 용어

AIKAPP 분석 청중(Audience)의 흥미(Interest), 지식(Knowledge), 태도(Attitude), 포지션(Position), 정치적 경향(Politics)의 머리글자를 딴 것으로, 청중의 현재 상태에 대한 종합적인 분석.

핵심 인물 프레젠테이션 시 프레젠테이션의 성공 여부를 좌우하는 사람으로, 청중 가운데 의사 결정권을 가진 사람.

직접적 정보 수집 청중들의 일부나 전부를 미리 만나서 그들의 태도와 지식 그리고 욕구와 감정 상태 등에 대해 직접 조사하는 방법.

간접적 정보 수집 정보원(informant)을 통한 정보 수집 방법으로, 청중들을 잘 아는 제3자에게 청중의 속성에 관해 질문하는 방법.

추론에 의한 정보 수집 청중의 인구통계학적 속성을 파악한 후 이에 근거하여 그들의 태도, 지식, 욕구, 그리고 감정 상태를 추론하는 방법

▶▶ 참고 문헌

데니스 베커 외, 《설득력있는 프레젠테이션》, 커뮤니케이션북스, 1997.

문용식, 《스피치 커뮤니케이션 – 이론과 실제》, 도서출판 그리심, 2002.

야하타 히로시, 나상억 옮김, 《프리젠테이션 박사》, 21세기북스, 2005.

임대섭, 《스피치 커뮤니케이션》, 커뮤니케이션북스, 2003.

최환진, 유종숙, 《프레젠테이션 프로페셔널》, 커뮤니케이션북스, 2005.

제5장 장소 분석

학습 목표

◎ 프레젠테이션이 실시되는 환경을 분석할 수 있다
◎ 프레젠테이션이 실시되는 장소의 특성에 맞게 프레젠테이션을 할 수 있다
◎ 프레젠테이션 시에 시청각 계획의 중요성을 이해할 수 있다
◎ 프레젠테이션의 시청각 매체 계획을 수립할 수 있다

개 요

이 장에서는 프레젠테이션의 계획 단계에서 고려해야 할 3P 분석의 대상 가운데 하나인, 프레젠테이션이 실제로 이루어지는 장소(place) 분석에 대해 살펴보고자 한다. 장소 분석에서는 프레젠테이션의 실시 장소, 프레젠테이션 환경, 설비와 배치가 우선적인 고려 대상이 되어야 한다. 또한 매체 선택에 대해 살펴보고자 한다. 매체는 효과적인 프레젠테이션을 위한 매개체로서 어떠한 도구를 사용할 것인가의 문제를 고려해야 한다. 즉, 프레젠테이션 계획 시 매체 선택은 프레젠테이션의 효과성 제고를 위해서 반드시 고려해야 할 사항이다. 이는 프레젠테이션의 목적과 장소, 청중에 따라 적합한 프레젠테이션 매체를 선정하는 데 도움을 줄 것이다.

1. 장소 분석의 이해

장소(place)에 대한 분석은 어떤 장소에서 프레젠테이션을 실시해야 하는지를 분석하는 것이다. 좋은 프레젠터가 되기 위해서는 프레젠테이션이 실시되는 장소가 가지는 여러 가지 특성들을 잘 이해하고 이를 활용할 수 있어야 한다. 가령, 고등학생을 대상으로 프레젠테이션을 준비하면서 파워포인트와 다양한 멀티미디어 자료를 활용해 발표 자료를 마련하였으나 막상 프레젠테이션을 실시하는 장소에 도착해 상황을 살펴보니 빔 프로젝터가 없다거나 멀티미디어 자료를 재생할 수 없다면 실패한 프레젠테이션이 될 수밖에 없을 것이다. 이처럼 앞에서 살펴본 목적 분석과 청중 분석 못지않게 중요한 것이 장소 분석이라 할 수 있다. 따라서 장소 분석 시에 고려할 사항으로 야하타 히로시(1996)는 ① 프레젠테이션 장소, ② 프레젠테이션 환경, ③ 설비와 배치 세 가지를 제시하였는데, 여기에서는 '시청각 매체 계획'을 추가하여 네 가지 사항을 다루게 될 것이다.

2. 프레젠테이션 장소

요즘 청소년들이 즐겨 하는 전략 시뮬레이션 게임의 하나인 스타크래프트를 보면, 게이머들이 중요하게 생각하는 것은 상대 진영의 위치이다. 상대 진영과의 거리가 얼마나 되는지 그리고 건물들이 높은 곳에 위치하였는지 낮은 곳에 위치하였는지에 대해 끊임없이 정찰을 통해 확인하고 또 확인한다. 게임에서도 장소에 대한 철저한 분석과 꼼꼼한 점검을 하듯이, 프레젠테이션에서도 프레젠테이션이 실시되는 장소 및 거리 등에 대한 면밀한 분석을 실시해야 한다. 즉, 프레젠테이션 시 어려운 상황을 극복하기 위해서는 사전에 장소 분석을 철저하게 실시하여 만약의 사태에 대처할 수 있어야 한다. 청중은 프레젠테이션이 실시되는 상황에서 발생하는 모든 실수들을 프레젠터의 실수로 인식하기 때문이다.

예를 들어, 프레젠터가 자신의 프레젠테이션에서 PC와 빔 프로젝터를 활용하여 멀티미디어 환경의 연출을 계획했는데, 정작 프레젠테이션 장소에 스크린도, 빔 프로젝터도 없다면 청중은 결국 작은 PC 모니터를 통해서 당신이 준비한 발표 자료를 보거나 혹은 그것조차 불가능할지도 모른다. 이런 경우 청중들은 우왕좌왕하게 되고 프레젠테이션의 본질은 흐려진 채로 상황이 종료될 것이다. 최근 기술의 발전으로 인해 프레젠테이션에 사용할 수 있는 다양한 멀티미디어 기기가 많이 나오고 있을 뿐만 아니라, 기존에 출시된 기기들도 업그레이드되고 있다. 따라서 유능한 프레젠터라면 멀티미디어 기기의 사용 방법을 숙지해야 한다. 다만, 너무 많은 기기를 사용하는 바람에 말썽이 생길 수도 있고, 여러 기기의 사용으로 인해 프레젠테이션의 내용이 흐려지거나 프레젠터의 역량을 발휘하는 데 방해가 될 수도 있음을 유의해야 한다.

프레젠테이션 실시 장소와의 거리 및 시간을 기준으로 프레젠테이션 장소를 구분해보면, 크게 사내 또는 본인이 속해 있는 조직에서 행하는 것과 사외 또는 외부 조직에서 행하는 것으로 나눌 수 있다.

첫째, 사내 또는 본인이 속해 있는 조직에서 하는 프레젠테이션의 경우, 설령 사내 회의에서 하는 프레젠테이션이라 하더라도 회의실의 위치를 우선 파악해야 한다. 회의실의 위치를 확인했다면 회의실 예약 스케줄표를 재차 확인하고 프레젠테이션 당일에는 비록 사내라 할지라도 프레젠테이션 시작 30분 전에 도착하여 회의실의 상황과 기기들을 점검하고 최종 리허설을 해야 할 것이다.

사내 회의에서의 프레젠테이션은 프레젠터의 업무 목표를 달성하기 위한 필수적인 요소이다. 이러한 목표를 달성하기 위해서는 소홀하기 쉬운 장소 분석을 염두에 두고, 회의 전에 장소 분석 기법을 사용하여 회의실을 점검해야 한다. 장소를 분석한 후에는 프레젠테이션을 저해하는 모든 요인을 자신의 관리 아래에 두고 청중의 온 신경을 당신에게 집중시키는 것이 성공의 관건이다. 이를 위해 다음 체크리스트를 통해 준비 과정에서 누락되는 것이 없도록 철저히 점검해야 할 것이다.

따라해보기

자사 회의실에서의 프레젠테이션 체크리스트

체크리스트

◎ 회의실 체크
- □ 레이아웃 확인
- □ 의자·테이블 확인
- □ 재떨이 청소
- □ 종이컵 청소
- □ 화이트보드 점검

◎ 프레젠테이션 사전 통지서 작성
- □ 목적(청중의 편익)
- □ 내용의 개략 설명
- □ 시간(시~ 분간) 기재

◎ 프레젠테이션 규칙 만들기
- □ 지각 금지
- □ 도중 좌석 이탈 금지
- □ 메모 전달 금지
- □ 전화 연결 금지

자료 : 야하타 히로시, 나상억 옮김, 《프리젠테이션 박사》, 21세기북스, 1996, 89쪽.

둘째, 사외 또는 외부 조직에서 하는 프레젠테이션의 경우 우선적으로 해야 할 일은 미리 위치를 파악해두는 것이다. 이때 주소나 전화번호만이 아니라 사업 부문에 따라 건물이 다를 수도 있으므로 신경 써서 정확한 장소를 확인해야 한다. 목적지까지의 소요 시간, 교통 수단, 교통 사정 등도 충분히 체크해두어 프레젠테이션 당일 부랴부랴 회의장에 도착하는 일은 없도록 해야 한다. 만약 회의장에 바쁘게 도착하거나 늦는다면 프레젠테이션 내용과 관계없이 나쁜 영향을 미치게 된다. 따라서 최소한 시작 30분 전에는 회의장에 도착하여 프레젠테이션 장소의 분위기를 파악해두어야 한다. 프레젠테이션 회의장의 위치 조사는 장소 분석의 기본이자 첫걸음이다. 기본이 흔들리게 되면 토대를 쌓아 올릴 수도 없고 나중에 돌이키기 어려운 상황에 직면하게 된다.

3. 프레젠테이션 환경

요즈음 프레젠테이션을 실시하는 장소에는 어느 정도 수준의 환경이나 설비가 갖추어져 있다. 그러나 프레젠터가 성공적인 프레젠테이션을 하기에 적합한 환경을 찾는 것이 쉬운 일은 아니다. 따라서 효과적이고 성공적인 프레젠테이션을 하기 위해서는 프레젠테이션이 실시되는 곳의 실내 환경을 재검토할 때 청중의 입장, 그리고 실내 공간 규모와 청중 수의 관계라는 두 가지 사항을 고려해야 한다.

첫째, 실내 환경을 재검토할 때 우선적으로 고려해야 할 사항은 '청중의 입장'이다. 프레젠테이션 당사자인 당신이 프레젠터의 입장에서 프레젠테이션을 준비하면 반드시 실패한다. 실내를 사전 조사할 때는 청중의 입장에서 바라보도록 해야 한다. 청중의 입장에서 조명, 실내 온도, 의자, 테이블, 휴식 장소, 창문의 위치, 출입구의 위치, 화장실 등이 적절한지 등을 살펴보아야 한다. 일반적으로 같은 실내 온도라도 발표자는 덥게 느끼고 청중은 춥게 느낀다. 청중의 의자에 앉아도 보고, 편안한가 체크하고, 테이블의 크기는 어떠한지, 옆 사람과의 거리는 충분한지 등을 살펴보아야 한다. 또한 이러한 요소 외에 중요하게 다루어야 할 것은 청중 분석을 통해 파악한 참석 인원에 적절하게끔 실내 공간을 확보하는 일이다. 너무 크거나 너무 좁은 경우 프레젠테이션을 성공적으로 실행할 수 없기 때문이다.

둘째, 실내의 넓이와 청중 수의 관계를 재검토해야 한다. 200~300명이 들어갈 수 있는 대형 강의실에 강사와 몇몇 학생들이 있는 경우를 생각해 보자. 이런 경우 강의를 진행하는 강사나 여기에 참석한 학생들의 경우 매

따라해보기

실내 환경 분석 체크리스트

체크리스트

- ☐ 넓이(수용 인원) : ____________________
- ☐ 형태(실내의 본래 사용 목적) : ____________________
____
- ☐ 조명 : ____________________
____
____
- ☐ 설비·비품 : ____________________
- ☐ 레이아웃 : ____________________

자료 : 야하타 히로시, 나상억 옮김, 《프리젠테이션 박사》, 21세기북스, 1996, 89쪽.

우 어색할 것이다. 또한 명강사로 소문난 사람의 강의를 청강할 경우 발 디딜 틈이 없이 가득 찬 사람들을 볼 때 강의를 듣고싶은 마음은 매우 줄어들 것이다. 이처럼 프레젠테이션을 계획할 때는 참여하는 청중의 수가 어느 정도인지 미리 파악한 후 장소를 선정해야 한다. 일반적으로 청중의 수에 따른 프레젠테이션 실시 장소의 규모는 청중이 적절한 간격을 두고 앉은 점유 면적이 실내 전체의 3분의 2에서 4분의 3 정도면 적절하다

4. 설비와 배치

프레젠테이션 장소 분석에서 또 한 가지 잊지 말아야 할 사항은 프레젠테이션 현장의 '배치'이다. 프레젠터와 시청각 도구는 어떤 구도로 잡아

놓을 것인지, 청중의 좌석은 어떻게 배치할 것인지 사전에 결정해놓아야 한다. 그 이유는 프레젠터에게 주의를 집중시키고 청중과 상호 작용을 활발히 하기 위함이다. 프레젠터의 발표 위치를 설정하는 것은 참으로 어려운 문제이다. 남쪽의 햇빛이 잘 드는 곳에 자리를 잡으면 청중이 프레젠터의 표정을 읽기가 어려워진다. 뿐만 아니라 프레젠터의 얼굴이 어두워지는데다가 청중이 창밖의 풍경으로 시선을 돌리게 될 가능성이 다분해진다. 따라서 창을 배경으로 프레젠테이션을 할 수밖에 없는 경우에는 차광 커튼으로 가리도록 해야 한다. 또한 프레젠터의 위치가 출입구 가까이에 있으면 청중은 사람들의 출입에 주의를 빼앗기게 되므로, 결국 열심히 준비한 프레젠터의 프레젠테이션도 효과가 반감되어 의도한 목적을 달성할 수 없게 된다.

가. 청중의 배치

청중의 좌석 배치는 프레젠테이션의 공식성을 나타내고 프레젠터와 청중, 혹은 청중과 청중 사이의 상호 작용을 규정하는 역할을 한다. 좌석 배치의 기본 형태는 여러 가지가 있을 수 있다. 적절한 청중의 배치는 프레젠테이션의 목적과 성격, 청중의 수, 프레젠테이션 장소의 크기에 따라 다음과 같이 나누어볼 수 있다([그림 9] 참조)

1) 반원형(semi-circle type)

청중과의 커뮤니케이션을 중시한다면 '반원형'의 배치가 가장 효과적인데, 이 배치는 테이블이나 연단 등 불필요한 것을 치우고 의자만 배치하는 형태이다. 적당한 인원의 청중과 효과적인 커뮤니케이션을 하기에 적합한 배치로, 대화형 강의, 소규모 훈련 위주의 교육, 레크리에이션 등에 효과적이다. 테이블이나 연단 등 불필요한 것을 치우고 의자만 레이아웃하면 되는데, 이 배치가 가장 추천하고싶은 프레젠테이션 타입이다.

2) 원형(circle type) 및 네모형

이 배치는 이벤트처럼 프레젠테이션을 하고싶거나 조별 미팅 등 단위별 쌍방향 커뮤니케이션을 원하는 경우에 적합하다. 둥근 탁자나 사각 탁자에 둘러앉는 형태로, 회의 참석 인원이 15명에서 20명 내외일 경우에 적당하다. 회의 진행자는 진행하기에 편리한 위치에 앉으며, 참석자들은 서로 얼굴을 보면서 자유스럽게 토론할 수 있다. 프리토킹이나 브레인스토밍 회의 등 자유로운 의사 발언을 유도하는 회의 형식에 적합하다.

3) 학교형(school type)

발표회나 설명회와 같이 정보 전달을 목적으로 하는 회의나 주주총회처럼 참가자가 많을 때 탁자를 앞쪽으로 향하게 하여 마치 교실과 같이 배치하는 방식이다. 즉, 청중이 다수이며 정보 전달을 주목적으로 하는 프레젠테이션은 '학교형'이 바람직하다. 그러나 대규모의 세미나와 같이 정보 전달을 주목적으로 할 때 적합한 배치이기 때문에, 이러한 형태에서는 일방적인 커뮤니케이션으로 그치기 쉽다.

4) ㄷ자형(semi-square type), V자형(V type), U자형(U type)

청중의 배치를 ㄷ자나 V자로 하고 벌어진 곳에 프레젠터의 자리를 마련하며 그 뒤에 흑판이나 스크린 같은 것을 놓는 방식으로, 소규모 프레젠테이션이나 연수, 회의, 교육 세미나와 같이 흑판이나 슬라이드를 사용하는 프레젠테이션에 적합하다. 참석 인원수는 15명에서 30명 정도가 적당하며, 배치하는 데 테이블이 필요하다. 이 배치는 참석자들 간에 쌍방향 커뮤니케이션이 필요한 경우 가장 많이 활용되는 형태이다.

5) ㅁ자형(square type), 대면형(facing type), 삼각형형(triangle type)

원형 배치의 장점을 살리면서 원형보다 청중의 수가 많을 때 사용하는 배열 방식으로, 탁자를 ㅁ자형이나 삼각형 또는 대면형으로 배치하고 필요한 경우 안쪽에 의자를 놓기도 하는 등 프레젠테이션 장소의 크기에

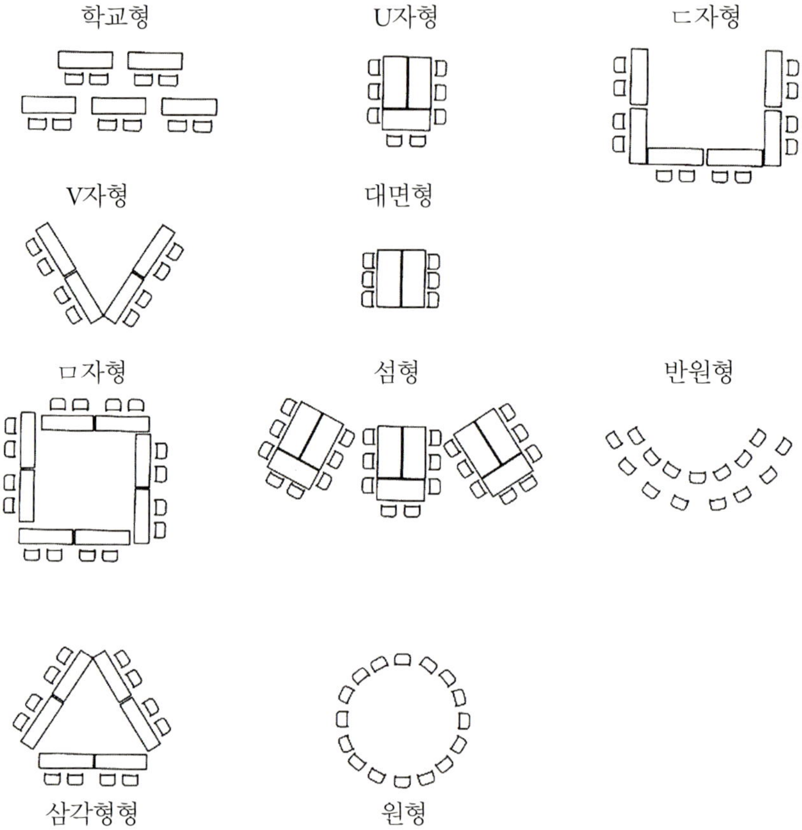

[그림 9] 청중 좌석배치의 기본 유형들

자료 : 야하타 히로시, 나상억 옮김, 《프리젠테이션 박사》, 21세기북스, 1996, 87쪽.

따라 융통성을 지닐 수 있다. 이 배치는 청중 상호간의 커뮤니케이션을 중시하는 경우에 적합한 배치이다.

6) 섬형(dispersed type)

Buzz Session과 같은 조별 미팅의 형태를 띠는 프레젠테이션의 경우 사용되는 배치 형태이다. 이와 같은 배치는 단위별 쌍방향 커뮤니케이션, 즉 청중 상호간의 토의를 도입하고싶은 경우에 주로 사용된다.

7) 극장형

강연이나 공연처럼 청중이 많은 프레젠테이션을 할 때 적합한 배치 방식으로, 극장식과 원탁 테이블식이 있다. 극장식은 프레젠터 또는 주빈석 쪽을 정면으로 향하도록 청중을 배열한다. 원탁 테이블 배치 방식은 프레젠테이션 후 그 자리에서 그룹 토의를 할 수 있을 뿐만 아니라 오찬이나 만찬 등의 행사형으로 쓸 수 있는 좌석 배치로, 보통 식사를 겸하는 대규모 프레젠테이션에 주로 이용된다.

위에서 제시한 형태 가운데 대표적인 좌석 배치의 상단점을 살펴보면 〈표 10〉과 같다.

또한 프레젠테이션에 적합한 배치와 너불어 OHP나 빔 프로젝터, 슬라이드 등 시청각 기기를 사용할 경우 스크린에 비치는 조명 상태를 점검해둘 필요가 있으며, 부분적으로 조명을 낮출 경우에 대비하여 스위치의

〈표 10〉 좌석 배치 형태별 장단점

구분	장점	단점
원탁 또는 반원	- 공간이 풍부하다 - 같은 테이블의 참가자끼리 의사소통이 원활하다 - 식·음료 세팅이 편하다	- 전체 회의장의 의사소통이 좋지 않다 - 근접 테이블 간의 소음으로 인해 방해받기 쉽다.
교실형(학교형)	- 발표자가 모든 참가자를 볼 수 있다 - 적은 공간에 많은 사람을 수용할 수 있다	- 최소한의 의사소통만이 가능하다 - 참가자들 상호간의 커뮤니케이션이 어렵다
극장형	- 읽고 쓰기가 없는 행사라면 큰 규모의 그룹에 적합하다	- 의사소통에 제한이 있다
T-형	- 소규모 그룹에 적합하다 - 의사소통이 매우 원활하다	- 큰 규모에는 불가능하다 - 규모가 커질수록 시야의 확보가 어렵다

자료 : 안경모, 이민재, 《컨벤션경영론》, 백산출판사, 2006.

위치도 미리 알아두는 것이 좋다.

나. 시청각 도구의 배치

드라마나 영화의 주인공 배역을 맡은 배우는 항상 가장 잘생기고 멋진 남자와 예쁘고 착한 여자 배우이고, 주인공보다 외모상으로는 약간 부족한 배우들이 조연을 하게 마련이다. 물론 주연을 능가하는 조연이 있기는 하지만, 주인공이 빛을 발해야 드라마나 영화가 성공할 가능성이 높다. 프레젠테이션의 경우도 마찬가지이다. 먼저 시청각 도구와 프레젠터의 경우, 시청각 도구가 프레젠터의 보조 역할을 해야 하는데 자칫하면 주객이 전도되어 시청각 도구가 주인공이 되는 경우가 발생할 수 있다. 이들 간의 위치를 살펴보면, 기본적으로 프레젠터가 중앙에 자리 잡는 것이 정석이다. 그러나 시청각 도구가 고정된 시설물로 이미 중앙에 위치한 경우 프레젠터는 스크린의 왼쪽에 자리 잡는 것이 적절하다. 왜냐하면 사람들이 사물을 볼 때 왼쪽에서 시작해서 오른쪽으로 시선을 돌리는 습관이 있기 때문이다.

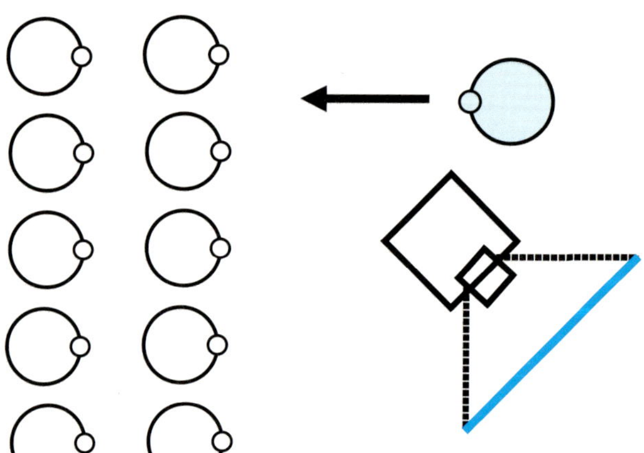

[그림 10] 시청각 도구의 최선의 배치
자료 : 최환진, 유종숙, 《프레젠테이션 프로페셔널》, 커뮤니케이션북스, 2005.

이러한 점에서 볼 때 [그림 10]이 최선의 배치라고 할 수 있다. 프레젠터가 중앙에 위치하고 동시에 스크린의 왼쪽에 위치하고 있으므로, 프레젠터가 프레젠테이션의 주인공이고 시청각 도구는 보조 역할을 하도록 명확히 규정되어 있음을 알 수 있다.

[그림 11]의 차선의 배치는 스크린이 중앙에 고정되어 있는 경우로, 스

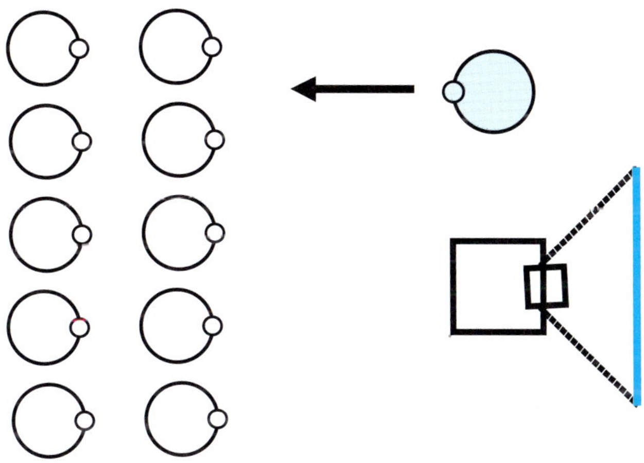

[그림 11] 시청각 도구의 차선의 배치
자료 : 최환진, 유종숙, 《프레젠테이션 프로페셔널》, 커뮤니케이션북스, 2005.

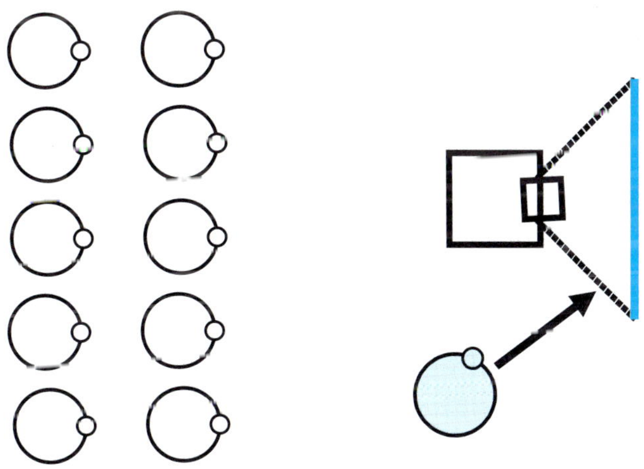

[그림 12] 시청각 도구의 최악의 배치
자료 : 최환진, 유종숙, 《프레젠테이션 프로페셔널》, 커뮤니케이션북스, 2005.

크린과 프레젠터가 청중의 주의를 끌기 위해 주인공 경쟁을 벌이고 있는 상황이다. 그러나 프레젠터가 스크린의 왼쪽에 서서 청중과 눈맞춤을 하며 프레젠테이션을 이끌어갈 수 있다는 점에서 최선은 아니지만 차선책이라고 할 수 있다.

그러나 [그림 12]와 같은 경우는 최악의 배치라고 할 수 있다. 스크린이 중앙에 위치한 것은 이미 어쩔 수 없는 상황이라 하더라도 프레젠터가 스크린의 오른쪽에 위치해 주인공의 자리를 스크린에 양보하고 있으며, 프레젠터가 청중과 눈맞춤을 거의 하지 않고 스크린을 향해 서 있기 때문에 청중의 모든 주의가 스크린에 쏠려 있는 배치이다. 이 경우 프레젠터는 철저히 조연으로서 보조 역할을 하고 있는 것이다. 또한 프레젠터와 청중 사이의 상호 작용이 거의 이루어지지 못하므로, 이와 같은 최악의 배치에서는 프레젠테이션의 성공을 기대하기가 어려워진다.

5. 시청각 매체 계획

프레젠테이션의 효과를 높이기 위해서는 다양한 시청각 매체를 사용하게 된다. 프레젠테이션에서 시청각 도구를 적극적으로 활용하는 이유는 단지 구두로 메시지를 전달하는 것보다 효과적이기 때문이다. 그렇다면 시청각 매체를 많이 사용하는 것이 프레젠테이션의 성공을 보장해줄까?

[그림 13]에 나와 있듯이, 사람의 감각기관별 정보 수용량을 보면 오감 가운데 시각이 83퍼센트, 청각이 11퍼센트를 차지해, 시청각을 통한 정보의 수용이 94퍼센트에 이르는 것으로 나타나고 있다(한정선, 1999).

저명한 심리학자인 메라비안(Albert Mehrabian, 1971)은 청중에게 영향을 미치는 요인 가운데 언어(말)의 영향력은 7퍼센트에 불과하지만, 시각은 55퍼센트, 음성은 38퍼센트나 된다고 하였다. 이를 메라비안의 법칙이라고 한다. 이 법칙을 통해 우리가 알 수 있는 것은 시청각 도구의 영향력이 메시지를 직접 담아 전달하는 언어보다도 훨씬 크다는 것이다. 메라비안

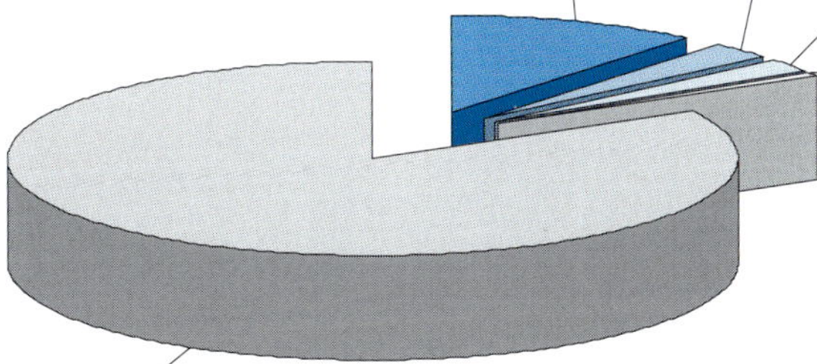

[그림 13] 감각기관별 정보 수용량
자료 : 최환진, 유종숙, 《프레젠테이션 프로페셔널》, 커뮤니케이션북스, 2005.

의 법칙을 증명하듯, 어느 한 조사에 의하면 말이나 그림만으로 설명할 때 보다 말과 그림을 함께 사용해 설명할 때 청중들이 기억하는 비율이 훨씬 높은 것으로 나타나고 있다. 설명을 들은 당시에도 기억률에 차이가 있지만, 특히 시간이 경과한 후의 기억률은 말과 그림을 함께 사용했을 때가 훨씬 높다. 이러한 영향력이나 기억력의 차이에 따라, 시청각 도구를 사용했을 때의 프레젠테이션 성공률이 사용하지 않았을 때 보다 훨씬 높은 것으로 나타나고 있다. [그림 14]에서 보는 바와 같이, 시청각 도구를 사용하지 않았을 때의 프레젠테이션 성공률이 38퍼센트인데 비해, 시청각 도구를 사용했을 때는 성공률이 67퍼센트로 높아지는 것으로 나타나고 있다. 프레젠테이션의 성공률이 무려 30퍼센트 가까이 높아진다는데 누가 감히 시청각 도구를 활용하지 않고 프레젠테이션을 할 수 있을지 의문이다.

이처럼 시청각 도구의 활용이 프레젠테이션에 효과적인 이유는 시청각을 활용한 도구가 메시지에 생동감을 주기 때문이다. 이처럼 생동감 있는 메시지는 청중의 주의를 끄는데다가 더 구체적이고 개인적인 것으로 느껴지고, 프레젠터의 주장에 집중하게 만들며, 더 잘 기억된다고 한다.

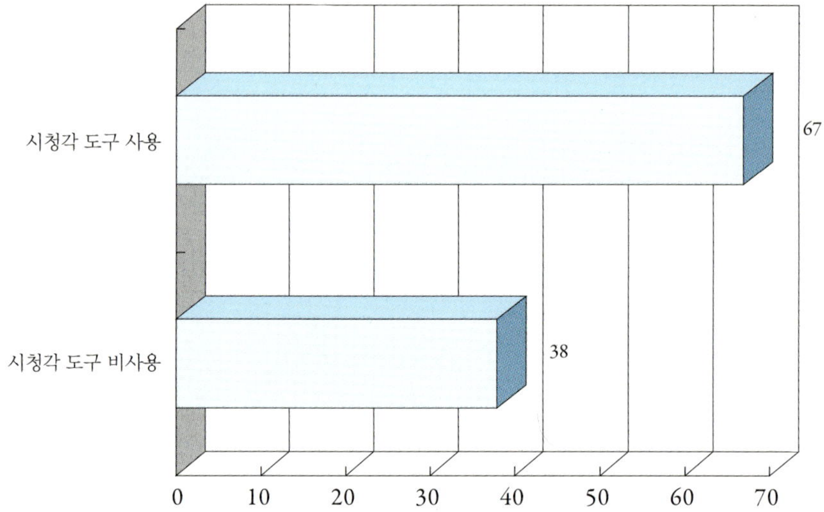

[그림 14] 프레젠테이션 성공률 비교
자료 : 최환진, 유종숙, 《프레젠테이션 프로페셔널》, 커뮤니케이션북스, 2005.

프레젠테이션에서 사용할 수 있는 시청각 매체는 다양하다. 시청각 매체가 사용되던 초기에는 차트나 하드보드 또는 슬라이드를 활용해 프레젠테이션을 하였고, 1980년대 후반에 이르러 빔 프로젝터를 이용한 프레젠테이션이 시도되기 시작하였으며, 1990년대를 기점으로 대부분의 PC에 파워포인트 프로그램을 설치하고 회의실이나 강의실에는 빔 프로젝터가 설치되기 시작하였다. 즉, 누구나 쉽게 디지털 프레젠테이션을 준비하고 실시할 수 있게 된 것이다. 이제 파워포인트와 빔 프로젝터를 활용한 프레젠테이션이 비즈니스 프레젠테이션의 대부분을 차지하고 있다고 해도 과언이 아니다.

그러나 아무리 디지털 기술이 발전했다고 해도 이러한 디지털 프레젠테이션만이 최상, 최적의 프레젠테이션 성과를 낼 수 있는 시청각 도구는 아니다. 〈표 11〉에서 보는 것처럼 각 시청각 도구는 나름대로의 장단점을 가지고 있다. 따라서 프레젠테이션의 목적이나 프레젠터가 청중에게 전하고자 하는 메시지의 성격, 청중의 특성, 프레젠테이션 환경 등을 고려하여 가장 적절한 시청각 도구를 활용하는 것이 중요하다. 그렇지만 대부분

〈표 11〉 시청각 도구의 종류와 장단점

종류	장점	단점	청중 규모
빔 프로젝터	전달력 높음, 전문적	고가, 첨단 시설 필요	다수
비디오	설득력과 집중력 높음	비용, 시간, 일방적	다수
슬라이드	고품질, 전달력 높음	비용, 시간	다수
OHP	저가, 다루기 쉬움	표현의 한계, 정적	소수
하드보드, 차트	편리, 이동 간편	준비 시간	소수
모형, 실물	인상적, 설득력	이동 불편, 준비	소수
화이트보드	편리하고 저렴	쓰는 시간, 필체	소수

자료 : 최환진, 유종숙, 《프레젠테이션 프로페셔널》, 커뮤니케이션북스, 2005.

의 프레젠테이션에서는 빔 프로젝터를 기본으로 하면서 비디오나 하드보드, OHP, 슬라이드 등을 보조적인 시청각 도구로 사용하여 프레젠테이션 효과를 극대화시킬 수 있다.

소프트웨어적인 측면에서 시청각 도구를 살펴보면, PC와 마이크로소프트(Microsoft)사의 오피스(Office) 제품이 보급되면서 마이크로소프트 파워포인트(Microsoft PowerPoint)를 대부분의 프레젠터가 프레젠테이션 제작 도구로 사용하고 있지만, 보다 전문가적인 느낌과 그래픽적인 감각을 살리려면 매킨토시 컴퓨터 환경에서 사용할 수 있는 애플(Apple)사의 키노트(Key Note)와 같은 프레젠테이션 제작 도구를 활용하는 것도 고려해볼 만하다.

마이크로소프트 파워포인트나 키노트 등의 프레젠테이션 제작 도구는 기존의 시청각 도구보다 제작과 수정이 용이하고 일목요연하게 내용을 정리하여 전달할 수 있는 장점이 있다. 또한 내용에 적합한 배경 화면을 활용해 다양한 분위기를 연출할 수 있으며, 클립아트나 동영상과 같은 멀티미디어 개체들을 프레젠테이션 자료에 삽입하여 멀티미디어형 프레젠테이션을 구성할 수 있다.

요 약

이 장에서는 프레젠테이션의 계획 단계에서 고려해야 할 3P 분석의 대상 가운데 하나인, 프레젠테이션이 행해지는 장소(place) 분석과 매체 선택에 대해 살펴보았다. 장소 분석에서는 프레젠테이션 실시 장소, 프레젠테이션 환경, 설비와 배치가 우선적인 고려 대상이 되어야 한다.

첫째, 프레젠테이션 실시 장소란 실시 장소의 명칭, 주소, 전화번호, 담당자, 교통 수단, 교통 사정, 소요 시간 등을 파악하는 것으로, 이러한 요소들을 사전에 점검하여 프레젠테이션 장소에 미리 도착한다면 프레젠테이션 시에 긍정적인 영향을 줄 수 있다.

둘째, 프레젠테이션 환경이란 프레젠테이션이 실제로 이루어지는 장소의 실내 환경을 재검토하는 것으로, 이는 청중의 입장에서 고려되어야 한다. 예를 들어, 칠판의 위치, 프레젠터의 위치, 출입구의 위치, 창문의 위치, 조명, 실내 온도, 휴식 장소, 화장실 등이 적절한지 고려되어야 한다. 또한 프레젠테이션이 행해지는 실내의 넓이와 청중의 수도 고려되어야 한다.

셋째, 설비와 배치란 현장의 배치가 어떻게 되었는가를 고려하는 것이다. 여기에서는 청중의 배치, 시청각 도구의 배치 등이 고려되어야 하며, 이러한 모든 분석을 통해 효과적인 프레젠테이션을 실시할 수 있다.

프레젠테이션 계획 시 매체 선택은 프레젠테이션의 효과성 제고를 위해서 반드시 고려해야 할 사항으로, 이 장에서는 시청각 계획의 중요성과 시청각 매체 계획에 대해 살펴보았다.

첫째, 시청각 계획의 중요성은 메라비안의 법칙을 통해, 즉 청중에게 영향을 미치는 요인 가운데 시청각의 비중이 크다는 사실을 통해 알 수 있었다. 이처럼 언어(말)의 전달력에 비해 중요도가 훨씬 높은 시청각은 시청각을 활용한 도구가 메시지에 생동감을 주기 때문으로, 프레젠터는 이러한 중요도를 인식하고 시청각을 활용한 프레젠테이션을 실시해야 한다.

둘째, 시청각 매체 계획은 기술의 발전과 더불어 발전하고 있다. 활용되는 시청각 매체는 빔 프로젝터, 비디오, 슬라이드, OHP, 하드보드, 차트, 모형, 실물, 화이트보드 등과 같이 다양하다. 따라서 각각의 시청각 매체의 장단점을 파악하여 프레젠테이션을 실시하는 것이 무엇보다 중요하다.

▶▶ 주요 용어

반원형(semi-circle type) 청중을 반원 형태로 배치하는 스타일로, 청중과의 커뮤니케이션을 중시하는 경우에 적합하다. 테이블이나 연단 등 불필요한 것을 치우고 의자만 레이아웃하는 스타일이며, 프레젠테이션 시에 가장 권장되는 타입이다. 이는 적당한 인원의 청중과 효과적인 커뮤니케이션을 하기에 적합한 배치로, 대화형 강의, 소규모 훈련 위주의 교육, 레크리에이션 등에 좋은 배치이다.

원형(circle type) 청중을 원 형태로 배치하는 스타일로, 이벤트와 같은 프레젠테이션을 원하는 경우 등에 적합하다. 이러한 배치는 조별 미팅 등 단위별 쌍방향 커뮤니케이션이 가능한 타입이다.

학교형(school type) 청중을 학교 수업과 같은 형태로 배치하는 스타일이다. 이러한 배치는 대규모의 세미나처럼 청중이 다수이며 정보 전달을 주목적으로 하는 프레젠테이션에 적합하다. 그러나 이와 같은 형태에서의 프레젠테이션은 일방적 커뮤니케이션으로 그치기 쉽다는 단점이 있다.

ㄷ자형(semi-square type) 청중을 ㄷ자 형태로 배치하는 스타일로, 테이블이 필요하다. 쌍방향 커뮤니케이션을 하고싶다면 이러한 형태가 유용하며, 소규모 프레젠테이션이나 회의, 교육 세미나 등에 가장 많이 활용되는 배치 형태이다.

V자형(V type) 청중을 V자 형태로 배치하는 스타일로, 테이블이 필요하다. ㄷ자형, U자형과 과 마찬가지로 쌍방향 커뮤니케이션을 하고싶다면 이러한 형태가 유용하며, 소규모 프레젠테이션이나 회의, 교육 세미나 등에 가장 많이 활용되는 배치 형태이다.

U자형(U type) 청중을 U자 형태로 배치하는 스타일로, 테이블이 필요하다. 위의 ㄷ자형, V자형처럼 역시 쌍방향 커뮤니케이션을 하고싶다면 이러한 형태가 유용하며, 소규모 프레젠테이션이나 회의, 교육 세미나 등에 가장 많이 활용되는 배치 형태이다.

ㅁ자형 (square type) 청중을 ㅁ자 형태로 배치하는 스타일로, 청중 상호간의 커뮤니케이션을 중시하는 경우에 적합한 타입이다.

대면형(facing type) 청중을 면대면 형태로 배치하는 스타일로, 이 또한 청중 상호간의 커뮤니케이션을 중시하는 경우에 적합한 타입이다.

삼각형형(triangle type) 청중을 삼각형 형태로 배치하는 스타일로, 역시 청중 상호간의 커뮤니케이션을 중시하는 경우에 적합한 타입이다.

섬형(dispersed type) 청중을 분산된 섬의 형태로 배치하는 스타일로, 프레젠테이션에 청중 상호간의 토의를 도입할 수 있으며, 이에 따라 조별 미팅 등 단위별 쌍방향 커뮤니케이션이 가능한 배치이다.

메라비안의 법칙 청중에게 영향을 미치는 요인 가운데 언어(말)의 영향력이 7퍼센트, 시각의 영향력이 55퍼센, 음성의 영향력이 38퍼센트라는 것을 근거로 시청각의 중요성을 설명하는 법칙이다.

화이트보드 펠트펜 따위로 글자나 그림을 그릴 수 있게 만들어진 널빤지로, 흑판에 상대하여 이르는 말이다.

OHP(overhead projector) 스크린 위에 영상을 확대 투영할 수 있는 광학계 투영기로, 각종 교육 현장에서 효율적으로 이용되고 있다.

빔 프로젝터(beam projector) 영사(映寫) 장치의 일종으로, 렌즈를 통해서 사진·그림·문자 등을 스크린 위에 확대 투영하여 많은 사람에게 동시에 보여줄 수 있도록 만들어진 광학 장치이다.

하드보드 펄프에 접착제를 가하여 고온으로 압축한 판 모양의 인공 목재로, 교육 또는 프레젠테이션 시에 시청각 도구로 사용된다.

키노트 애플(Apple)사의 프레젠테이션 소프트웨어.

참고 문헌

데니스 베커 외, 《설득력있는 프레젠테이션》, 커뮤니케이션북스, 1997.

야하타 히로시, 나상억 옮김, 《프리젠테이션 박사》, 21세기북스, 2005.

임태섭, 《스피치 커뮤니케이션》, 커뮤니케이션북스, 2003.

최환진, 유종숙, 《프레젠테이션 프로페셔널》, 커뮤니케이션북스, 2005.

한정선, 《프리젠테이션 오! 프리젠테이션》, 김영사, 1999.

제3부 | 프레젠테이션의 개발

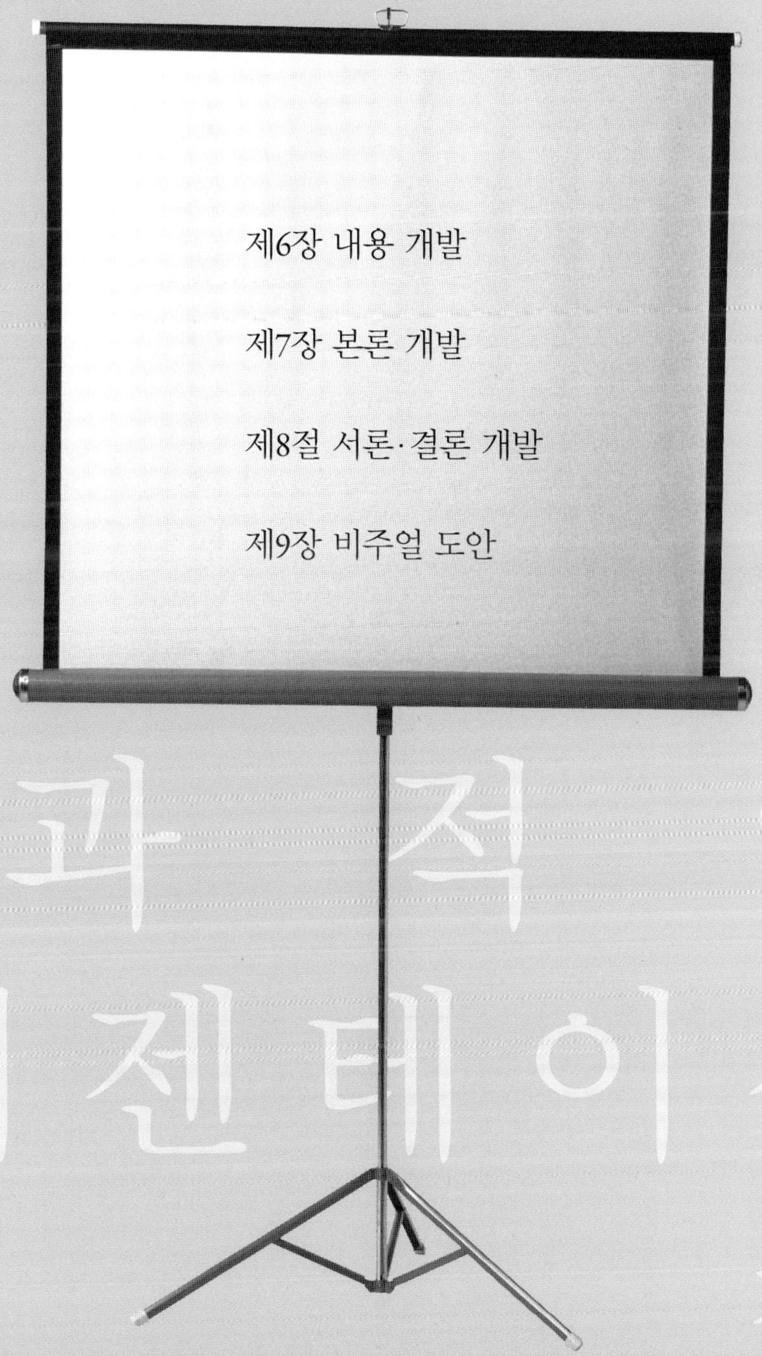

제6장 내용 개발

제7장 본론 개발

제8절 서론·결론 개발

제9장 비주얼 도안

효과적인 프레젠테이션 스킬

제6장 내용 개발

학습 목표

◎ 효과적인 개발 절차에 따라 프레젠테이션을 개발할 수 있다
◎ 줄거리의 다양한 구성 패턴을 이해한다
◎ 아우트라인법을 사용하여 줄거리를 구성할 수 있다
◎ 요지의 개발 원칙에 따라 요지를 개발할 수 있다

개 요

상식적으로 프레젠테이션 개발은 프레젠테이션을 실시하는 순서대로 행하면 된다고 생각하기 쉽지만, 효과적인 프레젠테이션 개발을 위해서는 목표 설정을 확실히 한 후 요지, 세부 내용 및 전이, 개요와 요약, 시작하는 말, 서론부 및 결론부의 순으로 개발하는 것이 좋을 수도 있다.

이 장에서는 프레젠테이션의 내용을 구성하는 데 쓰이는 여러 가지 유형과 방법에 대하여 알아보고자 한다. 이러한 방법들은 프레젠테이션의 상황과 목적에 맞게 활용되어야 한다.

구성법을 결정하였다면 다음으로 해야 할 부분이 주요 메시지, 즉 요지를 결정하는 것이다. 요지란 프레젠테이션을 통하여 전달하고자 하는 가장 핵심적인 메시지를 의미한다. 프레젠터는 자신의 프레젠테이션을 3분 정도의 분량으로 요약할 수 있어야 한다. 이 장에서는 요지가 무엇이고, 어떻게 요지를 개발할 것인지에 대해서 살펴보고자 한다.

1. 프레젠테이션 개발 순서

사전에 필요한 정보를 모두 입수한 다음에, 즉 3P 분석이 끝난 후에는 어떠한 순서로 프레젠테이션 내용을 개발할 것인가, 발표 순서에 따라 서론부, 본론부, 결론부의 순서로 개발할 것인가를 결정해야 한다. 아무리 분석이 잘 되었더라도 분석된 내용들을 생각나는 대로 이야기하다보면 프레젠테이션은 중구난방이 될 것이며, 결국 청중에게 전달하고자 하는 내용을 전달하지 못한 채 끝나고 말 것이다. 이처럼 청중에게 전달할 내용을 체계적으로 작성하지 않는다면 실제 프레젠테이션 상황에서 당황하게 될 것은 자명하다.

프레젠테이션의 내용 구성은 서론부, 본론부, 결론부의 순서대로 이루어지는 경우가 일반적이지만, 실제 개발하는 순서에서는 그렇지 않을 수도 있다. 여기에 래니 아르돈도(Lani Arredondo)가 제시한 절차를 소개하면 다음과 같다.

- 목표 설정
- 요지, 세부 내용과 다음 요지로 넘어가는 말의 개발
- 개요(preview)와 요약
- 시작하는 말(opener)
- 서론부 및 결론부

일반적인 상식으로는 프레젠테이션을 실시하는 순서대로, 즉 서론부, 본론부, 결론부의 순으로 프레젠테이션을 준비해야 한다고 생각하기 쉽지만, 이러한 순서는 실제로 큰 도움이 되지 못할 수도 있다. 성공적인 프레젠테이션을 하기 위해서는 먼저 목표를 설정하여 달성하고자 하는 목표를 확실히 해야 한다. 목표는 곧 프레젠테이션의 결론이 된다. 예를 들어, 레이저 프린터를 A 회사에 판매하려는 프레젠테이션에서 달성하고자 하는

목표는 'A 회사에 레이저 프린터를 판매하는 것'이다. 이러한 목표는 '연간 인쇄 비용 30퍼센트 절감'이라는 결론으로 대변할 수 있다. 프레젠테이션의 목표를 확실히 하여 그 목표를 확실히 달성할 수 있는 최종 결론이 먼저 도출되어야 하는 것이다. 본론은 결론이 도출될 수밖에 없는 이유라고 할 수 있다. 그러므로 개발의 순서상 본론이 되는 요지(key point)와 세부 내용을 개발하고, 작성된 본론을 기초로 시작하는 말과 요약을 추출하여 마지막에 서론부와 결론부를 준비하는 것이 훨씬 수월한 개발 절차이다. 이러한 개발 방식은 시간을 절약하며 효과적인 프레젠테이션을 할 수 있게 하는 지름길이 된다.

2. 줄거리 구성

가. 줄거리 구성 유형

어떻게 이야기를 전개하면 청중들의 공감을 얻고 감동을 자아내어 설득을 유도할 수 있을까? 설득을 하기 위해서는 먼저 내용에 대하여 자세히 설명함으로써 필요한 정보를 갖게 해야 한다. 이에 앞서 청중으로 하여금 프레젠테이션 주제에 대해 흥미와 관심을 갖게 하고 프레젠테이션이 끝날 때까지 계속 듣는 태도를 유지하도록 해야 한다.

이처럼 청중들의 흥미와 관심을 유발하고 지속적인 태도를 유지하기 위해서는 프레젠테이션의 내용을 일관된 순서에 따라, 장황하기보다는 요약해서 구성해야 한다. 또한 프레젠테이션의 내용을 구성하기 위해서는 논

생각해보기

장(chapter)과 제목으로 구분되어 있지 않은 교과서를 읽는다고 상상해보라. 당신이 요지를 이해하는 데 어떤 영향을 미칠까? 그리고 그 이유는 무엇일까?

리적 구조에 따르는 것이 효과적이다. 프레젠테이션 내용의 논리 구조는 메시지의 효과를 높이기 위해 매우 중요한 부분이다. 프레젠터는 프레젠테이션의 목표나 메시지의 성격, 프레젠터의 특징 등에 맞추어 가장 적합한 것을 선택해야 하고(최환진, 유종숙, 2005), 목적지까지 청중을 이끌어가기 위해서는 적당한 순서로 논점을 전개해야 한다.

일반적으로 듣는 사람이 이해하기 쉽게, 즉 논리적으로 무리가 없이 이해할 수 있도록 요지를 배열하는 데는 몇 가지 방법이 있다. 이와 관련하여 먼저 한정선(1999)은 ① 연대기 순으로 제시하는 방법, ② 공간적으로 근접한 지역들을 연관지어 제시하는 방법, ③ 주제별로 진행하여 제시하는 방법 세 가지를 제시하였고, 야하타 히로시(1999)는 ① 생각나는 대로 이야기하는 방법, ② 말히는 모든 것을 글로 써서 원고를 작성하는 방법, ③ 아우트라인을 구성하고 아우트라인에 따라 말하는 방법 세 가지를 제시하였다. 또한 전영우(2005)는 논리적으로 프레젠테이션의 내용을 준비하는 방법으로 ① 3단 구성, ② 4단 구성, ③ 5단 구성의 세 가지 방법을 제시하였고, Kops(2004)는 프레젠테이션의 자료를 논리적으로 구성하는 방법으로 ① 전체와 부분, ② 시간적 순서, ③ 문제 해결, ④ 공간적 순서, ⑤ 뉴스 기자식 방법, ⑥ 최선의 대안이라는 여섯 가지를 제시하였다. 마지막으로 LG그룹의 프레젠테이션 교육 프로그램에서는 프레젠테이션 내용을 논리적으로 구성하는 방법으로 ① 시계열적 방법, ② 지리적 방법, ③ 단계적 방법. ④ 논리적 방법, ⑤ 변증법적 방법, ⑥ 연역적 방법, ⑦ 귀납적 방법이라는 일곱 가지를 언급하고 있다.

이와 같이 프레젠테이션 전문가에 따라 다양한 프레젠테이션 내용 구성 방법을 다루고 있다. 위에서 제시한 여러 가지 유형의 프레젠테이션 내용 구성 방법이 실제 프레젠테이션의 내용을 구성할 때는 적용되지 않을 수도 있다. 꼭 한 가지 방법을 고수하여 자료를 구성하기보다는 다양한 방법을 조합하여 프레젠테이션의 내용을 구성할 수도 있기 때문이다. 다시 말해서, 자신이 수행할 프레젠테이션의 자료 및 내용에 맞게 논리적 전개 방법을 선택하거나 필요에 따라서는 여러 가지 방법을 조화롭게 조직화할 필요가 있는 것이다.

1) 일반적인 줄거리 구성 패턴

줄거리 구성의 가장 일반적인 패턴으로는 다음과 같은 것들이 있다.

가) 3단 구성

프레젠테이션 구성에서는 전체를 세 부분으로 나누어 내용을 정리하는 '3단 구성'이 가장 일반적인 방법인데, 서론–본론–결론 또는 도입–전개–정리 등의 명칭으로 불린다. 3단 구성은 가장 간단한 구성 방법이지만 매우 논리적이기 때문에 보편적으로 널리 이용된다. 모든 글과 마찬가지로 프레젠테이션의 내용도 시작과 끝이 있어야 하며, 그 사이에 중간 글을 넣음으로써 프레젠테이션의 내용을 짜임새 있게 만들어준다. 이런 점에서 3단 구성은 필수적이고 기본적인 구성법이라 할 수 있다. 3단 구성법의 서론에서는 말의 실마리를 열고 논의의 방향과 범위 등을 설명하며, 본론에서는 핵심 주장과 그에 대한 근거에 대해 논의한다. 결론에서는 앞의 내용을 요약, 정리하고 청중에게 행동 방향을 제안하면서 마무리한다.

- 서론(도입)

프레젠테이션에서 서론은 프레젠테이션의 분위기를 조성하고, 왜 이런 프레젠테이션이 요구되는지 그 필요성을 청중들에게 환기시키는 역할을 한다. 또한 서론은 본론에서 제시할 내용에 대해 미리 언급하는 기능을 수행한다. 분위기를 조성하는 방법에는 여러 가지가 있겠지만, 흔히 사용하는 방법이 인사와 프레젠터 본인의 소개이다. 이렇게 함으로써 청중과의 거리를 가깝게 할 수 있을 것이다. 서론 부분의 또 다른 기능은 향후 전개될 내용에 대한 예를 보여주는 것이다. 프레젠테이션에서 다루고자 하는 주제와 내용에 대해 소개해줌으로써 청중의 관심을 유발하여 프레젠테이션을 원만하게 이끌 수 있다.

서론에서도 사전에 청중 분석이 중요하다. 제4장의 청중 분석에서 언급한 것처럼, 청중은 성별, 나이, 학력 등에서 차이가 존재한다. 그러므로 서론에서 모든 청중의 공통 관심을 불러일으키는 것 또는 공통의 경험이나 공통의 신조를 밝히는 것 등을 제시하게 되면 청중은 한층 쉽게 프레젠터의 아이디어를 받아들일 수 있다.

서론의 말은 프레젠터가 다루고자 하는 내용과 관련이 있어야 하고, 또한 이야기 전체의 주제 및 목적과 관계있는 것이어야 한다. 예를 들어, 과소비의 문제와 극복 방안에 대한 주제로 프레젠테이션을 하는데 서론 부분에서 소비의 필요성을 제시한다면 프레젠테이션의 목적 및 주제와는 상반된 내용이 될 것이다. 소비의 필요성 대신에 '청소년의 과소비 사례'를 제시해준다면 주제와 관련이 있으면서 청중의 주의를 쉽게 이끌어낼 수 있을 것이다. 또한 설득을 필요로 하는 말에서는 도입 단계에서 공통된 일치점을 언급하는 것이 좋다. 주의를 끌고 청중과 공통의 입장에 서 있는 동안 프레젠터는 모든 청중의 관심을 충분히 불러일으킬 수 있다. 특히 이때 해당 주제가 청중에게 이해관계를 갖고 있다는 것을 인식시키기 위하여 정황·경험·현상 등에 대해서 충분히 설명해야 한다.

여기에서 중요한 것은 위에서 언급한 내용들이 간결하게 이루어져야 한다는 것이다. 서론 부분에서 지나치게 많은 내용을 언급하는 것은 청중의 흥미나 관심을 유발하기보다는 오히려 청중들로 하여금 프레젠테이션에서 관심을 멀어지게 할 수 있기 때문이다.

- 본론(전개)

내용의 몸통 부분인 본론 부분은 프레젠테이셔의 중간 부분을 구성하고 있다. 본론의 내용을 구성하는 데는 많은 시간과 노력이 필요하다. 본론 부분은 글의 전체 내용에 대한 중심 부분으로 프레젠터가 전달하고자 하는 내용을 논리적 흐름에 따라 구성해야 하며, 아이디어이 전개는 요점을 확실히 하면서 진행해야 한다. 내용에 일관성이 떨어진다거나 내용이 비약적이면 프레젠테이션에 참석한 청중이 내용을 이해하는 데 어려움을 겪을 것이며 설득력도 떨어질 것이다.

청중에게 효과적으로 내용을 전달하기 위해서는 각 부분이 전체와 유기적인 관련성을 갖고 있어야 하며, 전체적인 윤곽이 청중의 머릿속에 그려질 수 있어야 한다. 이를 위해서는 앞에서 언급한 논리적인 구성 방법을 구체적으로 적용하는 것이 좋다. 시계열적 방법, 귀납법, 연역법, 문제 해결법 등을 구체적으로 적용하여 프레젠테이션의 내용을 전개한다면 본론의 구성은 잘 짜여질 것이다.

또한 설득을 위한 프레젠테이션에서 유의할 점은 모든 요점을 서론에서 미리 말하지 않아야 될 상황도 있다는 것이다. 먼저 요점을 밝힘으로써 프레젠터의 입장이 난처해질 수가 있기 때문이다. 이것은 청중이 프레젠테이션의 논점에 대해 반대하는 경우를 특히 지적해 말하는 것이다. 그러므로 요점을 전개할 때 직접적 방법을 쓰느냐 간접적 방법을 쓰느냐의 선택이 매우 중요하다.

• 결론(종결)

3단 구성의 마지막 단계의 결론 부분은 명료하고도 간결하게 충분한 의미를 갖고 전달해야 한다. 결론 부분은 전체적인 내용의 요약, 주제의 강조, 미래의 추진 계획 등을 포함하고 있는 부분으로, 프레젠터에 따라 차이는 있겠지만 매우 중요한 단계라고 할 수 있다. 결론을 소홀히 하면 청중들이 요점을 놓칠 수도 있기 때문이다. 후쿠다 타케시(2005)는 결론 부분에서 다음 다섯 가지를 포함해야 한다고 하였다.

– 본론을 요약하라
– 보충 설명을 하라.
– 주제를 다시 한번 강조하라.
– 향후 결과를 예측하라.
– 결단을 촉구하라.

모든 프레젠테이션의 내용은 총괄적인 아이디어에 따라 간단하고 명백해야 하지만, 종결에서는 주요 아이디어와 목적을 분명하게 청중의 마음 속에 심어놓아야 한다. 의견의 일치가 어려운 장면에서는 프레젠터가 말한 요점과 반대되는 쪽의 요점을 비교하고, 어디까지나 프레젠터 편의 것이 훨씬 좋은 것 같은 인상을 주어야 한다. 요약에서는 주요 아이디어를 되풀이해서 말하여 이것이 목적에 어떻게 일치하는가를 보여야 한다. 프레젠터는 청중과 하나가 되어 아이디어나 제안을 채택한다. 정보를 주는 경우에는 그 정보의 이용이 강조되어야 한다. 그리고 설득할 때는 청중으로 하여금 필요한 행동을 일으키게 해야 한다. 종결에서 유의할 점은 무엇보다도 청중에게 여운을 주는 끝맺음이다.

3단계 구성 패턴의 예로 아르돈도가 제시한 구성 패턴을 아래에 제시하였다. 아르돈도의 구성 패턴에서 '시작하는 말'은 서론부에 해당한다.

- 시작하는 말(opener)
  - 개요(preview)
    - 목표
    - 프레젠테이션 내용의 개요 소개
- 본론
  - 요지 1
    - 세부 내용
    - 넘어가는 말(transition)
  - 요지 2
    - 세부 내용
    - 넘어가는 말
  - 요지 3
    - 세부 내용
- 결론
  - 요약
  - 행동화할 사항

나) 4단 구성(기승전결)

원래 한시의 절구나 율시의 작법에서 유래한 것으로 이른바 기승전결로 사분된다. 3단 구성의 본론을 전개와 발전으로 양분하여 네 개의 부분

- 서론
- 술의 유해한 점
  - 정신 면
    - 의지박약자의 도구화
    - 기억력의 감퇴
  - 생활 면
    - 과용 : 경제적, 시간적
    - 주벽의 발생
    - 관련된 사무의 지연
  - 생리 면
    - 중독의 우려
    - 다른 질병과의 연쇄 반응
- 술의 유익한 점
  - 정신 면
    - 괴로움의 망각
    - 상상력의 촉진
  - 생활 면
    - 기분전환
    - 사교 및 향연의 흥취
- 결론

자료 : 김의숙, 손주일, 이경수, 《경영·사회과학도를 위한 글쓰기》, (주)북스힐, 2005.

으로 만들었다고 생각해도 된다. 이 구성법은 기(起)구에서 시상(詩想)을 일으키고, 승(承)구에서 그것을 이어받아 발전시키며, 전(轉)구에서는 장면과 사상을 새롭게 전환시키고, 결(結)구는 전체를 묶어서 여운이 깃들도록 끝맺는 방법이다(최환진, 유종숙, 2005). 프레젠테이션 메시지 구성에서는 서론, 설명, 증명, 결론의 4단계의 구성법으로 사용된다.

3단 구성처럼 논리만을 생각하는 것이 아니라 변화도 추구하여 다양한 변화를 노리는 구성 방법이라 할 수 있다. 이러한 변화로 인해 청중으로부터 흥미를 유발시키게 되며 전체 프레젠테이션을 이완시켰다가 응축시킬 수도 있다. 이야기 속의 어구는 하나하나 따로 떨어진 것을 벌려놓은 것이 아니라, 서로 서로 영향을 주고받으면서 이어져 있다. 한 마디 한 마디는 앞에서 말한 바의 연속으로 이어진다. 때문에 발언하는 중에 다이나믹한 어구가 쓰이지 않으면 말의 뜻이 또렷해지지 않는다.

4단 구성은 문학적이고 수사적(修辭的)이다. 이 순서는 제1단계에서 청중의 흥미를 끌고, 제2단계에서 전개가 있고, 3단계에서 기분을 바꾸고, 제4단계에서 끝맺는 방법이다. 세번째 단계인 '전'의 단계에서는 앞의 두 단계에서 다룬 것을 반전시키는 내용을 제시함으로써 변증법적인 관계를 형성하기도 한다. 이와 같은 4단 구성법은 청중에 대한 효과를 잘 고려하지 않으면 실패하기 쉬우나, 잘만 하면 대단한 효과를 거둘 수 있다.

4단 구성이 적용된 예는 왼쪽의 도해와 같다.

다) 5단 구성

이것은 일종의 유도법이라 할 수 있다. 이는 독자로 하여금 사고의 기틀을 잡게 하여 그 사고를 발진시켜나가다가 끝 부분에 이르러 청중들을 소기의 행동으로까지 이끌고 나아가는 방법이라 할 수 있다. 이 방법은 일반적으로 광고, 보고, 논설 등에 사용될 수 있으며, 근래에 들어서는 프레젠테이션의 구성 방법으로도 활용되고 있다.

5단 구성 방법을 3단 구성 방법과 비교하면 다음과 같다(전상국 외 6인, 2001).

서론	제1단 : 화제에 주의를 모으는 단계
	제2단 : 흥미를 느낀 청중이 제시된 문제에 이끌리는 단계
본론	제3단 : 대두한 문제의 해결법을 제시하는 단계
	제4단 : 해결법을 구체화하고 그 유효성을 실증하는 단계
결론	제5단 : 청중의 결심을 촉구하여 행동으로 유도하는 단계

5단 구성법과 관련하여 전영우(2005)가 설명하는 5단계 순서는 다음과 같다.

- 1단계(주의를 끄는 단계)

세상 사람이 자칫 잊어버리기 쉬운 현대인의 불안감에 관해 사람들의 주의를 환기시킨다. 흥미 없는 이야기에는 외면하기 때문에 먼저 청중의 관심을 불러일으키고 이야기를 듣게끔 만들어주어야 한다.

- 2단계(필요성을 보이는 단계)

이야기에 관심을 갖기 시작한 청중에게 중요한 것을 말한다. 즉, 무엇이 중요하고 무엇이 필요하다는 것을 청중에게 일러준다. 여기서는 혼자만의 생각은 안 되고, 여럿이 함께 생각하고 함께 문제를 해결하는 것이 필요함을 강조한다. 이것은 말할 목적이나 이야기의 주제를 말하는 것이라고 해도 좋다.

- 3단계(해결 방안을 보이는 단계)

필요한 문제를 해결하려면 어떻게 하는 것이 좋겠는가를 보인다.

- 4단계(구체화의 단계)

3단계의 문제 해결법을 보다 구체적으로 나타낸다. 차트·그래프·지도 등의 시청각 자료를 고도로 이용하는 것도 그 본보기가 될 것이다.

- 5단계(행동 유발의 단계)

결론으로서 청중의 결심을 촉구한다. 즉, 청중에 대해 정신적 결정이나 행동의 즉각 실행을 촉구하는 것이다.

주의–문제의 제시–해결 방안의 제시–구체화–행동의 촉구라는 순서는 백지의 상태에서 행동을 일으키기까지의 심리적인 움직임에 확실한 적응이 된다고 하겠다. 이것은 청중에게 정보를 전달하는 경우와 청중을 설득하는 경우의 프레젠테이션 구성에 적합하다.

여기서 5단계 순서의 예를 신문 광고문에서 인용해본다.

빈혈은 여성의 적	1단계 – 주의
여성은 생리와 임신·출산·수유 등으로 철분의 손실이 많아서, 자칫 잘못하면 빈혈이 되기 쉽습니다.	2단계 – 문제
그러나 365일 빈혈을 모르는 밝고 건강한 얼굴이 있습니다. 꽃처럼 피어나는 아름다운 혈색, 이것은 바로 '캄파리' 혈색입니다.	3단계 – 해결
'캄파리'는 생체철·인·칼슘을 주제로 한 빈혈 치료제로, 위장 장애가 없으며, 계속해서 복용하면 인세나 생기차고 건강미를 약속해줍니다.	4단계 – 구체화
값은 100정에 3만 원입니다.	5단계 – 행동화

라) 귀납과 연역

귀납과 연역은 논리학에서 비롯된 개념이다. 귀납은 그리스의 철학자 아리스토텔레스에 의해 처음 발견된 논리적 방법으로, 경험에서 진리를 발견하는 방법이라고 할 수 있다. 즉, 개개의 사례를 관찰함으로써 이러한 사례들이 포함되는 일반 명제를 확립시키는 논증을 말한다.

연역은 데카르트의 사고방식에서 유래되었다고 할 수 있다. 귀납법이 과학적 발견에 많이 사용되었다면, 연역법은 철학에서 진리를 발견하는 데 많이 사용된 논리 방법이라고 하겠다. 즉, 일반 법칙을 전제로 해서 개별적인 명제를 성립시키는 논증을 말한다.

따라서 메시지 구성에서 귀납은 여러 사례를 연구하여 공통점을 파악하고 결론을 내리는 구성을 말하며, 연역은 일반적인 이론을 먼저 제시하고 개개의 사례에 적용시키는 구성을 말한다(최환진, 유종숙, 2005).

마) 제리 와이즈먼의 열여섯 가지 흐름 구조

제리 와이즈먼은 내용을 전개하기 위해 모듈(modular), 시간(chronological), 물리적(physical), 공간적(spatial), 문제–해결(problem–solution), 쟁점–행동(issues–actions), 기회–수단(opportunity–leverage), 정형–적용(form–function), 특징–혜택(features–benefits), 사례 연구(case study), 논쟁–오류(argument–fallacy), 비교–대조(compare–contrast), 행렬(matrix), 평행(parallel tracks), 웅변적 질문(rhetorical questions), 수적(numerical) 등 열여섯 가지의 흐름 구조를 제안하였는데, 각각의 상세한 내용은 〈표 10〉과 같다(최환진, 유종숙, 2005).

2) 다양한 줄거리 구성 패턴

이 밖에도 현장에서 자주 쓰이는 줄거리 구성 패턴으로는 최환진과 유종숙(2005)이 제시한 의사 결정 패턴, 서구식 논리 전달 패턴, 일반 프레젠테이션 구성 패턴, 비즈니스 프레젠테이션 구성 패턴이 있는데, 이를 설명하면 다음과 같다.

가) 의사 결정 패턴

1. 문제를 규정하고 제한한다.
2. 해결책에 대한 평가 기준을 설정한다.
3. 가능한 해결책들을 확인한다.

〈표 10〉 제리 와이즈먼의 열여섯 가지 구조의 흐름

구조	내용
모듈(modular)	서로 순서를 바꿀 수 있는 유사한 부분, 단위, 요소 등의 연속.
시간(chronological)	시간을 기준으로 아이디어의 순서를 정한다. 즉, 사건이 일어났거나 앞으로 일어날 순서에 따라 내용을 구성한다.
물리적(physical)	물리적·지리적 위치에 따라 아이디어의 순서를 정한다.
공간적(spatial)	물리적 은유 혹은 유추에 따라 아이디어를 개념적으로 정리한다. 이것은 주제에 대한 공간적 배치이다.
문제-해결(problem-solution)	문제점과 해결 방안을 바탕으로 메시지를 체계화한다.
쟁점-행동(issues-actions)	하나 이상의 쟁점과 이 쟁점을 제기하기 위해 취할 행동을 바탕으로 메시지를 체계화한다.
기회-수단(opportunity-leverage)	사업 기회와 이 기회를 이용하기 위한 지렛대를 의미하는 것으로, 실행에 사용되는 수단을 바탕으로 메시지를 체계화한다.
정형-적용(form-function)	하나의 중심적인 비즈니스 개념, 방식, 기술과 이러한 것들의 핵심에서 나오는 복합적인 적용 또는 기능을 바탕으로 메시지를 체계화한다.
특징-혜택(features-benefits)	회사의 제품이나 서비스의 특징 또는 이러한 특징이 주는 구체적인 혜택을 바탕으로 내용을 구성한다.
사례 연구(case study)	특정 문제를 이전에 어떻게 해결하였는지, 또는 어떻게 특정한 고객의 요구를 충족시켰는지 등에 대해 스토리텔링 형식으로 상세하게 언급한다.
논쟁-오류(argument-fallacy)	사례나 문제에 반하는 논의를 제기하고 이러한 논의의 기초가 되는 오류(혹은 그릇된 믿음)를 지적함으로써 여기에 반박한다.
비교-대조(compare-contrast)	회사 간의 차이점을 보여주는 일련의 비교를 바탕으로 메시지를 체계화한다.
행렬(matrix)	복잡한 일련의 개념을 알기 쉽고 이해하기 쉬우며 기억하기 쉬운 형식으로 정리하기 위하여 행렬을 이용한다.
평행(parallel tracks)	각각의 아이디에 해당하는 동일한 종속 아이디어로 관련 아이디어를 파악한다.
웅변식 실문(rhetorical questions)	청중이 가장 중요하게 생각할 것 같은 질문을 던지고, 여기에 답한다.
수적(numerical)	느슨하게 연결된 아이디어나 사실, 주장 등을 열거한다.

자료 : 최환진, 유종숙, 《프레젠테이션 프로페셔널》, 커뮤니케이션북스, 2005, 38쪽의 내용을 재구성.

4. 기준에 의해 해결책을 평가한다.
5. 최적의 해결책을 선택한다.
6. 실행 방안에 대해 논의한다.

나) 서구식 논리 전달 패턴

1. 도입(위치, 행동, 이익).
2. 개요 문장(미래 : 앞으로 말하려는 것을 이야기한다).
3. 주요 아이디어와 하부 아이디어.
4. 요약 문장(과거 : 지금까지 말한 것을 이야기한다).
5. 결론(위치, 행동, 이익에 대해 정리한다).

다) 일반 프레젠테이션 구성 패턴

1. 개시 : 어조(tone)를 확립하고 주목을 끈다.
2. 입장 진술 : 목적과 목표를 설정하고, 문제를 명확히 하고, 해결안을 제안한다.
3. 근거 제공 : 관련 데이터와 조사 결과를 제공한다.
4. 종결 : 요약하고, 효과를 재언급한다.

라) 비즈니스 프레젠테이션 구성 패턴

1. 개시 : 계획의 목적을 밝힌다.
2. 상황 분석 : 부분별 주요 영역과 중요한 부분에 대해 분석한다.
3. 기회 인식 : 필요를 분석하고 문제점을 밝힌다.
4. 추천안 : 입증된 문제들에 대한 해결책을 제시한다.
5. 논리 : 해결책의 정당성과 근거를 제시한다.
6. 방어 : 반대 이유를 예상하고, 예상되는 질문에 대해 답한다.
7. 요약 : 요점을 반복하고, 논리를 강조한다.
8. 결정 요청 : 향후 단계를 확인하고, 결정을 요구한다.

마) Zelazny의 구성 패턴

프레젠테이션 구성과 관련한 Zelazny의 견해에 따르면, 연구 결과를 보고하는 프레젠테이션에서 연구를 진행하던 중 사용했던 문제 해결 방법을 그대로 재현하면서 결론에 도달하고 그 결과를 가지고 해결 방향을 제시하려는 경향이 있으나, 프레젠테이션을 시작할 때 해결 방안을 제시하고 남은 시간 동안에 왜 그것을 주어진 문제에 대한 최상의 해답이라고 생각

제안 : OO은행은 미국 시장에 진출하기 위한 노력을 시작해야 한다.

예비 결론

1. 미국은 세계적인 경제 대국이다
2. 미국은 금융 수익이 높다.
3. 진출의 장애물은 극복할 수 있다.

결론 1. 미국은 세계적인 경제 대국이다.

근거
1. 전 세계 GNP의 최대 점유율
2. 최고의 무역 규모
3. 해외 투자의 증가 예상

결론 2. 미국은 금융 수익이 높다.

근거
4. 엄격한 비용 관리
5. 확고한 경쟁력
6. 기타

결론 3. 진출의 장애물은 극복 가능하다.

근거
7. 독립적으로 분산된 시장
8. 외국 기업에 대한 고객의 거부감이 적다.

제안 진출하라!

자료 : Zelazny, G., 김한영 옮김, 《최고의 비즈니스맨이 되려면 - 프리젠테이션으로 말하라》, 2001, 65~66쪽의 내용을 표로 재구성

하는가를 설명하는 것이 가장 좋은 방법이라고 하였다.

Zelazny(2001)는 이러한 원칙에 입각하여 비즈니스에 적용하는 예를 앞의 도해와 같이 제시하였다.

지금 우리가 미국 시장의 진출 여부를 결정해야 하는 한 은행의 경영진 앞에서 프레젠테이션을 하고 있다고 가정해보자. 여러분은 이 경영진의 한 사람으로 임명된 상태이다. 그리고 실천적인 반응을 이끌어낼 수 있는 메시지를 전달하는 데 어느 줄거리가 더 편리하고 효과적인가를 결정해야 한다.

이제 미국 시장에 진출하는 것이 현명한 일인가를 결정하는 문제에 대해 줄거리로 접근하는 방법을 살펴보도록 하겠다. 앞에서 도해로 제시한 예를 다시 한번 보자.

이 예에서 알 수 있듯이, 프레젠테이션의 첫 머리에서 발표자가 무엇을 제안하려는지 즉시 파악했을 것이다. 일반적으로 발표자의 제안이 너무 일찍 등장한다면 청중을 설득할 수 있는 힘이 약해진다. 그러나 바로 그것 때문에 프레젠테이션의 나머지 부분이 존재하는 것이다.

위의 예는 청중이 프레젠터에 대해서 호의적인 경향을 보일 경우에 적절한 방법이라고 할 수 있다. 만약 청중이 프레젠터에 대해 비호의적이거나 적대적인 경우에는 위의 예처럼 프레젠테이션의 첫 부분에 미리 결론을 제시하는 것이 오히려 프레젠테이션에 악영향을 줄 수 있다. 이러한 경우에는 결론을 약간 신중하고 조심스럽게 제시하는 것이 좋다. 그렇다고 해서 결론을 끝까지 숨길 필요는 없다. 다만 각 단락의 끝에 결론을 배치하는 것이 좋다.

바) 정하열의 BOSS 기법

정하열의 BOSS 기법은 발표 시간을 5단계로 구분하여, 각각의 단계마다 바뀌는 청중의 심리와 기억 능력에 맞게 프레젠테이션 내용을 배치하는 방법이라 할 수 있다(정하열, 2006). 대부분의 사람들은 수업을 시작할 때의 내용과 수업이 끝나기 전의 내용을 잘 기억하는 경향이 있다. 이 기법은 집중도가 높아 기억력이 좋은 시간에 청중에게 임팩트를 줌으로써 청중이 인상적으로 기억하게 만드는 것이다. 이 기법은 단계별로 청중의 심리 상태를 반영하여 프레젠터가 전략적 유연성을 가질 수 있는 기술이다. 각각의 단계를 좀더 자세히 살펴보면 다음과 같다.

- 1단계 : Bang(B)

Bang은 강한 충격이 주어졌을 때 나는 소리이다. 이는 발표 시간을 약 50분으로 예상했을 때 집중이 잘 되는 초반 5분에 전개하는 발표로서, BOSS 기법에서 가장 중요한 부분이라 할 수 있다. Bang의 메시지는 청중들에게 강한 매력을 느끼게 만들어야 하며, 전체 내용을 한 단어로 압축해놓은 것과 같은 에너지가 있어야 한다.

- 2단계 : Outline(O)

2단계인 개요는 이후 3~5단계까지의 발표 내용에 대한 로드맵 역할을 하는 부분이다. 청중이 프레젠테이션의 전체 진행 사항을 미리 인지해 편안한 마음으로 경청할 수 있게 하기 위한 단계라고 할 수 있다. 개요의 내용은 가능한 한 간결하게 구성하는 것이 좋다.

- 3단계 : Subject(S)

3단계는 본론 단계로, Bang과 Outline에서 발표한 내용에 대해 구체적인 설명을 하는 단계이다. 이 단계는 앞의 단계와 논리적인 연결성이 있어야 한다. 여기에서는 의미 전달이 명료해 이해하기 쉬우며 간결한 문체를 사용해야 한다. 이때 전달하고자 하는 메시지는 최대 일곱 개를 넘지 않는 것이 좋다. 이는 사람이 한정된 시간에 기억할 수 있는 정보의 양이 한정되어 있기 때문이다.

- 4단계 : Summary(S)

4단계인 요약 단계는 본론에서 발표한 구체적인 실천 전략 등에 대한 메시지 가운데 강조할 핵심 내용만 다시 간추려서 설명하는 단계이다. 여기에서는 개요와 본론을 거치며 청중으로부터 획득한 신뢰를 바탕으로 중요한 사항만을 골라 다시 한번 강조함으로써 청중의 신뢰감을 공고히 하는 부분이라 할 수 있다. 이 단계도 가능한 한 간결하면서 세련된 어휘를 사용하여 내용을 정리해야 한다.

- 5단계 : Close Bang(B)

프레젠테이션이 끝나갈 무렵으로 청중들의 집중도가 발표 시작 단계의 Bang 수준으로 다시 올라가는 단계이다. 여기에서는 처음 단계에서 언급한 내용을 반복해서 강조하는 것이 중요하다. 즉, 초두 효과인 Bang을 통해 청중에게 강한 인상을 주었다면, 최신 효과인 Close Bang을 함으로써 시너지 효과를 기대할 수 있다. 다시 말해서, 프레젠터가 전달하고자 하는 내용이 청중의 기억 속에 오래 남게 된다는 것이다.

지금까지 살펴본 바와 같이 메시지를 구성하는 패턴은 무수히 많을 수 있다. 이러한 패턴은 생각의 논리를 구성하는 데 도움이 될 수 있지만, 여기에 얽매여 생각이 더 뻗어나가지 못할 우려 또한 있다. 프레젠테이션 실행 시 그동안 많은 프레젠테이션을 경험한 청중들은 상투적인 프레젠테이션으로 받아들여 지루하게 느낄 수 있기 때문이다. 이로 인하여 청중들은 프레젠터의 전문성을 의심할 수도 있다. 처음에는 프레젠테이션을 준비할 때 이러한 패턴을 적용하여 연습해보는 것이 필요하지만, 어느 정도 숙달이 되면 특정 패턴에 얽매이지 말고 자유롭게 생각을 펼치며 재미있게 이야기를 전개해나가도록 하는 것이 좋다.

나. 줄거리 구성 방법

1) 아우트라인(Outline)법

구상을 도식화된 형식으로 요약하여 글로 표현한 것이 개요, 즉 아우트라인이다. 아우트라인법이란 프레젠테이션의 내용을 메모처럼 기록하여 구체화한 것으로, 마치 집을 지을 때의 설계도면과 같다고 할 수 있다. 설계도면상에 집의 모양과 배치를 수정함으로써 향후 집을 지을 때 시행착오 없이 진행할 수 있는 것처럼, 프레젠테이션의 내용에 대해 아우트라인을 작성하고 수정, 검토함으로써 내용의 구성은 점차 확고해지게 된다.

잘 작성된 아우트라인은 훌륭한 설계도와 같아서 차후 프레젠테이션의 내용을 작성하는 데 매우 편리하므로 가능한 한 개요를 세부 사항까지 정밀하게 작성하는 것이 좋다. 목차보다는 자세하게 작성하도록 하며, 경우에 따라서는 세부적인 단락의 단위까지 작성하는 것도 필요하다.

이처럼 아우트라인법은 뼈대만 세우는 것이므로 프레젠테이션의 내용을 상세하게 기술하고 있지는 않다. 그렇지만 먼저 오는 것과 나중에 오는 것, 즉 전후 논점의 논리적 관계나 균형이 짜여진 상태 등을 얼핏 보아도 잘 알 수 있다. 또한 아우트라인으로 잘 정리된 것은 프레젠터의 머릿속을 정리하면서 동시에 청중의 머릿속도 정리해주며, 이야기하는 것을 매개로 서로의 이해를 도와준다. 그럼으로써 그때그때의 청중에 적응하게 되고, 자유롭게 융통성을 발휘할 수 있게 된다.

전영우(2005)는 아우트라인을 만들 때 필요한 사항을 다음과 같이 제시하였다.

① 주제를 명확한 말로 표현하여 완전한 문장이 되게 한다.
② 아우트라인을 '도입(서론)·전개(본론)·종결(결론)' 등 세 부분으로 나눈다.
③ 순서는 혼동되지 않게 일관된 형식으로 한다.
④ 아우트라인을 만들 때는 일목요연하게 알 수 있도록 보기 쉬운 번호를 쓴다. 정리를 하는 데서 아우트라인 속에 쓰이는 문구는 캐치프레이즈 같은 것이 좋으나, 남에게 보이는 것이 아니기 때문에 자기 중심으로 잘 알 수 있게 쓴다.
⑤ 수식어 등은 되도록 줄이고 요점만을 간단히 쓴다.

⑥ 논점을 살피고 잘 정리되어 있는지의 여부를 검토한다.

주요 논점이 주제를 잘 뒷받침하고 있는지, 부분은 논점을, 세부는 부분을 뒷받침하고 있는지, 논점·부분·세부의 항목을 만들어놓는다. 그리고 예화·실화·비교 등을 넣을 때는 되도록 괄호를 사용해 표시해놓으면 도움이 된다. 위에 제시된 필요 사항은 좋은 참고가 되지만, 아우트라인을 굳이 3단 구성으로 할 필요는 없다. 프레젠테이션의 내용 구성에는 앞에서 언급한 바와 같이 여러 가지 방법이 있으므로, 상황에 가장 잘 부합한다고 판단되는 구성법을 선택하여 사용하는 것이 좋다.

2) 아우트라인법의 장점

프레젠테이션의 내용을 구성할 때 아우트라인을 작성하면 프레젠터뿐만 아니라 청중의 입장에서도 좋은 점이 많다. 야하타 히로시(1996)는 이와 관련하여 프레젠터와 청중의 입장에서의 장점을 각각 다섯 가지씩 기술하고 있다.

먼저 프레젠터의 입장에서 꼽을 수 있는 장점으로는 ① 콘셉트를 정리하기 쉽다는 점, ② 안심하고 말할 수 있다는 점, ③ 잊어버리지 않는다는 점, ④ 즉흥적인 대사를 삽입할 수 있다는 점, ⑤ 시간 조정이 용이하다는 점을 들고 있다. 사실 사람은 일반적으로 일정한 패턴을 가지고 나름대로의 순서에 따라 사고한다. 실제로 말하고자 하는 내용을 정리해보려고 하면, 하고싶은 이야기가 매우 많다. 어떤 내용을 어떤 식으로 전달하면 좋을지 알 수 없다. 말하고싶은 내용을 일목요연하게 정리함으로써 내용을 잊지 않고 시간 상황에 따라 중요한 부분과 덜 중요한 부분을 구분하여 내용을 줄일 수도 있으며, 자연스럽게 상황에 맞는 예를 넣어줌으로써 프레젠테이션을 좀더 원만하게 진행할 수 있도록 해준다는 것이 아우트라인의 장점이다.

다음으로 청중의 입장에서 꼽을 수 있는 장점으로는 ① 이해하기 쉽다는 점, ② 구성에 대한 이미지가 솟는다는 점, ③ 프레젠테이션 내용의

제목 : 사업성과에 대한 보고 자료

• 서론

• 업적 분석
  - 실적 분석
    - 월별 매출과 실적의 비교
    - 감소(혹은 증가) 사유
    - 주요 시장 진입 전략
  - 성과 분석
    - X 사업 분야의 현황
      - 당초의 목표
      - 거두어들인 성과
    - Y 사업 분야의 현황
      - 당초의 목표
      - 거두어들인 성과

• 효율성 분석
  - 팀 간의 업무 효율성
    - 팀 간의 업무 배분 현황
    - 팀 간의 업무 협조 현황
    - 문제점 및 개선 방안
  - 개인별 업무 평가
    - 개인별 업무 현황
    - 문제점 및 개선 방안

• 결론

자료 : 김의숙, 손주일, 이경수, 《경영·사회과학도를 위한 글쓰기》, (주)북스힐, 2005.

뼈대를 놓치지 않는다는 점, ④ 프레젠테이션 내용의 중심을 파악한다는 점, ⑤ 프레젠테이션 내용의 전체상을 알 수 있다는 점을 들고 있다. 도서관에 가면 책이 서지번호에 따라 잘 분류되어 있다. 따라서 원하는 책을 검색하여 책의 서지번호를 알아내면 쉽게 찾을 수 있는 것처럼, 아우트라인은 청중 한 사람 한 사람의 머릿속에 인덱스의 이미지를 만들어줌으로써 내용의 전체를 알 수 있게, 또 요점이 무엇인지를 쉽게 파악할 수 있게 해준다. 다시 말해서, 이른바 말하는 내용이 눈에 보인다고 할 수 있는 경우이다. 프레젠테이션 시 아우트라인법을 사용하여 프레젠테이션을 준비하는 예는 앞의 도해와 같다.

3. 요지 개발

프레젠테이션의 목표가 정해지고 난 후에는 목표 달성을 위한 세부적인 사항을 고려해야 한다. 즉, 목표 달성을 위해서는 어떠한 방법을 동원해야 하는 것일까? 구체적으로 어떻게 해야 하는 것일까? 앞에서 프레젠테이션의 목표는 결론으로 대변된다고 하였다. 목표를 설정하고 나면 결론에 도달하기 위한 방법 또는 결론의 이유가 되는 요지를 개발해야 한다. 요지가 정해진 다음에는 각 요지별로 세부적인 내용과 자료를 개발해야 한다.

요지 개발에서는 무슨 내용을 어떠한 순서로 제시할 때 목표를 달성할 수 있을지 생각해야 한다. 요지는 집의 기둥과 같은 것이다.

가. 요지란 무엇인가?

기억력에 관한 연구에 따르면, 우리들 뇌 속에 입력된 내용은 며칠이 지나게 되면 전체의 5퍼센트 정도만 남는다고 한다. 한 시간의 프레젠테이션을 한다고 가정했을 때, 5퍼센트 정도의 내용은 3분에 해당하는 분량이다. 이것은 곧 효과적인 프레젠테이션을 위하여 프레젠터는 3분에 해당할 만한 핵심적인 메시지를 만들어야 한다는 의미로 볼 수 있다. 바로 이 메시지가 요지이다.

요지(key point, main message)란 프레젠테이션을 통해 청중에게 진달하려고 하는 핵심적인 메시지를 말한다. 요지 외의 다른 모든 내용들은 그 메시지를 뒷받침해줄 수 있는 자료일 뿐이다.

요지를 정리하는 것은 성공적인 프레젠테이션을 위한 가장 중요한 단계이다. 요지를 정리하지 않으면 이야기가 뒤죽박죽될 가능성이 많다. 요지는 주요 주제를 중심으로 조화롭게 구성되어야 한다. 조지 캅스(George J. Kops)는 성공적인 요지는 다음과 같은 특성을 갖고 있다면서, 요지의 전달은 매우 중요한 문제이므로 프레젠테이션을 하는 중간에 몇 번이고 강조해야 한다고 하였다.

- 간단하다.
- 짧다.
- 명쾌하다.
- 도입 부분에 강조된다.

나. 요지 개발 원칙

최환진, 유종숙(2005)은 요지를 개발하는 데 지켜야 하는 세 가지 원칙을 제시하였다.

첫번째 원칙은 쉬워야 한다는 것이다. 전문성을 강조하기 위하여 전문용어를 남발하거나 불필요한 외국어를 남용하는 것은 좋지 않다. 청중 분석을 통해 청중의 지식 수준을 알고 그에 따라 준비를 하였다면 상관없겠지만, 그렇더라도 가능한 한 쉽게, 관련 분야에 소속되지 않은 사람이라도 쉽게 이해할 수 있도록 요지를 작성해야 한다. 실제로 메시지를 작성해보면 메시지를 쉽게 작성하는 것이 결코 쉬운 일이 아님을 알 수 있다. 본인이 내용을 충분히 소화해야만 쉽게 이야기할 수 있는 것이다.

두번째 원칙은 가급적 단순해야 한다는 것이다. 불필요한 요소는 모두 가지 치듯 쳐내고 꼭 필요한 메시지만 담아야 한다. 아우트라인을 작성할 때도 모든 내용을 쭉 기술하기보다는 핵심적인 사항을 간결하게 기술했던 것처럼, 요지도 꼭 필요한 메시지만을 제시해야 한다. 상황에 따라서는 간결한 1쪽짜리 제안서가 비즈니스 성공의 지름길이라고 할 수 있다. 단순한 것이 강력하다.

세번째 원칙은 인상적이어야 한다는 것이다. 프레젠테이션은 단조롭고 무미건조하게 요약한 내용을 청중에게 읽어주는 것이 아니다. 글로 기록된 내용들을 프레젠테이션을 통해 전달하는 경우 프레젠테이션 메시지는 감동을 주고 기억에 남아야 한다. 감동이 없이는 설득도 없기 때문에 인상적인 정보, 획기적인 전략, 감동적인 표현을 메시지에 포함시켜야 한다.

Zelazny는 요지를 개발할 때 정보 전달의 가장 강력한 형태인 광고의 카피나, 자동차 범퍼에 스티커를 붙일 때와 같은 마인드(예를 들어, '119 차량은 경적을 울리세요.'), 또는 신문의 헤드라인과 같은 메시지(예를 들어, '유럽 항공 요금 곤두박질 시작')를 연상하여 청중의 관심을 끌고 더 읽게 만드는 효과를 염두에 둘 것을 제안하였다.

그렇다면 프레젠테이션의 길이를 고려할 때 요지를 과연 몇 개 정도 개발하는 것이 최적일까? 이에 대한 대답으로 래니 아르돈도(Lani Arredondo)는 요지를 개발하는 기본 원리로 KISS를 제안하였다. 이는 'Keep It Simple, Speaker!'의 첫 글자를 따서 만든 단어로, 청중들이 프레젠테이션의 내용(요지)을 잘 기억할 수 있도록 '간단하고 짧게 말하는 프레젠터가 되라'는 것이다. 이 뜻은 프레젠테이션을 무조건 짧은 시간에 끝내야 한다는 의미가 아니라, 긴 시간의 프레젠테이션에서도 주요 골자를 간단·명료하게 제시하여 청중들이 잘 기억할 수 있도록 하라는 것이다. 요지를 개발할 때는 '어떤 요지가 프레젠테이션 목표를 최상으로 이끌 수 있을 것인가?', '청중들이 가장 기억하기를 원하는 요지는 무엇인가?' 등의 질문을 스스로 해보아야 한다. 그럼으로써 유용하게 요지 개발을 할 수 있을 것이다.

다. 요지 개발 방법

지금까지 요지가 무엇인가에 대해서, 그리고 요지를 개발할 때 고려해야 할 원칙에 대해시 살펴보았다. 머릿속에는 수많은 아이디어와 참고할 수 있는 예들이 있지만, 이것을 어떻게 정리하며 어떻게 골자를 찾아내어 요지를 개발할지 아직도 명확하지 않을 수 있다.

이처럼 요지를 개발하는 것이 어렵기 때문에, 이런 상황에서 요지를 개발하는 방법으로 활용할 수 있는 것이 마인드매핑이다. 마인드매핑이란 우리가 모르는 곳을 찾을 때 지도를 보면 도움이 되듯이, 우리 두뇌 속에서 오가는 생각을 정리해주는, 마치 지도를 그리듯 그리며 생각을 정리해줄 수 있는 방법이다(한정선, 1999).

마인드매핑 과정

[단계 1] 커다란 백지의 한가운데에 주제나 안건을 적거나 또는 문제의 중심 어휘를 적어놓는다.

[단계 2] 중심 주제로부터 자유연상을 시작한다.

[단계 3] 첫번째 주제에서부터 시작하여 선을 그리고 이름을 붙인다. 적어놓은 생각의 꼬리를 물고 연상이 되는 것이 있으면 생각이 흐르는 대로 그 선에서 가지를 치고 이름을 붙인다.

[단계 4] 중간에 멈추지 말고, 한 아이디어가 떠오르면 새로운 선을 그리고 시작한다.

[단계 5] 이미 적어놓은 것에 대하여 평가하거나 비판하지 않도록 주의한다. 머리에 떠오르는 아이디어는 모두 적는다.

[단계 6] 아이디어의 샘이 마르면 서로 관련된 아이디어들을 다른 색의 펜을 사용하여 연결한다.

자료 : 박영택, 〈공공행정부문 Single PPM 품질혁신〉, Single PPM 품질혁신추진본부, 2000.

이와 유사하게 엔디콧(Endicott)은 제한된 시간에 다룰 수 있는 요지를 찾아낼 것을 제안하고 있다. 요지란 '부주제'라고도 할 수 있다. 즉, 주제를 명확히 하기 위해 필요한 소주제를 의미한다. 엔디콧이 제안한 방식은 일직선상에서 곁가지를 쳐나가는 방법이고 마인드매핑은 직선일 필요 없이 자유자재로 선을 그을 수 있는 방법인데, 이 둘 사이에 큰 차이는 없다.

마인드매핑은 일상 상활에서 경험하는 모든 상황에 적용할 수 있는 방법으로, 토의 방법 가운데 하나인 브레인스토밍에서 많이 활용되고 있다. 위의 마인드매핑 과정은 일반적인 과정을 보여주고 있는데, 여기에서 중요한 것은 하나라도 버리지 말고 마음속에서 나온 모든 아이디어를 마인드맵에 포함시켜야 한다는 것이다. 근래에는 이러한 마인드매핑을 도와주는 컴퓨터 응용프로그램들이 있어 종이와 연필을 대신하고 있다. 이러한 마인드매핑 프로그램들은 종이 위에 마인드맵을 그릴 때보다 편집을 하기가 쉽다는 장점이 있다. 대표적인 프로그램으로는 싱크와이즈(ThinkWise), 프리마인드(Freemind), 마인드매니저(Mind Manager) 등이 있다. [그림 15]는 싱크와이즈를 활용하여 작성한 마인드맵의 예이다.

여기서 마인드매핑 과정이 끝난 것이 아니다. 훌륭한 프레젠테이션을 하기 위해 필요한 핵심 아이디어를 미처 발견하지 못했을 수도 있다. 마치 탐험가가 손에 놓인 지도 위에 자신이 발견한 강을 새로 그리는 것처럼, 발

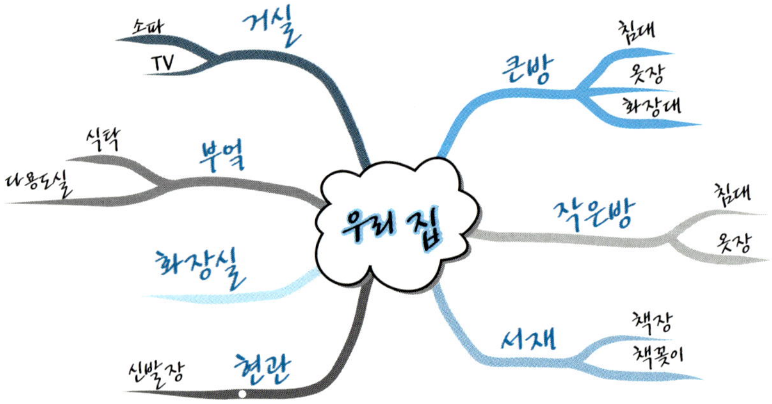

[그림 15] 마인드매핑 프로그램으로 만들어본 우리 집의 구조

표할 아이디어에 살을 덧붙이는 과정을 계속해야 한다.

좀더 전문적인 내용의 프레젠테이션이라고 하면 개념도(concept map)를 사용할 수도 있다. 프레젠테이션에서 다룰 내용을 개념 중심으로 나열하고, 개념과 개념과의 관계를 고려한 후에, 이 개념도를 근거로 요지를 개발할 수도 있다.

찾아보기

개념도 만들기

http://www.coun.uvic.ca/learn/program/hndouts/map_ho.html

위의 사이트를 방문하여 개념도를 만들어보라.

일단 프레젠테이션의 목표가 설정되었으면 이렇게 마인드매핑이나 개념도를 이용하여 요지를 개발해보도록 하자. 그동안 막연하게 느껴지던 것에 대해서도 이제는 무엇인가 할 수 있을 것 같은 자신감이 생길 것이다. 그러나 한 가지 기억해두어야 할 것은, 요지를 개발하기 전에 요지를 개발할 수 있는 최소한의 지식과 자료가 있어야 한다는 것이다.

찾아보기

마인드매핑

http://www.thinkwise.co.kr/product/mindmap.asp

마인드매핑에 대해서 더 알고싶으면 위의 사이트를 참조하라.

요 약

효과적인 프레젠테이션 개발 순서는 다음과 같다. 먼저 프레젠테이션의 목표를 확실히 하고, 본론이 되는 요지(key point)와 세부 내용을 개발하며, 작성된 본론을 기초로 시작하는 말과 요약을 추출하여, 마지막에 서론부와 결론부를 준비한다.

줄거리 구성의 유형에는 여러 가지가 있지만 그 가운데 서론, 본론, 결론으로 구성되는 3단계 구성이 일반적이다. 줄거리 구성 방법에는 아우트라인법이 있다.

프레젠테이션 내용에 대한 구성이 끝나면 다음으로 전달하고자 하는 내용에 대한 주요 메시지, 즉 요지를 선정하고 개발해야 한다. 이러한 요지를 개발할 때 염두에 두어야 할 점은 간단하고 짧고 인상적이며 쉬워야 한다는 것이다.

요지를 개발하기 위한 효과적인 방법으로 마인드매핑, 개념도 등이 있다.

▶▶▶ 주요 용어

아우트라인법 원래는 미술 분야에서 사용하는 기법으로, 형태와 색채를 선명하게 보이도록 하기 위하여 윤곽(outline)을 그리는 기법을 말한다. 프레젠테이션에서 아우트라인법이란 프레젠터와 청중의 이해를 돕기 위하여 뼈대를 중심으로 이야기를 정리하는 기법이다.

요지(key point, main message, central message) 프레젠테이션을 통해 청중에게 전달하려고 하는 핵심적인 메시지(프레젠테이션 내용 가운데 가장 주요한 포인트)를 말한다. 프레젠터가 제시하는 모든 내용은 단순 명쾌한 메시지 위에 차곡차곡 쌓여야 한다.

마인드매핑(mind-mapping) 주요 메시지와 관련된 아이디어를 브레인스토밍(brainstorming)하는 과정이고 아이디어를 도식적으로 일목요연하게 보여주는 것으로, 어떤 아이디어가 관련성 있고 중요한가를 결정하는 데 도움을 준다.

▶▶ 참고 문헌

김의숙, 손주일, 이경수, 《경영·사회과학도를 위한 글쓰기》, (주)북스힐, 2005.

야하타 히로시, 나상억 옮김, 《프리젠테이션 박사》, 21세기북스, 1996.

전영우, 《스피치와 프레젠테이션 : 올바른 화법의 이해》, 민지사, 2005.

최환진, 유종숙, 《프레젠테이션 프로페셔널》, 커뮤니케이션북스, 2005.

한정선, 《프리젠테이션 오! 프리젠테이션》, 김영사, 1999.

후쿠다 타케시, 《프레젠테이션 잘 하는 법》, 바른지식, 2005.

Arredondo, L., *How to Present Like a Pro.*, New York : McGraw-Hill, 1991.

Zelazny, G., 김한영 옮김, 《최고의 비즈니스맨이 되려면 - 프리젠테이션으로 말하라》, 씨앗을 뿌리는 사람, 2001.

제7장 본론 개발

1. 세부 내용의 개발
2. 전이
3. 증거 자료의 수집

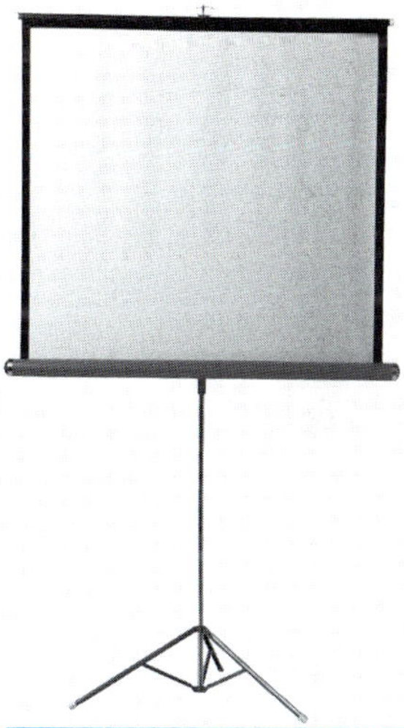

학습 목표

◎ 증거 자료가 되는 세부 내용을 개발할 수 있다
◎ 전이를 개발할 수 있다
◎ 증거 자료를 수집하는 여러 가지 방법을 이해하고 요지를 뒷받침하는 적합한 자료를 수집할 수 있다

개 요

요지를 개발하였다면 이제 그에 맞는 적절한 내용을 개발해야 한다. 내용을 충실하게 만들기 위해서는 이를 뒷받침할 수 있는 증거 자료를 수집해야 한다. 즉, 프레젠테이션의 본론은 핵심인 요지, 요지를 설명하기 위한 세부 내용(증거 자료, support material), 그리고 요지 간에 내용을 자연스럽게 연결해주는 기능을 수행하는 전이(transition, 넘어가는 말)로 구성된다. 이번 장에서는 어떤 증거 자료를 어떻게 수집해야 요지를 뒷받침할 수 있을 것인지에 대해 살펴본다. 아울러 하나의 요지에서 다음 요지로 넘어가는 말인 전이에 대해서 알아보도록 한다.

1. 세부 내용의 개발

일단 요지가 개발되고 요지를 배치하여 줄거리를 구성한 후에는 내용을 개발해야 한다. 세부 내용은 주요 아이디어들에 대한 자세한 논의이므로 구체적으로 개발할수록 좋다. 왜냐하면 그렇게 함으로써 짜임새 있는 발표를 할 수 있고, 단어 하나하나를 낭비하지 않게 될 뿐만 아니라, 시간을 엄수할 수 있는 하나의 잣대를 마련하게 되기 때문이다.

세부 내용을 개발할 때 프레젠터가 자신의 주장을 내세우는 경우라면 이 주장을 입증할 수 있는 과정들이 세부 내용이 되어야 할 것이며, 어떤 대상이나 현상에 대한 정보를 제공하고자 하는 경우라면 이에 대한 보다 상세한 설명이 세부 내용이 되어야 할 것이다.

프레젠테이션의 요지가 정해지면 이 요지들을 보다 자세히 풀어나갈 세부 내용을 개발해야 하는데, 여기서 한 가지 명심해야 할 것은 요지가 확정되기 전에 세부 내용을 개발하지 말아야 한다는 점이다. 왜냐하면 요지가 바뀔 때마다 내용을 다시 개발해야 하므로 시간 낭비가 될 수 있기 때문이다. 따라서 요지가 확정되어 변경되지 않으리라는 확신이 서기 전까지는 세부 내용의 개발을 시작하지 않는 것이 바람직하다.

세부 내용을 개발하는 방법은 요지의 성격에 따라 달라진다. 예를 들어, '군가산점제의 필요성'에 대한 주장을 내세우는 것이라면 프레젠테이션의 세부 내용은 왜 군가산점제가 필요한지에 대한 논리를 입증하기 위한 자료들로 구성해야 할 것이며, '2008년 대학입시제도의 변화'에 대한 것이라면 2008년도 대학 입시와 관련된 주요 정책, 주요 대학의 입시 요강 등에 대한 상세한 내용을 서술하는 것이어야 한다. 그러므로 세부 내용을 개발할 때는 요지가 설득적 성격을 가진 것인지, 단순히 정보 전달의 성격을 가진 것인지 등을 판단해야 한다. 그리고 이에 따라 세부 내용을 개발해야 한다.

가. 설득적 성격의 세부 내용 개발

설득적 성격의 세부 내용을 개발할 때는 프레젠터가 주장하고자 하는 내용을 청중이 수용할 수 있도록 하는 데 초점을 둔다. 세부 내용들이 청중을 설득할 만한 자료를 담고 있지 못할 경우 프레젠테이션은 실패할 수밖에 없을 것이다. 설득적 아이디어의 핵심을 흔히 주장이라고 하고, 이 주장의 당위성을 증명하는 과정을 입증이라고 하며, 주장과 입증을 함께 제시하는 것을 논증이라고 한다(임태섭, 2003). 따라서 설득적 성격의 요지에 대해 세부 내용을 개발하고자 한다면 프레젠터는 그 요지에 합당한 논증을 개발해야 할 것이다.

논증을 구성하는 가장 기본적인 요소는 주장, 근거, 보장이다. 먼저 근거란 프레젠터가 주장하고싶어 하는 내용을 뒷받침하기 위해 제시하는 여러 자료들이라고 할 수 있을 것이다. 여기에서 중요한 것은 근거로 제시한 자료가 주장을 뒷받침하는 데 적절한가 하는 문제인데, 이것이 관건이라고 할 수 있다. 주장과 전혀 관련이 없는 근거를 제시하는 것은 쓸데없는 세부 내용을 개발한 것으로밖에 볼 수 없다. 그러나 명심해야 할 것은 사람마다 가지고 있는 평가의 틀이 다르므로 이에 대한 기준이 필요하다는 점인데, 그 기준이 바로 '보장'이라고 할 수 있다.

논증의 근거를 개발할 때는 다음과 같은 사항을 유념해야 한다. 첫째, 청중이 신뢰할 수 있는 정보원으로부터 자료를 구하는 것이다. 정보원으로서 공신력 있는 기관이나 그 분야의 전문가 등은 청중들에게 신뢰감을 줄 수 있을 것이다. 둘째, 증거를 제시할 때는 정보원을 제시해야 한다. 이는 첫번째 유의 사항과 연결되는 부분으로, 근거로 활용된 자료가 누구로부터 나왔는지를 밝힘으로써 정보 조작에 대한 청중의 의심을 떨쳐버리고 신뢰를 형성할 수 있을 것이다. 셋째, 활용된 예나 통계는 대표성을 지녀야 하며, 최근의 자료일수록 좋다. 예를 들어, 서울 지역의 고등학교 학생들의 특성을 가지고 한국 고등학생의 특성이라고 말하는 것은 대표성을 지녔다고 볼 수 없을 것이다. 프레젠테이션에서 주장하고자 하는 바를 정확하게 나타내주는 집단의 예나 통계를 사용함으로써 내용뿐만 아니라 프레젠터의 신뢰성을 획득할 수 있는 것이다. 마지막으로 청중의 경험을 이용하는 것이다. 근거를 제시하는 데 사용된 예와 비슷한 경험을 가진 청중을 언급함으로써 사용된 예의 효과를 극대화할 수 있을 것이다.

효과적인 설득적 프레젠테이션의 내용을 개발하기 위해서는 세부 내용에 맞는 적절한 방법을 사용해야 한다. 일반적으로 많이 사용되는 것으로는 원칙에 의한 방법, 일반화에 의한 방법, 인과관계에 의한 방법, 징후에 의한 방법, 유추에 의한 방법, 권위에 의한 방법 등이 있다(임태섭, 2003). 그러면 이들 방법을 좀더 구체적으로 살펴보자.

1) 원칙에 의한 방법

원칙이란 여러 현상이나 사물에 공통적으로 적용되는 법칙이라 할 수 있는데, 이를 설득적 성격의 세부 내용 개발에 활용할 수 있다. 원칙에 의한 방법으로 대표적인 예는 연역법(삼단논법)이다. 연역법은 일반 진술 하나와 특수 진술 하나를 증거로 하여 또 다른 특수 진술 하나가 진리라는 것을 긍정하거나 부정하는 것이다. 증거가 되는 일반 진술 하나를 '대전제', 또 다른 증거가 되는 특수 진술 하나를 '소전제', 증명된 진리를 '연역적 결론'이라고 한다.

여기에서 중요한 것은 대전제로 사용되는 원칙이 청중들이 동의할 수 있는 것이어야 한다는 점이다. 청중들이 받아들일 수 없는 것이거나 근거가 없고 황당한 것은 원칙에 의한 세부 내용 개발에 사용하기에는 부적절하다. 따라서 정확한 근거 자료 등을 활용하여 청중들의 동의를 확보할 수 있도록 해야 한다.

2) 일반화에 의한 방법

일반화에 의한 방법은 원칙에 의한 방법과는 달리 구체적·개별적 사실들을 논거로 하여 일반적 원리를 이끌어내는 방법으로, 귀납법이 대표적인 예라 할 수 있다. 일반화에 의한 방법의 가장 주요한 특징은 관찰된 사실로부터 관찰되지 않은 사실을 이끌어낼 수 있다는 점이다. 그러나 이러한 방법은 부분적 관찰에서 결론을 끄집어낸 것이므로 이 결론이 절대적 진리가 아닐 수도 있다는, 즉 성급한 일반화의 오류에 빠질 수도 있다는 점을 명심해야 한다.

3) 인과관계에 의한 방법

두 대상이 있을 때 그중 하나가 다른 하나의 원인이 되면 그 둘 사이에 인과관계가 있다고 한다. 인과관계에 의한 방법은 프레젠터가 주장하고 있는 것을 인과관계에 의해 풀어나감으로써 설득의 근거로 삼는 방법이라 할 수 있다. 인과관계에 의한 방법을 사용하고자 할 때는, 첫째 원인은 결과보다 시간적으로 앞서야 하고(시간적 선후관계), 둘째 원인과 결과는 함께 변화해야 하며(공동 변화와 연관성), 마지막으로 결과는 원인에 의해서 설명되어야 하며 다른 원인에 의한 설명 가능성은 배제되어야 한다(비허위적 관계). 이때 프레젠터가 주의해야 할 것은 과학적인 근거가 있는 확실한 인과관계를 확보해야 한다는 것이다. 예를 들어, '황새와 신생아의 관계'는 인과관계를 잘못 적용한 예라 할 수 있다.

4) 징후에 의한 방법

이 방법은 인과관계에 의한 방법과 혼동할 수 있는데, 징후에 의한 방법은 두 대상 간에 뚜렷한 원인과 결과의 관계가 존재하는 것이 아니라 연관성이 존재하는 경우를 말한다. 위에서 언급한 '황새와 신생아의 관계'는 징후에 의한, 즉 상관관계에 의한 방법이라 할 수 있다. 유럽에 산업혁명이 일어나 도시화가 막 진행되고 있을 때, 황새가 늘어나면서 집집마다 새로 태어나는 아기들의 숫자도 따라 늘어난 일이 있었다. 표면적으로는 황새의 증가가 신생아 증가의 원인으로 보일 수도 있지만, 실질적으로는 황새도 아기도 도시화에 따라 늘어났을 뿐이다. 둘 사이에는 직접적인 인과관계가 있는 것이 아니라 도시화에 따른 상호 관련성만이 존재한다고 할 수 있다. 이 방법은 적절한 근거 자료를 사용함으로써 설득력을 높일 수 있다.

5) 유추에 의한 방법

유추는 유비추론의 줄임말로, 두 대상 사이에 몇 가지 유사성이 있을 때, 그 유사성을 근거로 두 대상의 다른 속성들마저 서로 유사할 것이라고 추론하는 방법을 가리킨다. 즉, 두 개의 사물이 여러 면에서 비슷하다는 것을 근거로 다른 속성도 유사할 것이라고 추론하는 방법이다. 유추에 의한 방법을 사용할 때는 유추가 가지는 한계나 함정을 피할 수 있도록 다음과 같은 절차에 따라 진행하는 것이 좋다.

첫째, 유추 사례를 인식하고 그것의 목적을 확인하라.
둘째, 원천을 이해하라.
셋째, 유사성을 평가하라.
넷째, 해석하고, 결정하고, 적응하라.

6) 권위에 의한 방법

권위에 의한 방법은 프레젠터가 제시하고 있는 주장을 뒷받침하기 위해 사용된 자료의 공신력이나 권위를 이용하는 방법이다. 우리가 일상생활에서 자주 듣는 말 가운데 "정부 고위 관계자에 따르면……", "컴퓨터 반도체 분야의 세계적 권위자인 누구의 말을 인용하면……" 등등은 모두 권위를 이용한 방법이라 할 수 있다.

나. 설명적 성격의 세부 내용 개발

프레젠터가 전하고자 하는 요지가 어떤 대상이나 사물 또는 현상 등에 대한 객관적인 사실이어서 이를 청중에게 설명하고자 할 경우, 설득적 성격의 세부 내용 개발에서와 같이 상황에 맞는 방법을 활용하여 효과적으로 전달해야 한다. 설명적 성격의 세부 내용 개발은 프레젠터 자신의 주요 요지를 보다 명확하게 하는 것은 물론, 청중의 이해를 돕기 위해 이루어져야 한다. 설명적 성격의 세부 내용을 개발할 때는 다양한 방법들이 쓰일 수 있는데, 프레젠테이션에서 활용할 수 있는 방법으로는 분석, 묘사, 정의, 부연 설명, 비교와 대조, 분류 등이 있다.

1) 분석

분석은 얽혀 있거나 복잡한 것을 풀어서 개별적인 요소나 성질로 나누거나, 개념이나 문장을 보다 단순한 개념이나 문장으로 나누어 그 의미를 명료하게 함을 의미한다. 설명적 성격의 세부 내용을 개발하고자 분석을 사용할 때는 프레젠터가 전하고자 하는 요지가 여러 개의 구성요소로 이루어져 있어야 한다. 또한 분석은 외형적 현상보다는 그 현상에 깔려 있는 원인과 결과, 배경 등을 제시하고자 할 때 유용하다.

분석의 유형은 크게 세 가지로 구분할 수 있는데, 첫째 기능적 분석은 프레젠터가 전달하고자 하는 대상의 각 구성요소가 어떻게 작동하는가에 초점을 맞추어 전개하는 방식이고, 둘째 연대기적 분석은 요지를 시간의 흐름에 따라 전개해나가는 방법이며, 마지막으로 인과적 분석은 프레젠터가 전달하고자 하는 내용을 원인과 결과에 따라 전개하는 방식이라 할 수 있다.

2) 묘사

묘사란 자연 현상이나 사물 등을 주관적으로 그려내는 방식이라 할 수 있다. 즉, 전달하고자 하는 대상이나 사물의 특징을 일반화 혹은 유형화하여 설명하는 것이 아니라, 프레젠터의 주관적 입장에서 구체적인 모습을 그리는 것이다. 묘사는 프레젠터의 주관성을 어느 정도 포함하고 있으므로 청중들에게 감성적으로 어필할 수 있다는 점에서 유리함을 지니고 있으나, 그 정도가 지나치면 오히려 청중들의 반감을 불러일으킬 수 있다. 따라서 묘사의 방법을 사용할 때는 지나치게 프레젠터의 주관을 표출하지 않는 것이 중요하다.

3) 정의

정의는 어떤 말이나 사물의 뜻을 명백히 밝혀 규정하는 것을 의미한다. 요지와 관련된 낱말이나 어구에 대해 개념을 분명히 하지 않고서는 진행이 어려울 경우, 혹은 익숙한 말이라도 프레젠터 자신의 독특한 개념을 가지고 있을 경우에 프레젠터는 정의를 사용하고자 한다.

정의를 내리는 방법으로는 여러 가지가 있는데, 첫째 사전적 정의를 통해 주어진 개념의 근본 속성을 언어로 설명하는 방법, 둘째 한 개념의 하위 개념을 열거함으로써 정의하는 방법, 셋째 한 개념을 유사한 개념과 비교하거나 대조하는 방법, 마지막으로 개념을 잘 나타내는 예를 통해 정의하는 방법이 있다(임태섭, 2003).

이러한 정의의 기법은 청중들에게 의미를 명쾌하게 전달할 수 있다는 장점을 지니고 있으나, 이를 지나치게 많이 사용하면 프레젠테이션이 너무 딱딱해져 청중들에게 지루함을 줄 수 있음을 기억해야 한다.

4) 비교와 대조

비교는 둘 이상의 사물을 견주어 서로간의 유사점, 차이점, 일반 법칙 따위를 고찰하는 일을 말하며, 대조는 둘 이상의 대상의 내용을 맞대어 같고 다름을 검토하는 것을 말한다. 다시 말해서, 비교는 둘 이상의 사물의 공통점을 근거로 하여 이들을 견주어 설명하는 방법이라 할 수 있으며, 대조는 둘 이상의 사물의 차이점을 토대로 하여 서로간에 어떤 차이가 있는지를 밝히는 설명 방법이라 할 수 있다.

프레젠터가 비교와 대조를 활용하여 설명적 성격의 세부 내용을 개발하고자 할 때는 다음과 같은 절차에 따라 진행하는 것이 좋다. 첫째, 비교와 대조의 기준을 설정해야 한다. 즉, 설명하고자 하는 대상들 사이의 구성, 기능, 특성, 종류 등의 기준에 근거하여 내용을 제시해야 한다는 말이다. 그렇지 않을 경우 설명하고자 하는 대상들이 명확하게 드러나지 않을 뿐만 아니라, 오히려 청중들을 혼란스럽게 만들 수 있기 때문이다. 둘째, 설정된 기준에 따라 프레젠터가 드러내 보이고자 하는 사물들의 속성을 제시해야 한다. 마지막으로, 속성을 제시할 때는 이들 사이의 유사점과 차이점을 중심으로 설명해야 한다.

5) 분류

분류는 대상을 종류에 따라서 나누는 것을 말한다. 우리가 쉽게 접할 수 있는 예는 도서관의 책 분류일 것이다. 이는 십진분류법에 따라 책을 나눈 것인데, 책에 부여된 고유번호를 확인함으로써 그 책이 어느 분야에 속하는지 쉽게 파악할 수 있다. 이처럼 분류의 방법은 실제 우리의 주변에서 쉽게 발견할 수 있다.

프레젠터가 전달하고자 하는 내용을 분류하고자 할 때는 분류가 목적이 아니라 프레젠테이션의 내용을 효과적으로 전달하기 위해서이다. 따라서 이를 사용하고자 할 때는 출처를 명확하게 밝힐 수 있어야 하고, 출처에서 발견한 것을 설명할 수 있어야 한다.

2. 전이

전이(transition)는 하나의 요지가 끝나갈 때 소개된 요지를 정리해줌과 동시에 다음에 소개될 요지로 자연스럽게 안내해주는 역할을 한다. 즉, 프레젠테이션에서 전이는 층계참과 같다(한정선, 1999). 층계참은 층계의 중간에 있는 좀 넓은 곳으로, 높은 층을 올라갈 때 잠깐의 여유를 가지고 쉬게 해주는 기능을 한다.

보통 프레젠테이션의 요지는 여러 개로 구성되어 있다. 여러 개의 요지로 구성된 경우, 청중의 입장에서는 전달된 내용이 어디부터 어디까지가 하나의 내용을 다루고 있는지, 어디에서부터 새롭게 시작하는 요지인지를 파악하기란 요원한 경우가 많다. 따라서 프레젠테이션의 내용을 구성할 때는, 엘리베이터에서 현재 몇 층에 있는지 안내해주는 것과 같이, 프레젠테이션의 요지가 변할 때 이를 안내해줄 수 있는 기능이 들어가야 한다.

프레젠테이션에서의 전이는 다음과 같은 두 가지 기능을 수행한다. 첫 번째는 프레젠테이션에서 새로운 요지로 이동하고 있음을 알려주는 기능이다. 두번째는 새로운 요지에 대하여 청중의 관심을 유도하는 기능이다. 이처럼 전이를 적절하게 사용함으로써 요지와 요지 사이의 자연스러운 연결이 가능하며, 새로운 요지에 대하여 청중의 관심을 유도함으로써 청중의 참여도를 높일 수 있을 것이다.

이러한 기능을 수행하는 전이를 개발할 때는 가능한 한 간략하게 구성하는 것이 좋다. 전이가 길어지면 청중의 입장에서 새로운 요지나 내용으로 생각할 수 있으므로, 앞뒤의 요지를 매끄럽게 연결해줄 수 있는 간결한 내용이나 문장으로 작성해야 한다. 이와 관련하여 몇 가지 예를 들면 다음과 같다.

> "지금까지 우리는 학원 폭력의 사례를 살펴보았습니다. 이러한 사례를 염두에 두고, 왜 이러한 일이 일어나는지 그 원인을 규명해보기로 합시다."
> "지금까지 저는 우리가 왜 이 작업을 추진해야 하는지 그 첫번째 이유를 말했습니다. 그러나 또 다른 이유가 있습니다. 그것이 바로……"
>
> 자료 : 한정선, 《프리젠테이션 오! 프리젠테이션》, 1999, 133쪽.

3. 증거 자료의 수집

가. 자료 수집 방법

프레젠테이션에 필요한 자료를 수집하는 방법은 매우 다양하다. 자신이 경험했던 것들에 대한 공유, 인터넷을 통한 자료의 검색, 도서관의 자료, 인터뷰 혹은 설문지 등을 통해 프레젠터가 전달하고자 하는 내용에 필요한 자료를 수집한다. 이처럼 다양한 방법을 통해 자료를 수집할 수 있는데, 프레젠터는 자신의 프레젠테이션 내용에 맞게 적절한 자료 수집 방법을 선택하여 활용해야 한다.

1) 개인 경험의 기술

자료를 수집할 때 첫번째로 고려할 사항은 프레젠터가 경험했던 것들 가운데 프레젠테이션의 내용과 관련된 것들이 있는지를 찾아보는 것이다. 예를 들어, 출퇴근 혹은 등하교 시 대중교통 이용의 어려움에 대한 내용을 전달하고자 할 때 자신이 실제로 경험했던 사건을 전달함으로써 청중들의 관심을 유도할 수 있다. 이처럼 프레젠테이션의 내용과 관련된 프레젠터의 직접적인 경험 사례는 매우 훌륭한 자료이다. 자신의 경험을 자료로 활용할 때는 다음과 같은 사항을 고려해야 한다.

첫째, 프레젠테이션의 요지와 관련된 어떤 경험을 하였는가?
둘째, 프레젠테이션 속에 어떻게 자신의 경험을 포함할 것인가?
셋째, 어떻게 청중들에게 신뢰성을 확보할 것인가?

2) 인터뷰

프레젠테이션을 위해 자료를 모으는 방법으로 인터뷰를 활용할 수 있다. 프레젠터가 자신의 경험을 활용할 수 없는 경우, 프레젠테이션의 주제와 관련하여 인터뷰를 통해 전문가들로부터 획득한 정보는 매우 유용하다. 그러나 정보에도 질이 있듯이 전문가들도 프레젠테이션 주제와 관련하여 차이가 존재한다. 따라서 프레젠터가 인터뷰 대상자를 고를 때는 신중을 기해야 한다. 프레젠테이션의 주제와 관련하여 뛰어난 전문가를 구하기가 어려운 만큼, 이들을 통해 획득한 정보는 청중에게 더 많은 만족감을 줄 수 있기 때문이다.

인터뷰는 면대면, 전화, 또는 이메일을 활용하여 수행할 수 있다. 일반적으로 면대면 인터뷰가 선호되지만 때에 따라서는, 예를 들어 전문가가 면대면 인터뷰에 할애할 시간이 부족한 경우나 또는 지방이나 해외로 출장을 간 경우 등에는 인터넷이나 전화를 활용하는 것도 실용적이다. 인터뷰를 성공적으로 수행하기 위해서는 다음과 같은 사항을 준수해서 진행하는 것이 바람직하다.

따라해보기

성공적인 인터뷰를 위한 가이드라인

- 인터뷰 전
  - 예비 조사를 하라.
  - 인터뷰의 세부 목적을 결정하라.
  - 적절한 전문가를 선정하라.
  - 질문 목록을 작성하라.
  - 전문가와 인터뷰 일정을 결정하라.

- 인터뷰 중
  - 전문가처럼 준비를 하라.
  - 5~10분 먼저 도착하라.
  - 인터뷰의 목적과 자기 자신을 소개하라.
  - 사전에 계획한 절차에 따라 인터뷰를 진행하라.
  - 주의 깊게 경청하며, 기록하라.
  - 정해진 시간 안에 인터뷰를 끝내라.
  - 시간을 할애해준 것에 대해 전문가에게 감사하라.

- 인터뷰 후
  - 당신이 기록한 것을 리뷰하라.
  - 전문가에게 감사의 글을 보내라.

3) 서베이

서베이는 많은 사람들로부터 자료를 모을 수 있는 좋은 방법이다. 일반적으로 질문지를 활용하는 서베이는 사람들이 지니고 있는 태도, 가치, 믿음 등을 발견하는 데 효과적인 방법이라 할 수 있으며, 서베이에는 면접 조사, 전화 조사, 우편 조사, 온라인 조사 등이 있다.

가) 면접 조사

여기에서 면접 조사란 협의의 뜻으로, 조사자가 응답자를 직접 만나 조사하게 되는 개별 면접 조사(personal interview) 또는 면대면 조사(face-to-face interview)를 의미한다. 면접 조사가 가지고 있는 장점으로는 ① 응답률이 높다, ② 융통성이 있다, ③ 복잡한 설문지를 사용할 수 있다, ④ 조사 대상 범위가 넓다, ⑤ 답변의 진위를 어느 정도 파악할 수 있다, ⑥ 면접보다 관찰을 통하여 더 확실한 자료를 얻을 수 있다는 점을 들 수 있으며, 단점으로는 ① 조사 비용과 시간이 많이 소요된다, ② 익명성이 낮다, ③ 조사자의 개입이 쉬워 영향을 받기 쉽다, ④ 응답자에게 접근이 곤란하거나 불가능한 경우가 있다는 점을 들 수 있다.

면접 조사를 실시할 경우에는 조사자를 신중하게 선정해야 하고, 선정된 조사자는 응답자와 인간적이고 친근한 느낌을 형성할 수 있도록 노력해야 하며, 추가 질문을 통해 답변을 다시 확인하여 정확한 답을 알아내는 것이 중요하다.

나) 전화 조사

전화 조사는 선거 여론 조사나 시장 조사 등과 같이 신속을 요하는 조사에서 많이 사용하는 방법이라 할 수 있다. 최근에는 컴퓨터를 이용한 전화 면접 방법이 많이 이용되고 있다. 전화 조사가 가지는 장점으로는 ① 자료 수집이 신속하다, ② 비용이 적게 든다, ③ 접근이 용이하다, ④ 표본 추출이 쉽다, ⑤ 익명성이 높다, ⑥ 공간의 제약을 덜 받는다, ⑦ 조사자의 감독이 용이하다는 점 등이 있으며, 단점으로는 ① 표본의 대표성 문제가 있을 수 있다, ② 질문 문항의 수와 길이에 제약이 있다, ③ 비언어적인 방법을 활용할 수 없다, ④ 응답자를 확인할 수 없다, ⑤ 응답자는 언제든지 면접을 중단할 수 있다는 점 등을 들 수 있다.

다) 우편 조사

우편 조사는 설문지를 응답자에게 우편으로 보내고 내용 기입 후 다시 우편으로 반송하게 하여 자료를 수집하는 방법으로, 일반적으로 우편 조사법이라고 하면 배부와 회수 모두 우편을 이용하는 것이라 할 수 있다. 이러한 우편 조사법이 가지고 있는 장점으로는 ① 조사 비용이 절감된다, ② 조사 기간이 절약된다, ③ 응답자가 시간적인 제약을 받지 않는다, ④ 익명성이 높다, ⑤ 표준화된 용어를 사용해야 한다, ⑥ 조사자의 편향을 배제할 수 있다, ⑦ 정보의 안전성이 있다, ⑧ 접근이 용이하다, ⑨ 광범위한 지역을 조사할 수 있다는 점 등을 들 수 있으며, 단점으로는 ① 융통성이 부족하다, ② 응답률이 낮다, ③ 주위 환경을 통제하기 어렵다(대리 응답 등), ④ 사회적으로 민감한 질문 항목에는 무응답이 많다, ⑤ 반송 이유를 확인하기 어렵다, ⑥ 복잡한 질문지 사용이 어렵다는 점 등이 있다.

이러한 우편 조사를 실시할 경우에는 응답률을 높이는 것이 우선적인 과제이다. 응답률을 높이기 위해서는 ① 설문지 구성과 디자인, ② 응답 및 반송의 용이성, ③ 인센티브의 제공, ④ 독촉장과 독촉 전화, ⑤ 설문지의 발송 시기, ⑥ 우편물의 종류 등을 고려하거나 활용할 수 있다.

라) 온라인 조사

온라인 조사는 컴퓨터 통신망상에서 이루어지는 여러 형태의 사회 조사를 일컫는 말로, 최근 인터넷 사용자의 급격한 증가는 사이버 공간에서의 조사를 크게 활성화시키고 있다. 기존의 면접 조사, 전화 조사, 우편 조사 등의 전통적 조사 방법에 비해 짧은 시일 내에 비교적 저렴한 비용으로 실시할 수 있다는 점에서 유용하다고 할 수 있다.

온라인 조사는 여러 가지 형태로 이루어지는데, 대표적으로 전자우편 조사, 웹 조사, 다운로드 조사 등의 세 가지 형태가 있다. 먼저 전자우편 조사는 전자우편 주소를 가지고 있는 사람이라면 누구나 참여할 수 있는 방법으로, 응답자가 별도의 프로그램을 설치하지 않아도 실시할 수 있다. 웹 조사는 다소 복잡한 형태의 조사로, 질문지를 디자인하고 구성하는 데 많은 시간이 소요된다. 마지막으로 다운로드조사는 응답자가 웹사이트에서 직접 작성하는 것이 아니라 질문지를 실행 가능한 파일에 넣고 응답자의 컴퓨터에 다운로드하여 설치 후 진행하는 것으로, 많은 시간과 비용이 드는 단점이 있다.

4) 문헌 조사

프레젠테이션을 위한 자료를 수집하는 방법으로 쉽게 할 수 있는 방법은 문헌을 조사하는 방법이다. 문헌 자료는 우리의 주변에서 쉽게 구할 수 있는 자료에서부터 전문적인 지식이나 비용을 지불해야 하는 자료까지 범위가 매우 넓으며, 책, 신문, 잡지, 정부 보고서, 학술 저널, 지도, 이미지, 사진, 동영상 등 종류도 매우 다양하다. 이렇게 방대한 정보의 바다에서 프레젠테이션에 맞는 자료를 찾는 것은 프레젠터 자신의 몫이라 할 수 있다. 특히 정보기술의 발달로 인해 다양한 자료를 인터넷으로 얻을 수 있다는 점에서, 자신에게 맞는 정보를 찾는 것은 매우 중요하다.

찾아보기

인터넷 검색 엔진의 효과적 사용 방법

http://www.searchenginewatch.com

위 사이트는 인터넷 검색 엔진의 효과적 사용에 대한 가이드라인을 제공하고 있다.

나. 자료의 효과적 사용법

요지를 뒷받침하기 위해 자료를 수집하였다면, 모은 자료를 프레젠테이션에 맞게 효과적으로 사용할 수 있도록 구성해야 한다. 즉, 수집한 자료를 어떻게 논리적으로 구성할 것인지, 그리고 청중에게 어떻게 설득력 있게 전달할 수 있는지 고려해야 한다. 이와 관련하여 Kops(2004)는 자료를 효과적으로 사용하기 위한 방법으로 다음과 같은 사항을 제시하였다.

1) 증거 자료의 중요성을 이해하라

만약 프레젠테이션이 주요 요지로만 구성되어 있다면 프레젠테이션은 매우 짧은 시간 안에 끝날 것이다. 물론 프레젠테이션을 간결하게 구성하는 것이 좋을지 몰라도 주요 요지를 뒷받침할 수 있는 자료들이 충분히 마련되어야 한다. 설득적 성격의 세부 내용을 개발할 때 언급했던 바와 같이 증거가 되는 자료가 없다면 그것은 단시 프레젠터의 의견일 뿐이지 청중을 설득시키기는 불가능할 것이다. 프레젠터가 요지를 자신의 의도대로 청중에게 전달하기 위해서는 다음과 같은 사항을 반드시 유념해야 하는데, 증거 자료가 필요한 이유도 바로 여기에 있다(Kops, 2004).

첫째, 주요 메시지에 입각하여 체계적인 골격을 세워라.
둘째, 논리적으로 당신의 견해를 뒷받침하라.
셋째, 주제에 대해 충분히 검토했다는 것을 입증하라.
넷째, 발표하는 자료에 대해 권위를 가지고 전문적 식견을 제시하라.

이처럼 증거 자료는 프레젠테이션에서 프레젠터가 전달하고자 하는 주요 내용을 타당하게 만드는 데 꼭 필요하다는 것을 항상 염두에 두고 증거 자료를 찾기 위해서 노력해야 한다.

2) 마인드맵을 그려보라

요지 개발 방법에서 제시하였던 바와 같이 마인드매핑에 따라 증거 자료를 모으는 것도 좋은 방법이다. 인간의 기억력은 무한대가 아니므로 자신의 주요 요지를 뒷받침하기 위해 필요한 자료가 무엇이 있는지 마인드맵을 활용하여 빠짐없이 그려 넣어야 한다.

마인드맵을 통해 기록된 모든 항목들을 살펴봄으로써 요지와 관련하여 관련이 있을 것으로 생각되는 내용을 추려낼 수 있을 것이며, 또한 다른 요지와 관련이 있다면 그 영역의 증거 자료로 활용할 수 있을 것이다. 이런 과정을 통해 서로 연관성이 있는 자료를 함께 묶고 정리하기가 쉬울 것이다. 마인드맵을 활용하는 절차는 요지 개발에 제시되어 있으므로 그 내용을 참조하면 된다.

3) 뒷받침할 아이디어 세 개를 추려내라

프레젠테이션이 끝난 후 청중이 보유하고 있는 정보의 양을 살펴본 결과, 단지 5퍼센트의 정보만을 기억하고 있었다고 한다(Kops, 2004). 즉, 프레젠테이션에서 청중이 기억하는 정보의 양은 제한되어 있다는 것이다.

일반적으로 발표를 하는 사람은 청중들이 자신이 전하는 모든 정보를 알기를 원할 것이다. 이를 위한 하나의 방법으로 발표하기 전에 청중에게 미리 자료를 나누어주기도 한다. 미리 자료를 나누어줌으로써 청중이 필요할 때마다 자료를 볼 것이라 기대한다. 그러나 현실적으로 청중이 자료를 다시 보는 경우는 드물 것이다. 따라서 프레젠터가 청중에게 효과적으로 내용을 전달하고자 할 때는 프레젠테이션에서 핵심이 되는 것을 추려내어 청중이 기억할 수 있도록 계획해야 할 것이다.

4) 아이디어를 창의적으로 표현하라

'백문이 불여일견'이라는 말도 있듯이, 청중들에게 프레젠테이션의 내용을 전달하고자 할 때는 단순히 추상적인 글의 내용을 전달하는 것보다는 다양한 기법을 활용하여 청중에게 전달할 수 있어야 한다. 예를 들어, 우리나라의 출산율이 떨어지고 있다고 내용을 전하기보다는 출산율의 변화를 나타내는 그래프를 각 나라와 비교하여 보여줄 때 보다 효과적으로 청중에게 다가갈 것이다.

프레젠터로서 설득적 성격의 세부 내용 또는 설명적 성격의 세부 내용을 개발하고자 할 때는 청중들의 흥미를 유발할 수 있게끔 각 요지를 표현할 수 있어야 한다. 창의적으로 내용을 표현하는 방법으로는 유추, 통계적 데이터의 활용, 권위 있는 전문가의 견해 인용, 사례 제시 등이 있다.

5) 정보 수집 과정을 계획하라

사람들이 장거리 여행을 가고자 할 때는 출발하기에 앞서 여러 가지 계획을 세운다. 여행의 목적지, 일정, 비용, 이동 방법 등 세부적인 사항들에 대해 미리 계획하고 준비를 한다. 준비를 제대로 하지 않은 여행은 도중에 여러 가지 문제에 부딪히게 된다.

프레젠테이션의 정보 수집 과정도 이와 유사하다. 프레젠테이션에 필요한 자료를 수집하면서 미리 계획을 세우지 않으면 일정이 틀어지게 될 수 있으며, 이는 결국 프레젠테이션 발표에도 영향을 주게 된다. 프레젠테이션의 자료를 준비할 때는 자료 수집 방법, 자료의 유형, 소요되는 시간, 비용, 자료의 정리 방법 등에 대해 미리 계획을 세워야 한다.

6) 포함시킬 증거에 기준을 적용하라

앞에서 언급한 바와 같이, 프레젠테이션을 위한 자료를 준비할 때는 관련된 많은 자료를 준비하게 된다. 그렇다면 이렇게 많이 준비된 자료들 가운데 어떤 기준에 의해 프레젠테이션에 필요한 자료를 선택할 것인지 결정해야 할 것이다. 이와 관련하여 Sellnow(2005)는 다섯 가지 기준을 제시하였다.

첫째, 관련성이다. 여기서 관련성이란 프레젠테이션의 요지와 직접적으로 관련이 있는 정보를 의미한다. 프레젠터로서 프레젠테이션을 위한 자료를 준비할 때 흥미로운 많은 정보를 수집하게 되는데, 이 모든 정보들이 프레젠테이션의 내용에 적절한지는 검증할 필요가 있다. 만약 프레젠터가 관련 없는 정보를 청중에게 제시할 경우, 이는 청중에게 전달하고자 하는 초점을 흐리게 해 혼동을 줄 가능성이 짙다. 따라서 프레젠테이션의 자료를 작성할 때는 수집된 자료들 중 관련성이 있는 것만을 포함해야 한다.

둘째, 신뢰성이다. 프레젠테이션에 포함된 정보는 믿을 수 있고 신뢰할 수 있어야만 한다. 신뢰할 수 없는 정보는 청중에게 거짓된 내용을 전달하는 것이라 할 수 있다. 신뢰성을 확보하기 위해서는 믿을 수 있는 통계적 정보를 활용한다든지, 해당 분야 전문가의 말을 인용한다든지, 정부 기관의 발표를 활용한다든지 하는 등의 방법을 사용할 수 있을 것이다.

셋째, 현재성이다. 현재 우리가 살고 있는 세상은 하루가 다르게 변하며, 이에 따라 정보도 시시각각 변하게 마련이다. 따라서 프레젠테이션에 포함될 정보도 시대에 뒤떨어진 정보가 아니라 그 요지에 맞는 현재의 정보를 활용해야 한다. 이렇게 함으로써 청중에게 보다 효과적으로 호소할 수 있을 것이다.

넷째, 충실성이다. 프레젠테이션은 시간이 무제한으로 제공되는 것이 아니라 한정된 시간 내에 발표하는 것이다. 프레젠터는 이처럼 정해진 시간 내에 자신이 제시하고자 하는 주장들에 대해 충분한 해답을 제공해야 한다. 그렇지 않은 경우 시간을 투자하여 해답을 찾을 때까지 자료를 더 조사해야 할 것이다.

다섯째, 다양성이다. 프레젠테이션에서 활용될 수 있는 자료의 종류는 인터뷰, 신문과 잡지, 학술 저널, 도서, 인터넷 자료 등 매우 다양하다. 이러한 자료들은 각각 장단점을 지니고 있으므로, 이것들을 적절하게 혼합하여 사용할 필요가 있다.

7) 사전 개요 자료를 만들어라

어느 정도 규모가 있는 집을 지을 때 설계도도 없이 목수의 머릿속에 들어 있는 개략적인 구상만으로 공사를 진행한다면 대단히 무모한 일이 될 것이다. 프레젠테이션도 이와 마찬가지이다. 프레젠테이션의 내용에 대한 전체적인 구상도 없이 써내려가다가는 처음 의도했던 생각으로부터 어긋나기 십상이다. 구상을 하는 과정에서 구상의 내용을 도식화하여 메모로 만드는데, 이 메모를 개요(槪要)라고 한다.

프레젠테이션에서 개요를 치밀하게 작성해놓으면 다음과 같은 이점이 있다.

첫째, 프레젠테이션의 내용을 작성하는 과정에서 발생하기 쉬운, 예를 들어 내용이 다른 방향으로 빗나간다든지, 엉뚱한 이야기가 끼어든다든지, 중요한 내용을 빠뜨린다든지, 중복된 내용이 제시된다든지 하는 잘못을 미리 막을 수 있다. 개요가 일종의 설계도 역할을 해주기 때문이다.

둘째, 머릿속에서 짜인 구성이 잘 되었는지를 점검할 수 있다. 주제문의 의도가 충분히 반영되었는지, 항목 간의 균형은 맞았는지 등을 확인할 수 있다. 구성의 잘잘못 여부를 쉽게 알아볼 수 있기 때문에 고치는 것 또한 용이하게 할 수 있다.

이러한 개요를 작성할 때는 다음과 같은 절차로 진행하는 것이 좋다 (Kops, 2004).

첫째, 각각의 요점을 써라.

둘째, 각 요점 아래에 당신이 미리 수집한, 뒷받침할 자료들의 목록을 작성해보라.

셋째, 앞에서 말한 다섯 가지 기준에 근거해서 자료를 평가하라.

넷째, 당신의 주장을 뒷받침하는 데 어떤 취약점이 있는지 또는 더 많은 자료가 필요한지를 판단하라.

따라해보기

증거 자료를 통합하기 위한 지침

- 요지를 위한 증거를 정렬하라
- 요지와 직접적으로 연관되지 않는 증거들은 모두 버려라.
- 적어도 두 개 이상의 증거를 갖지 못하는 요지를 위하여 추가적인 증거를 수집하라
- 필요하다면 요지를 분할하라.
- 증거가 느낌, 관찰, 사고, 행동을 설명하는지 증거에 이름표를 달아라.
- 청중에게 타당성을 제공할 수 있는 각 증거에 이름표를 달아라.
- 요지의 타당성이 부족하다면 추가적인 증거를 수집하라.

요 약

증거 자료가 되는 세부 내용의 개발은 설득적 성격의 세부 내용 개발과 설명적 성격의 세부 내용 개발로 나눌 수 있다. 설득적 성격의 세부 내용 개발에는 원칙에 의한 방법, 일반화에 의한 방법, 인과관계에 의한 방법, 징후에 의한 방법, 유추에 의한 방법, 권위에 의한 방법을 활용할 수 있고, 설명적 성격의 세부 내용 개발에는 분석, 묘사, 정의, 비교와 대조, 분류 등의 방법을 활용할 수 있다.

전이는 요지와 요지 사이에서 층계참 역할을 한다. 전이는 대개 간략한 한두 문장으로 서술되기도 하며, 새로운 요지에 대한 관심을 유발할 수 있는 문장으로 이어지기도 한다.

프레젠테이션에 필요한 증거 자료는 개인 경험의 기술, 인터뷰, 서베이(면접 조사, 전화 조사, 우편 조사, 온라인 조사), 문헌 조사 등을 통하여 수집할 수 있다.

요지를 뒷받침하기 위해 수집된 증거 자료를 효과적으로 사용하기 위해서는 ① 증거 자료의 중요성 이해하기, ② 마인드맵 그리기, ③ 뒷받침할 세 개의 아이디어 추려내기, ④ 아이디어를 창의적으로 표현하기, ⑤ 정보 수집 과정을 계획하기, ⑥ 포함시킨 증거에 기준을 적용하기, ⑦ 사전 개요 자료를 만들기 등의 방법이 있다.

▶▶▶ 주요 용어

전이(transition) 하나의 주요 포인트(요지)를 위한 구두점을 제공하고 다음 요지를 소개함으로써 요지를 묶는 진술문이다.

마인드매핑(mind-mapping) 주요 메시지와 관련된 아이디어를 브레인스토밍(brainstorming)하는 과정이고 아이디어를 도식적으로 일목요연하게 보여주는 것으로, 어떤 아이디어가 관련성이 있고 중요한가를 결정하는 데 도움을 준다.

참고 문헌

야하타 히로시, 나상억 옮김, 《프리젠테이션 박사》, 21세기북스, 1996.

전영우, 《스피치와 프레젠테이션 : 올바른 화법의 이해》, 민지사, 2005.

한정선, 《프리젠테이션 오! 프리젠테이션》, 김영사, 1999.

홍두승, 《사회조사분석》, 다산출판사, 2004.

Arredondo, L., *How to Present Like a Pro.*, New York : McGraw-Hill, 1991.

Kops, G. J., (주)러닝솔루션 옮김, 《비즈니스 프리젠테이션 》, 피어슨 에듀케이션, 2004.

Sellnow, D. D., *Confident Public Speaking*, Belmont : Thomson Wadsworth, 2005.

Zelazny, G., 김한영 옮김, 《최고의 비즈니스맨이 되려면 - 프리젠테이션으로 말하라》, 씨앗을 뿌리는 사람, 2001.

제8장 서론 · 결론 개발

1. 서론을 작성하라
2. 결론을 계획하라
3. 스토리보드 작성

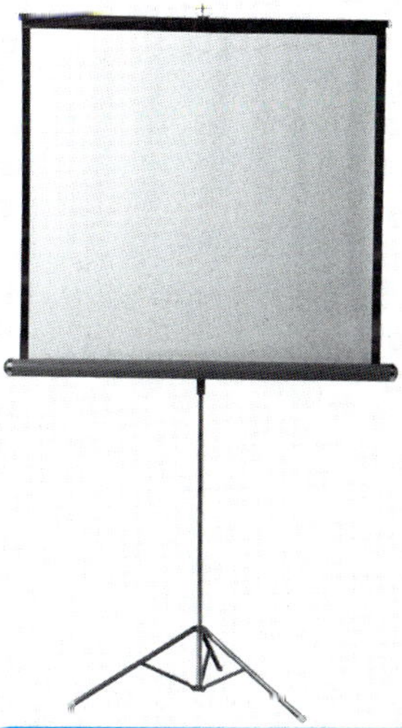

학습 목표

◎ 개요와 시작하는 말을 개발할 수 있다
◎ 요약과 끝맺는 말을 개발할 수 있다
◎ 프레젠테이션을 위한 스토리보드를 작성할 수 있다

개 요

세부 내용과 전이의 개발이 끝난 다음에는 개요와 요약을 준비해야 한다. 이는 방송될 연속극의 녹화를 마친 다음에 그 장면 중에서 예고편을 만드는 연속 방송극이나, 취재를 하고 기사를 대충 쓴 후에 머리기사를 작성하는 신문기사와 같다.

개요와 요약을 집에 비유한다면, 개요는 창문과 같은 것이어서 너무 크면 문이 되고 너무 작으면 단순한 구멍이 되어 들여다보기가 힘들어진다. 요약은 다락방과 같은 것이어서 지금까지 해온 것을 간단히 정리해주지만, 다락방에는 전에 쓰던 좋은 물건들이 즐비하듯이 앞으로 유용하게 쓰일 정보로 확실한 자리매김을 해줄 수 있어야 한다.

시작하는 말은 개요의 시작이며, 끝맺는 말은 요약의 제일 마지막에 하는 말이다. 프레젠테이션을 할 때 제일 처음 하는 말이 바로 시작하는 말이며, 프레젠테이션을 마치면서 제일 마지막에 하는 말이 끝맺는 말이다. 시작하는 말을 첫인상이라고 한다면, 끝맺는 말은 마지막으로 남겨지는 인상이 된다. 그러므로 시작하는 말은 개요에서 추려지게 되고, 끝맺는 말은 요약에서 추려지게 된다.

1. 서론을 작성하라

가장 최근에 했던 비행기 여행을 생각해보자. 비행이 시작된 후 몇 분 동안 여승무원이 안전 수칙에 대해 설명할 때 여러분은 무엇을 하는가? 보통의 경우는 귀를 막고 생각을 차단하고 잠을 청한다. 프레젠테이션도 그와 똑같다. 서론은 자장가이다. 그런데 비행기의 기장이 다음과 같은 방송을 한다면 어떻게 되겠는가?

"승객 여러분, 지금 비행기의 우측 창으로 밖을 보시면 4번 엔진에 화재가 발생했음을 알게 되실 겁니다." 승객들은 금방 제정신이 들 것이다. 아마도 모든 승객들이 저마다 소리를 지르면서 무슨 일이냐고 한마디씩 질문을 던질 것이다.

서론은 바로 그래야 한다. 서론은 청중의 가슴에 불을 지펴야 하고, 그 자리에 앉아 있으려는 욕구를 자극해야 하며, 다음에 계속될 내용을 예상하게 만들어야 한다. 서론의 가장 큰 역할은 청중의 관심을 유도하고 동기를 부여하는 것이다. 이를 위하여 프레젠테이션의 주제를 제시하고 진행될 내용이 청중에게 얼마나 중요한가를 알려준다. 서론에서는 또한 청중에게 어떠한 수순에 따라 목적지에 도착할 것인지를 설명해야 한다.

많은 사람들의 경우 본론을 중시하는 반면 서론을 등한시하는 경우가 종종 있다. 그러나 단순히 서론은 본론에 들어가기에 앞서 잠시 언급하는 부분이 아니라, 청중과 프레젠터에게 중요한 기능을 수행하는 것이라 할 수 있다. 첫 단추를 잘 꿰어야 끝이 좋다는 말도 있듯이, 시작이 좋으면 그만큼 프레젠테이션이 성공할 확률이 높을 것이며, 시작이 나쁘면 그만큼 프레젠테이션도 실패할 확률이 높을 것이다. 성공적인 프레젠테이션을 위

생각해보기

당신의 관심을 곧바로 끌었던 프레젠터를 생각해보라. 그 프레젠터는 어떤 방법을 사용하였는가? 프레젠테이션의 주제와 관련된 내용이었는가?

해서는 본론을 준비하는 노력만큼 서론을 준비하는 데도 많은 노력을 기울여야 할 것이다.

프레젠테이션의 서론 부분의 역할과 관련하여 야하타 히로시(1996)는, 첫째, 청중의 주의를 환기시키는 역할을 수행하고, 둘째, 주제를 정확히 제시하며, 셋째, 주제의 중요성에 대해 인식시키고, 마지막으로 프레젠테이션의 톤을 결정한다고 하였다.

이와 같은 서론의 역할은 청중에게 현재 진행하고 있는 프레젠테이션이 얼마나 중요하고 필요한지를 일깨워주는 것이라 할 수 있다. 즉, 청중에게 이 프레젠테이션을 듣고싶은 마음을 심어주는 것이다. 청중에게 '듣고 싶다', '도움이 될 것 같다', '재미있겠다' 등의 마음을 환기시킨다면 서론의 역할을 수행했다고 할 수 있다. 책에서 각 장의 시작 부분에 학습 목표가 제시되어 있다면 그 장의 내용을 읽을 때 가이드가 된다. 그와 마찬가지로 서론은 프레젠테이션을 시작했을 때 오늘 청중에게 전달하고자 하는 주요 내용을 명확하게 제시함으로써 청중들에게 프레젠테이션의 방향을 읽을 수 있도록 도와준다.

이러한 서론을 작성하는 기법은 다음과 같이 여러 가지가 있을 수 있다.

가. PIP 기법

프레젠테이션의 내용을 소개하는 서론 개발 기법으로 Zelazny는 PIP 공식을 사용할 것을 권장하였다. 다음의 목적, 중요도, 개요의 순서는 프레젠터가 편하게 구성할 수 있다.

- P(purpose, 목적) : 당신은 왜 이 프레젠테이션을 준비했는가? 우리는 왜 이곳에 왔는가? 프레젠테이션이 끝났을 때는 어떤 성공을 기대할 수 있는가?
- I(importance, 중요도) : 오늘 우리가 그 목적을 달성하는 것은 왜 중요한가? 이 프레젠테이션은 당면한 문제와 무슨 관계가 있는가? 그것

은 어느 정도 긴급한 문제인가?

- P(preview, 개요) : 우리에게 프레젠테이션의 구성과 실시간의 상황을 미리 예측할 수 있는 눈이 있다면, 우리는 프레젠테이션을 하는 동안 진행에 신경 쓰지 않고 내용에 집중할 수 있다.

Zelazny는 PIP 공식을 사용하여 서론을 구성할 때 청중들이 당신의 프레젠테이션을 들으러 왔지만, 마음속으로는 저마다 중요한 문제를 생각하고 있다는 사실을 주지해야 한다고 하였다. 따라서 서론을 통해서 청중의 주의력을 프레젠테이션 내용 쪽으로 끌어당길 수 있어야 하고, 청중들이 프레젠테이션에 들이는 시간과 주의력을 아깝지 않게 느끼도록 만들어야 할 것이며, 사전에 서론을 종이 위에 써보면서 프레젠테이션의 순서와 어조의 강약을 확인해볼 것을 권고하였다.

나. 관심 끌기 기법

프레젠테이션 상황에서는 다양한 청중을 접하게 된다. 앞에서 언급한 청중 분석에서처럼 청중이 비호의적이거나 무관심할 경우 프레젠테이션의 서론 부분에서는 청중의 주의를 환기시킬 수 있는 내용으로 구성해야 할 것이다. 일반적으로 관심을 끌기 위해 서론에 사용되는 방법으로는 깜짝쇼, 긴장 유발, 시각 자료 소개, 이야기 등이 있다(임태섭, 2003).

예를 들어, 초등학생을 대상으로 자연보호의 중요성에 관한 프레젠테이션을 할 때 애니메이션 〈평성 너구리 전쟁 폼포코〉의 장면을 보여준다면 청중의 시선을 끌 수 있을 것이다. 이는 청중의 시선을 집중시키는 데 매우 중요한 방법이라 할 수 있다. 그러나 유의할 점은 청중의 관심이 유도되었다면 적절한 시점에서 시각 자료의 사용을 중지하는 것이 좋다. 지나치게 시각 자료에 집중되면 오히려 프레젠터에 집중하지 않기 때문이다

다. 인용 기법

이 방법은 서론을 구성할 때 유명인사의 어록이나, 프레젠테이션의 내

용과 관련된 유명한 사람의 일화, 관련 고사성어 등을 인용하면서 프레젠테이션을 전개하는 방법이다. 이 방법을 사용할 때는 청중의 관심을 이끌면서 프레젠테이션의 내용과 관련이 있는 인용거리를 찾아야 한다는 점에 유의해야 한다.

유명한 사람의 일화를 아주 재미있게 청중들에게 소개했다고 가정하자. 이럴 경우 청중들은 그 내용에 관심 있어 하고 흥미를 보일 것이다. 그러나 그 내용이 프레젠테이션의 주요 내용과 아무런 관련이 없다면 서론 부분에서 사용한 유명한 사람의 일화는 유명무실한 이야기일 뿐이며, 서론 본연의 임무를 달성했다고 보기는 어렵다. 반대로 주제와는 관련성이 매우 높지만 청중의 분위기를 가라앉히는 이야기는 자제하는 것이 좋다.

라. 주변 상황 코멘트 기법

앞에서 언급한 기법과 비교하여 이 방법은 쉽게 청중의 관심을 유도할 수 있는 기법이라 할 수 있다. 예를 들어, 오늘 프레젠테이션을 하게 된 이유, 청중들의 표정, 오늘의 날씨, 계절, 오늘 일어났던 일 등이 모두 주변 상황 코멘트에 해당한다.

이 방법은 프레젠터가 많은 준비를 하지 않더라도 프레젠테이션 상황 속에서 즉흥적으로 할 수 있다는 점에서 장점을 가지고 있지만, 프레젠터로서 초심자일 경우에는 능숙하게 주변 상황 코멘트 기법을 사용하기가 어려울 것이다. 반면, 많은 경험과 노하우를 가진 프레젠터의 경우에는 그날 상황과 프레젠테이션의 내용에 따라 적절하게 이 기법을 사용할 수 있을 것이다. 따라서 능숙하지 못한 프레젠터의 경우 이 기법을 사용할 때는 미리 몇 가지 상황을 설정하고 충분히 연습한 이후에 사용하는 것이 좋을 것이다.

마. 청중 동원 기법

이 방법은 프레젠테이션 도중에 간접적으로 혹은 직접적으로 청중의 참여를 유도하여 다른 청중들의 관심을 유발하는 방법이라 할 수 있다. 이 방법에서 가장 많이 사용되는 기법으로는 청중에게 질문을 하는 것이 있다. 질문을 통해서 모든 청중이 참여할 수는 없지만, 이를 통해 청중들은 질문에 대해 답을 생각해보기도 하면서 프레젠테이션에 대한 관심이 어느 정도 유발될 수 있을 것이다.

또 다른 형태의 청중 동원 기법은 청중들의 통일된 행위를 요구하는 방법이다. 예를 들어, 점심 식사 이후에 진행되는 프레젠테이션에서 프레젠테이션의 시작과 함께 청중들에게 간단한 맨손 체조를 하게 한다든지, 프레젠터의 동작을 따라하게 한다든지 등의 행위를 함으로써 청중의 주의 집중을 유도할 수 있다.

바. 신변 잡담 기법

이 기법은 프레젠터의 경험을 이야기식으로 풀어나가면서 프레젠테이션의 주제를 도입해가는 기법이라 할 수 있다. 여기에서 경험은 직접 경험한 것일 수도 있고, 프레젠터 스스로 꾸며낸 이야기일 수도 있다. 신변 잡담 기법은 주변 상황 코멘트 기법처럼 많은 노력을 필요로 하지는 않지만, 중요한 것은 프레젠테이션의 주제와 맞는 이야기를 해야 한다는 것이다. 아무 관련 없는 신변잡기식의 이야기는 오히려 프레젠테이션을 망칠 수 있기 때문이다.

이상의 다양한 유형 가운데 어느 것을 선택하느냐는 프레젠터 자신에게 가장 편안한 유형이 어느 것이냐에 달려 있다. 아무리 좋은 유형일지라도 프레젠터에게 맞지 않는 유형이라면, 또한 프레젠터 자신이 어색해 한다면 택하지 않는 것이 바람직하다. 기억에 남을 인상적인 말로 프레젠테이션을 시작하는 것은 바람직한 일이지만, 적어도 처음 시작하는 말을 잘못해서 프레젠테이션 본론이 시작되기도 전에 청중이 등을 돌리는 일은 없어야 할 것이다. 따라서 시작하는 말을 준비할 때는 다음과 같은 점을 유의해야 한다(한정선, 1999).

- 인종, 성별, 피부색 또는 지역감정을 유발할 수 있는 이야기는 삼간다.
- 마지못해 억지로 프레젠테이션을 하게 되었다는 말을 하지 않는다.
- 주최나 후원을 하는 기관의 명칭이나 사람의 이름을 잘못 말하는 일이 없도록 한다.
- 프레젠테이션 전에 식사 대접이 있는 경우에는 술을 마시지 않도록 한다. 특히 지방이나 외국에서 프레젠테이션을 하는 경우, 프레젠테이션 전에는 평소 먹어보지 않은 음식은 삼가는 것이 좋다.
- 똑같은 내용을 다른 곳에서 프레젠테이션 했는데 반응이 좋아서 다시 한다는 말은 하지 않는 것이 좋다.
- 의도적으로든 비의도적으로든 청중을 당황하게 혹은 민망하게 하거나 망신을 주는 이야기는 삼간다.

따라해보기

효과적인 도입(서론)을 위한 구성요소의 체크리스트

서론에 다음의 구성요소들이 포함되어 있는지 점검해보라.

- ☐ 청중의 주의, 관심을 끄는 말
- ☐ 청중과의 연결 고리
- ☐ 프레젠터의 신용(진실성)을 표현하는 진술문
- ☐ 주제 진술
- ☐ 개요

2. 결론을 계획하라

결론은 프레젠테이션의 본론 부분이 끝난 후에 청중에게 전달하고자 하는 주제를 다시 한번 언급하여 청중에게 강조하며, 프레젠터가 궁극적으로 강조하고자 하는 내용을 제시하는 부분이라 할 수 있다.

어떤 프레젠테이션이든 모든 말을 다 하고 끝낼 수는 없다. 한 번의 프레젠테이션으로 프레젠터와 청중의 관계가 확립되기는 어렵다. 바람직한 관계가 형성되기까지는 일련의 계획된 만남이 필요하다. 프레젠테이션의 결말은 모든 사람이 앞으로 협력하여 일할 것임을 확인하는 역할을 해야 하며, 효과적인 결말을 위하여 다음과 같은 절차가 필요하다고 Zelazny(2001)는 언급하였다.

1. 요점을 요약하라.
2. 제안 사항을 다시 한번 명쾌하게 설명하라.
3. 실천 프로그램을 제시하라.
4. 제안을 실천하겠다는 동의와 책임을 요구하라.
5. '향후의 단계들'로 마감하라. 프레젠테이션이 진행되는 동안 청중들이 동의했던 모든 내용을 요약하라.

일반적으로 프레젠테이션의 결론은 ① 종료 신호, ② 요점 재강조, ③ 결언의 3요소로 구성된다(임태섭, 2003). 이러한 3요소 가운데 종료 신호는 모든 프레젠테이션에 꼭 포함되어야 할 요소이지만, 요점 재강조나 결언의 경우 프레젠테이션의 상황에 따라 유동적일 수 있다.

가. 종료 신호

초보적인 프레젠터의 경우, 일부의 사람들은 프레젠테이션의 마무리를 미처 하지 못하는 경우가 있다. 즉, 프레젠테이션이 언제 끝났는지도 모르게 종료되는 상황이 발생할 수가 있다. 이런 종료 신호는 결론의 서두에 해당하는 부분으로 본론과 결론을 구분짓는 경계라고 할 수 있다. 본론이 끝났다는 언급 없이 바로 요점 정리에 들어간다면 청중의 입장에서는 아직도 프레젠테이션의 본론이 진행된다고 생각할 수도 있다. 그런 상황에서 프레젠터가 끝마쳤다면 그제서야 청중은 그것이 결론이었다고 생각하게 될 것이다.

그러므로 본론의 내용에 대한 프레젠테이션이 끝났다면 프레젠터는 약간의 여유를 두고 쉰 다음 "지금까지 중요한 말씀은 다 드렸습니다", "이제 이 프레젠테이션을 끝내야 한다니 매우 유감스럽습니다" 등의 표현을 함으로써 본론이 끝났음을 알리는 것이 중요하다. 이렇게 함으로써 청중은 프레젠테이션의 본론을 끝마치고 결론을 언급하고 있다는 것을 알기에 이에 대한 적절한 마음가짐을 준비할 것이며, 프레젠테이션이 곧 끝날 것이라는 예상을 하게 된다.

나. 요점 재강조

성공적인 프레젠테이션이란 시작도 중요하지만 끝맺음도 중요하다. 즉, 프레젠테이션이 끝난 다음 청중은 사고의 변화나 행동의 변화, 또는 지금까지 해오던 일에 긍정적이고 발전적인 변화를 가져올 수 있어야 한다. 따라서 변화를 불러일으키기 위해서는 프레젠테이션의 내용을 요약해줌과 동시에 청중으로 하여금 무엇인가 실천하게끔 유도해야 한다.

이에 해당하는 부분이 요점 재강조라고 할 수 있다. 요점 재강조는 결론 부분의 본문에 해당하는 것으로, 본론 부분의 핵심 내용을 요약하거나 청중들의 행동화를 요구하는 내용으로 구성된다.

일반적으로 요점을 재강조하는 방법으로는 ① 주제를 내세우는 방법, ② 요점을 정리하여 제시하는 방법, ③ 서론으로 회귀하는 벙법 등 세 가지가 제시되고 있다(임태섭, 2003). 이 과정에서 유의할 것은 요점을 재강조

생각해보기

가장 기억에 남는 프레젠테이션을 생각해보라. 당신이 기억하기에 효과적인 것이었는가? 당신은 결론을 기억하는가?

하면서 본론 부분에서 했던 것처럼 부가적인 설명을 해서는 안 된다는 점이다. 이것은 어떻게 보면 결론이라기보다 본론의 연장선이라고밖에 할 수 없다. 이는 결론을 더욱 흐리게 만들 뿐만 아니라 청중들에게 지루함을 줄 수 있다. 따라서 프레젠테이션에서 요점을 재강조할 때는 중요한 사항만을 언급할 수 있도록 내용을 구성해야 한다.

다음으로 행동화와 관련된 부분으로, 정보 전달을 목적으로 하는 프레젠테이션을 제외하고, 청중을 설득하여 행동화를 요구하는 프레젠테이션의 경우 요점을 정리하는 차원에서 끝내는 것이 아니라 실제 어떻게 행동의 변화를 이끌 것인지를 청중에게 요청하는 것이 좋다. 예를 들어, "지금까지 프레젠테이션을 듣고 이것을 어떻게 실천에 옮길 수 있을지 각자 한 번 써보십시오"라고 하든지 또는 "지금까지 제가 이야기한 세 가지가 무엇인지 기억하십니까?"라고 질문을 던진다면 청중으로 하여금 회상하게 함으로써 무턱대고 앉아서 듣기만 하지 않고 무엇인가 생각하고 실제로 행동에 옮기게 할 수 있다(한정선, 1999).

다. 결언

결론을 구성하는 마지막 요소로서 결언은 프레젠테이션의 결론 중의 결론에 해당하는 부분으로, 모든 프레젠테이션을 끝내는 역할을 수행한다. 여기에 도착하기 위하여 프레젠터는 서론, 본론, 결론의 종료 신호, 요점 재강조를 통해 청중에게 진하고싶은 내용을 논리적으로 자세하게 그리고 중요한 사항에 대해서는 다시 이야기하면서 진행해왔다.

나폴레옹(Napoleon Bonaparte, 1769~1821)은 "싸움의 승리는 최후의 5분간에 있다"고 말했다. 이처럼 마라톤이든 경마이든 골 일보 전의 결정적 순간에 승패가 갈린다. 프레젠테이션도 이와 마찬가지여서, 청중의 기억에 가장 깊고 오래 남는 것은 최후의 말이다. 끝맺는 말은 간결한 말, 힘 있는 말, 감동적인 말이 좋다.

따라서 결언 부분은 요점 재강조에서 언급했던 바와 같이 부연 설명을 한다거나 지금까지 많은 시간을 들여 설명한 내용과는 다른 새로운 주제를 꺼낸다거나 하는 것이 아니다. 여기에서 해야 할 일은 청중들에게 지금까지 프레젠테이션한 내용들이 의미가 있도록 하는 것이다. 결언에서 중요한 것은 바로 이것이다.

따라해보기

효과적인 결론을 위한 구성요소의 체크리스트

- □ 종료 신호
- □ 요점 재강조
- □ 인상적인 끝맺음 말(결언)

미국 CBS 방송의 앵커 오스굿(Charles Osgood)은 프레젠테이션을 준비할 때 제일 마지막에 할 말을 제일 먼저 쓴다고 이야기한 적이 있다. 그러면서 이유를 밝히기를, 제일 마지막에 청중에게 하고싶은 말이 결국 프레젠테이션의 핵심이 되기 때문이라고 하였다. 결론을 제일 처음에 쓰든 마지막에 쓰든 그 순서와 관계없이, 결론을 준비하는 데도 몇 가지 유념해야 할 것이 있다(한정선, 1999).

항상 염두에 둘 사항은 시간을 엄수해야 한다는 것과 결론을 제시하는 다양한 방법 가운데 어떤 것이 주어진 상황에 가장 적합한 것인가를 판단하여 적절하게 선정해야 한다는 것이다.

어떻게 보면 프레젠터는 세일즈맨과 같다. 우리는 팔고자 하는 상품을 많이 파는 사람을 훌륭한 세일즈맨이라고 부른다. 훌륭한 세일즈맨이 되려면 먼저 팔고자 하는 상품이 좋아야 하고, 상품에 대한 홍보를 잘해야 하며, 서비스가 좋아야 한다. 이를 프레젠테이션과 비교하자면, 팔고자 하는 상품은 아이디어나 지식, 즉 프레젠테이션에서 전달하고자 하는 내용이 될 것이고, 상품에 관한 홍보는 어떻게 메시지를 전달하느냐 하는 전달 방법이 될 것이며, 서비스는 프레젠터가 얼마나 성의껏 준비하고 프레젠테이션을 하느냐와 연관이 될 것이다. 따라서 훌륭한 프레젠터란 좋은 내용을 효

- 주어진 시간 안에 프레젠테이션을 끝내야 한다.
- 신념을 가지고 프레젠테이션을 마무리해야 한다. "이제 주어진 시간이 다 되어서 끝내겠습니다"라고 하면 청중들은 맥이 빠진다. 물론 주어진 시간이 다 되었으니까 끝을 내야 하지만, 그보다는 "지금까지 배운 것을 기초로 우리들 한 사람 한 사람이 프레젠테이션에 대한 두려움 없이 훌륭한 프레젠테이션을 할 수 있으리라 저는 확신합니다"와 같이 끝내는 것이 더 좋다.
- 마지막 말이 너무 길어서는 안 된다. 어떤 발표자는 "마지막으로……, 끝으로……, 한 가지 더 이야기하자면……" 하는 식으로 끝맺음을 너무 길게 하는 경우를 보게 된다. 그러나 마지막 말은 오래 기억하고 음미할 수 있는 함축된 짧은 말로, 정말로 마지막 말이 되어야 한다.

자료 : 한정선, 《프리젠테이션 오! 프리젠테이션》, 1999, 112~113쪽.

과적인 방법으로 성의 있게 전달하는 사람이다(한정선, 1999).

라. 결언의 기법

마지막에 듣는 것이 가장 오래 기억되게 마련이다. 이를 최근효과라고 한다. 따라서 청중에게 꼭 기억시키고자 하는 내용을 가지고 인상적으로 마무리할 필요가 있다. 특히 프레젠테이션의 목표 달성을 위해서는 프레젠테이션에서 제시한 중요한 요점을 이야기하고, 청중들이 프레젠테이션 내용에 동의한다면 무엇을 해야 하는지(행동할 방향)를 제시하는 것이 좋다. 아울러 시작에서 한 말이나 질문과 대구를 이루는 이야기를 하는 것도 하나의 마무리 기법이 될 수 있다.

끝맺는 말과 관련해서는 다음과 같은 여러 가지 방법이 있으므로, 상황에 맞는 것을 택해서 적용해보는 것이 좋을 것이다. 결언에 대하여 한정선(1999)은 ① 요지를 강조해줄 수 있는 짤막한 이야기, ② 속담이나 격언 또는 잘 알려진 문구, ③ 상황에 맞는 시 낭독, ④ 주제를 대신해줄 수 있는 예, ⑤ 지금까지 거론된 요지의 요약 등 다섯 가지 방법을 제시하였고, 임태섭(2003)은 ① 인용에 의한 결언 기법, ② 미래 지향적인 결언 기법, ③ 청중 중심의 결언 기법으로 구분하였으며, 전영우(2005)는 ① 새로운 결의의 표시, ② 인용, ③ 요약, ④ 호소, ⑤ 실례, ⑥ 전망, ⑦ 간결의 일곱 가지 기법으로 구분하였다.

위에서 제시한 기법들은 프레젠테이션 전문가들에 따라 용어상에 차이는 있지만 각각의 항목들에서 내용적인 측면은 유사한 점이 많으므로, 여기에서는 이를 세분하여 설명하고 있는 전영우의 구분에 따라 좀더 상세히 설명하고자 한다. 그러나 여기에서 유의할 것은 일곱 가지 기법 중 '간결'은 별도로 존재하기보다는 각각의 기법에 녹아 들어가 있는 부분으로 따로 언급하지는 않을 것이다.

1) 새로운 결의의 표시

이것은 청중에게 프레젠테이션의 과정 중에 감명을 준 다음 단계에서 실행이 가능한 결언 방법이라 할 수 있다. 어떤 행동으로 옮겨지든 안 옮겨지든 간에 청중에게 새로운 결의를 굳혀주고 용기를 일깨우도록 암시하는 것이다. 잘 사용하는 방법이지만 명령은 아니고, 감동을 통해 청중에게 공감대를 형성하여 자신을 반성하게 하고 프레젠터가 제안한 방향으로 행동의 변화를 일으킬 수 있도록 용기를 불러일으키는 것이다.

2) 인용

'천리길도 한 걸음부터'라는 속담을 사용하여 프레젠테이션을 끝마친다면, 설득을 통한 청중의 행동 변화를 이끌어내는 프레젠테이션은 청중에게 여운을 남길 것이다. 이처럼 속담·명언·시구 등을 인용하면서 이야기를 끝내는 것은 대단히 효과적인 결언 기법이라 할 수 있다. 이야기 끝을 자기 진정을 나타내는 명언으로 끝맺음으로써 이것이 깊은 여운을 남겨 그뒤에도 사람들의 기억에 머물게 되는 예는 많다. 그러나 이런 인용 표현이 프레젠테이션의 주제와 동떨어진 내용이라면 오히려 인용을 사용한 의미가 없을 것이다. 따라서 프레젠테이션의 목적과 내용에 맞는 인용을 사용하는 것이 바람직하다.

> 맥아더 : "노병은 죽지 않는다. 다만 사라져갈 뿐……"
> 케네디 : "모든 인류는 전쟁에 종지부를 찍어야 한다. 그렇지 않으면 전쟁이 인류에 종지부를 찍을 것이다."
> 찰리 채플린 : "사람 하나를 죽이면 살인죄가 되지만 백만 명을 죽이면 영웅이 된다."

3) 요약

요약도 결언 부분에서 많이 사용하는 기법으로 되도록 간결하게 작성해야 한다. 요약이 길어져 요약이 아니라 부연 설명처럼 되버린다면 요약의 의미가 없을 것이다. 따라서 요약은 청중이 쉽게 기억할 수 있도록 간결하면서도 임팩트가 있는 어휘를 사용하여 정리해야 한다. 복잡한 내용들을 간결하게 효과적으로 요약한다면 청중의 머릿속에 오랫동안 남을 프레젠테이션이 될 수 있을 것이다.

4) 호소

호소의 결언 기법은 우리나라 정치인들이 선거 유세에서 많이 사용하는 방법이라 할 수 있다. 프레젠테이션의 대상이 여성인 경우에는 어느 정도 효과가 있을지 몰라도 남성의 경우에는 효과가 없을 수도 있다. 왜냐하면 청중 분석에서 언급한 바와 같이 남성은 논리적인 성향이 강하고 여성은 감성적인 성향이 강하기 때문이다. 이러한 호소 기법은 과거에는 많이 사용되었지만 약간 오래된 방법이어서 자신이 없는 사람에게는 권하고싶지 않은 방법이라 할 수 있다.

5) 실례

프레젠테이션 주제에 맞는 적절한 실례는 청중에게 결언으로 사용하기 좋은 간편한 방법이라 할 수 있다. 이 결언 기법은 프레젠테이션 초보자도 쓰기 쉬운 방법이기는 하지만 인용에서처럼 프레젠테이션 상황에 적합한 것을 찾는 것이 매우 중요하며, 상황에 맞는 자료를 찾았다 하더라도 아무 설명도 없이 실례만으로 그쳐서는 안 된다.

6) 전망

전망은 프레젠테이션이 갖는 미래 상황에 대한 의미를 언급하면서 프레젠테이션을 종결하는 기법이라 할 수 있다. 즉, 미래 상황을 가시화하거나, 미래에 대한 예언을 하거나, 프레젠터 자신의 미래 결심을 밝힘으로써 프레젠터가 언급하는 내용이 미래에 어떠한 결과로 나타날지 구체적으로 밝히는 기법이다. 이는 프레젠터나 청중이나 모두 다 같이 장래를 꿈꾸고 희망을 가질 수 있는 방향으로 이끈다. 프레젠터가 희망적인 말로 이야기를 정리했을 때는 나중에 좋은 인상이 남는다.

마. 결언 준비 시 유의 사항

결언은 프레젠테이션의 마지막에 사용하는 것이다. 따라서 제일 중요한 것은 청중들의 기억 속에 오래도록 남을 수 있는 인상을 심어주는 것이다. 이처럼 효과적으로 결언을 준비하려면 다음과 같은 세 가지 점을 유의해야 한다.

첫째, 짧고 강렬하게 끝내야 한다. 청중에게 강한 인상을 심어주려고 한다면, 결언은 길게 늘어지는 것보다는 짧게 전달하고싶은 내용만을 제시해야 한다. 프레젠터가 주저리주저리 결언을 계속 끌고가면 청중들은 지루해 하며, 프레젠테이션의 내용에 대해서도 혼란을 느낄 수 있다. 또한 이러한 과정에서 청중이 참여할 수도 있는데, 여기서는 적당한 선에서 끊어주는 것이 중요하다. 추가적인 질문이나 논의를 하고싶은 내용들은 프레젠테이션이 끝난 후 직접 대화를 한다거나 전자우편(e-mail)을 통해서도 충분히 가능하기 때문이다.

둘째, 자료 조사 시 결언이 될 만한 내용은 보관한다. 프레젠테이션 내용을 준비하면서 프레젠터는 우연히 결언에 적합한 자료를 찾을 수가 있다. 이런 경우 자료를 방치할 것이 아니라 별도로 보관해둠으로써 향후 결언을 준비하는 데 필요한 시간을 절약할 수 있을 것이다.

셋째, 상세한 준비를 하라. 아우트라인을 잡아가는 과정에서 상세하게 아우트라인을 구성해야 한다고 언급한 것처럼, 결언도 가능한 한 자세하게 준비해야 한다. 지나치게 간결하게 준비하면 정확한 표현을 몰라 말이 오히려 늘어질 수 있기 때문에, 상세한 준비란 불필요한 말을 줄일 수 있는 범위 내에서 프레젠터가 선날하고자 하는 핵심 내용을 표현할 수 있는 것으로 준비하는 것을 의미한다.

3. 스토리보드 작성

스토리보드는 영화나 텔레비전의 광고 등에서 많이 사용되었으며, 근래에 들어서는 프레젠테이션에서도 많이 사용되는 방법이다. 먼저 스토리보드에 대한 사전적 개념을 살펴보면, 첫째, 컴퓨터 문서 편집 프로그램에서 문서의 편집, 기획에 필요한 일종의 상황판이라 할 수 있다. 즉, 문서에 대한 전체적인 구현법으로서, 문서 작성 전에 필요한 작업이 스토리보드라 할 수 있다. 둘째, 영화나 텔레비전 광고 또는 애니메이션 등을 제작하기 위하여 작품의 전체적 구성이나 주제의 흐름을 주요 장면별로 그려놓은 것을 스토리보드라고 말한다.

이런 의미에서 볼 때 스토리보드는 내용들이 흘러가는 방향에 대한 인내라고 할 수 있을 것이다. 이와 같은 스토리보드 기법이 프레젠테이션의 상황에서도 적용될 수 있는데, 특히 컴퓨터를 많이 활용하여 프레젠테이션을 하는 경우에 매우 적절한 기법이라고 할 수 있을 것이다. 이와 관련하여 Zelazny는 프레젠테이션에서 스토리보드를 어떻게 이용하면 되는지 그 방법을 소개하였다. 이 방법은 아르돈도가 제시한 절차 이후에 비주얼을 추가하여 내용을 보충하는 세부 단계라고 할 수 있다. Zelazny가 제시한 방법은 다음과 같다.

1. 결정한 줄거리에 따라 프레젠테이션의 개요를 작성하라.
   - 그러면 무엇을 어떤 순서로 발표할 것인가를 알게 된다.

2. 그 개요에 따라 각각의 비주얼이 어디에 들어가야 할지 그리고 어떻게 보일지를 결정하라.
   - 예를 들어, 프레젠테이션의 구성을 설명할 때는 문자 비주얼이 필요할 것이다. 그런 다음 "미국의 GDP는 세계 최대이다"에 대해서는 원 그래프를, "미국은 해외무역의 규모가 가장 크다"에 대해서는 가로막대 그래프를, 해외 직접 투자의 증거를 보여주기 위해서는 세로막대 그래프를 이용해야 할 것이다.

3. 비주얼을 도안하라.
   - 비주얼의 오른쪽 혹은 아래쪽에 청중 앞에서 이야기할 말을 적어두라. 가령 비주얼을 읽는 방법이나 비주얼의 핵심(그것이 전체 줄거리에서 차지하는 중요성)이 여기에 포함된다.

4. 흐름을 점검하라
   - 그래프의 순서가 논리적인지 확인하라. 하나의 내용을 너무 많은 그래프로 설명하는 경우와 다수의 복잡한 내용을 불충분한 그래프로 설명하는 경우를 가려내야 한다. 다음으로 넘어가기 전에 지금까지의 내용을 요약할 필요가 있는 곳이 어디인지를 확인하라.

5. 프레젠테이션에 사용할 매체를 염두에 두고, 최종 자료에 들어갈 모든 기법들을 기록하라.
   – 비주얼이 너무 많다고 걱정하지 말라. 어떤 프레젠터들은 프레젠테이션의 길이에 맞추어 비주얼 수를 결정한다. 심지어는 비

서론(말로 한다)

목적 OO 은행은 매력적인 미국 시장이 제공하는 성장 기회를 이용해야 한다. 이것을 제안하는 것이 프레젠테이션의 목적이다.

중요도 지금이 가장 적절한 시기이다. 국내에서의 성장은 경쟁 강화와 정부 규제로 인해 한계에 부딪히고 있기 때문이다.

1

개요 이 프레젠테이션에서 우리는 미국이 OO 은행에게 매력적인 시장이 될 수 있는 이유를 설명하고, 그 기회를 확인하고 이용하는 데 필요한 향후 단계들을 개괄적으로 제시하고자 한다.

넘어가는 말(전이) 이제 미국 시장이 매력적인 성장 기회를 제공한다고 볼 수 있는 몇 가지 이유를 살펴보기로 하자.

2

미국은 매력적인 성장 기회를 제공한다.

A. 미국은 세계 제일의 경제 대국이다.
B. 미국의 은행 수익률은 매력적이다

근거

미국 시장이 OO 은행에 매력적인 성장 기회를 제공한다고 생각하는 이유는 두 가지다. 첫째, 미국은 세계 제일의 경제 대국이다. 둘째, 미국의 은행 수익률은 매력적이다.

넘어가는 말

이제 각각의 사항을 보다 깊이 있게 논의해보자. 첫째, 미국은 세계 제일의 경제 대국이다. 이 점에서 우리는 세 가지 중요한 기준에 주목했다. GDP, 해외무역, 해외 직접 투자가 그것이다.

자료 : Zelazny, G., 김한영 옮김, 《최고의 비즈니스맨이 되려면 – 프리젠테이션으로 말하라》, 2001, 111~112쪽의 내용을 도해로 재구성

주얼 하나에 2분씩 할당하는 사람도 있다. 그것은 좋은 방법이 아니다. 2분은 똑같은 이미지를 계속 보기에는 너무 긴 시간이다. 프레젠테이션의 길이를 결정하는 것은 제시되는 개념의 수와 개념의 난이도이다. 다섯 개의 비주얼로 하나의 개념을 다섯 번 설명하는 시간과, 하나의 비주얼로 다섯 개의 개념을 설명하는 시간이 같다는 사실을 명심하라.

6. 각 페이지 하단에 넘어가는 말을 기록해두라.
   - 일단 비주얼의 수와 순서가 최적의 상태로 결정되었다면, 각각의 비주얼로 돌아가서 한 비주얼에서 다음 비주얼로 넘어갈 때 무슨 말을 할 것인지를 생각하고 각 페이지 하단에 넘어가는 말을 기록해두라.

앞의 도해는 지금까지 제시한 절차에 따라 작성한 스토리보드의 한 예이다.

요 약

서론은 청중의 가슴에 불을 지펴야 하고, 그 자리에 앉아 있으려는 욕구를 자극해야 하며, 다음에 계속될 내용을 예상하게 만들어야 한다. 이를 위하여 PIP 기법, 관심 끌기 기법, 인용 기법, 주변 상황 코멘트 기법, 청중 동원 기법, 신변 잡담 기법 등을 사용할 수 있다.

결론은 크게 요약 및 행동화할 사항, 끝맺는 말로 구성된다. 청중의 기억에 가장 깊고 오래 남는 것은 최후의 말이다. 그러므로 끝맺는 말은 매우 중요하다. 끝맺는 말은 짧고 간단하며, 인상적이어야 한다. 끝맺는 말로 새로운 결의의 표시, 인용, 요약, 호소, 실례, 전망 등을 사용할 수 있다.

프레젠테이션을 설계할 때 스토리보드를 작성하는 것은 매우 유용하다.

▶▶ 주요 용어

스토리보드 원래는 TV나 영화의 주요 장면을 간단히 그린 일련의 그림을 순서대로 붙인 화판을 의미한다.

▶▶ 참고 문헌

아하타 히로시, 나싱억 옮김, 《프리젠테이션 박사》, 21세기북스, 1996.

임태섭, 《스피치 커뮤니케이션》, 커뮤니케이션북스, 2003.

전영우, 《스피치와 프레젠테이션 : 올바른 화법의 이해》, 민지사, 2005.

최현진, 유종숙, 《프레젠테이션 프로페셔널》, 커뮤니케이션북스, 2005.

한정선, 《프리젠테이션 오! 프리젠테이션》, 김영사, 1999.

Arredondo, L., *How to Present Like a Pro.*, New York : McGraw-Hill, 1991.

Zelazny, G., 김한영 옮김, 《최고의 비즈니스맨이 되려면 - 프리젠테이션으로 말하라》, 씨앗을 뿌리는 사람, 2001.

제9장 비주얼 도안

1. 비주얼 사용의 목적
2. 비주얼의 종류

학습 목표

◎ 비주얼을 사용하는 목적을 이해하고 비주얼을 제작할 수 있다
◎ 비주얼의 다양한 종류를 알고 상황에 맞게 사용할 수 있다

개 요

프레젠테이션에 비주얼을 사용함으로써 프레젠테이션의 효과를 높일 수 있다. 그렇다면 프레젠테이션에 사용할 수 있는 비주얼 제작 노하우를 살펴보고, 프레젠테이션에 사용할 수 있는 비주얼들에 대해 어떤 상황에서 어떤 비주얼을 사용하는 것이 프레젠테이션의 효과를 더 높일 수 있는지 알아보자.

1. 비주얼 사용의 목적

비주얼은 그림(picture)과 표(table), 그래프(graph), 다이어그램(diagram) 등을 말한다. 글자나 숫자가 가지는 의미를 비주얼로 바꾸어 나타내면 이해와 전달이 쉽고 오래 기억될 수 있다. 또한 상대에게 강한 인상은 물론 전문적이라는 느낌을 줄 수 있다. 그래서 프레젠테이션에서는 비주얼을 필수적으로 사용한다. 오히려 쓰이지 않는 곳을 찾기가 더 어렵다.

이렇게 비주얼화함으로써 프레젠테이션에 활력을 불어넣을 수 있다. 활력이란 청중들에게 프레젠테이션의 내용에 주목하도록 해주며, 주요 내용에 대해 청중들이 놓치지 않도록 도와주는 것이다. 이렇게 활력을 불어넣는 비주얼에는 앞에서 언급한 그림, 표, 그래프뿐만 아니라 사운드, 더 나아가서는 동영상까지도 포함된다.

이와 같은 비주얼을 활용할 때 프레젠터가 유의해야 할 점으로는, 첫째, 여기에서 활용된 비주얼이 과연 청중들의 이해에 얼마나 도움을 주었는가 하는 점이다. 아무리 좋은 그림이나 도표, 동영상, 사운드를 활용하였다 하더라도 청중의 이해에 도움을 주지 않았다면 오히려 프레젠테이션에 해가 되었을 수도 있다. 둘째, 여기에서 활용된 비주얼이 프레젠터의 발표 스타일과 어울리는가 하는 문제가 있다. 청중도 다양하듯이 프레젠테이션을 실시하는 프레젠터 역시 독특한 성향을 지니고 있다. 따라서 프레젠터 개인마다 선호하는 스타일이 다르므로 자신에게 맞는 적절한 비주얼을 사용하는 것이 바람직하다.

이처럼 비주얼은 상대를 설득하거나 핵심 메시지를 기억하게 만드는 데 매우 중요한 역할을 한다. 따라서 프레젠테이션의 효율을 높이려면 비주얼을 적극 활용해야 한다. 연구에 따르면, 비주얼과 설득력에 관련한 효과를 조사한 결과 비주얼을 사용하는 경우가 사용하지 않는 경우보다 2배 이상의 성공률을 보였다고 한다. 또한 비주얼과 기억력에 관한 연구에서는, 비주얼 없이 말로만 듣는 경우 기억되는 것은 전체의 10퍼센트에 불과하지만, 비주얼을 보며 말을 듣는 경우에는 40퍼센트가 기억되어 4배의 차이를 보인다는 결과가 나왔다(심재우, 2004). 이처럼 비주얼은 상대를 설득하고 핵심 메시지(요지)를 기억시키는 데 매우 중요한 역할을 하므로, 상대에 대한 설득력을 높이기 위해서는 비주얼을 적극 활용해야 한다.

비주얼 사용의 일곱 가지 목적

① 이해력을 높인다.
② 기억력을 높인다.
③ 집중력을 높인다.
④ 설득력을 높인다.
⑤ 시간을 절약한다.
⑥ 복잡한 내용을 단순화시킨다.
⑦ 목적 달성 확률을 높인다.

비주얼은 공개된 비주얼을 사용하거나 자신이 필요에 따라 만들어야 한다. 그런데 스스로 만드는 경우에는 비주얼 제작에 대한 기술이 필요하다. 비주얼을 효과적으로 제작하려면 단계별로 진행하는 것이 좋은데, 첫째는 준비된 자료나 정보를 새롭고 다양한 관점으로 바라보고, 둘째는 대상을 분석하고 이해하기 쉽게 가공하며, 마지막으로 가공하여 만든 결과물을 비주얼 제작 방법에 의거하여 멋지고 깔끔하게 다듬는다.

이와 같이 비주얼을 작성할 때는 다음에 제시하는 네 가지 원칙을 지키는 것이 효과적이다(최진환, 유종숙, 2005). 첫째, 적절성이다. 프레젠테이션에 사용할 비주얼은 프레젠테이션이 실시되는 상황, 참여하는 청중, 프레젠테이션의 목적에 맞는 것이어야 한다. 비주얼이 화려하다고 해서 좋은 것이 아니다. 프레젠테이션의 성격에 맞는 비주얼을 개발해야 한다.

둘째, 명확성이다. 프레젠테이션에서 사용되는 비주얼은 청중에게 내용을 전달하기 위한 하나의 수단이므로 프레젠터가 전달하고자 하는 내용을 비주얼이 명확하게 담고 있어야 한다. 여기에서 지켜야할 중요한 사항은 하나의 비주얼에 다양한 메시지를 담기보다는 되도록 하나의 메시지를 담아 혼동하지 않도록 해야 한다는 것이다.

셋째, 일관성이다. 하나의 프레젠테이션 자료에 사용된 비주얼들은 일관성 있게 제작되어야 한다. 예를 들어, 막대그래프에 사용된 색상과 글자들이 다음에 제시된 그래프와 확연히 차이가 난다면 청중의 입장에서 가독성이 떨어질 것이며, 이는 결국 프레젠테이션의 내용을 전달할 때 문제로 작용할 수 있다.

마지막으로 역동성이다. 비주얼을 활용하여 메시지를 전달하고자 할 때는 인상적인 그래프, 상황에 맞는 매체를 활용하여 역동성 있게 개발해야 한다. 예를 들어, 우리나라 자동차 수출 대수를 나라별로 비교할 때 나라 이름 위에 해당 그래프를 넣는 것보다는 그래프를 각 나라의 국기로 채우고 길이를 조절하여 대수를 표시하는 것이 청중들에게 바로 이해되고 오래 기억에 남을 수 있을 것이다.

2. 비주얼의 종류

가. 다이어그램(Diagram)

다이어그램은 사각형, 삼각형, 원 등을 직선이나 화살표 등으로 연결하여 상호 연관성을 나타내는 데 사용하며, 서로 이웃하는 것끼리의 연속관계나 원인과 결과의 패턴을 나타내는 데 효과적으로 사용된다. 다이어그램의 대표적인 몇 가지를 제시하면 다음과 같다.

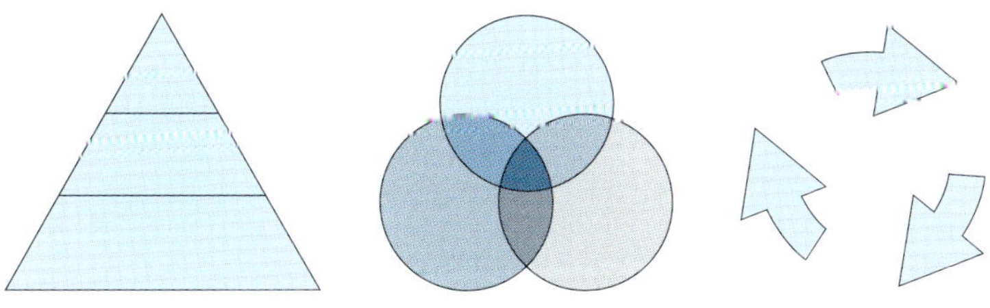

나. 맵(Maps, 지도)

지도상에서 공간적인 관계나 위치, 또는 지정학적 관계를 표기할 때 사용하며, 서로 다른 위치 간의 거리나 경로를 나타낸다. 예를 들어, 기준이 되는 위치를 중심으로 일정한 반경의 원을 그려 지리적인 거리나 위치를 비교하는 데 사용한다.

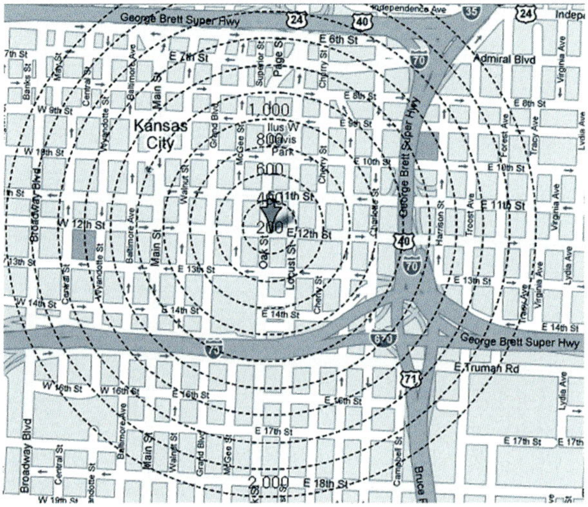

다. 차트

1) 조직도(Organization Charts)

조직도란 조직 부문의 편성, 직위의 상호 관계나 책임과 권한의 분담, 지휘·명령의 계통 따위를 한눈에 알아볼 수 있게 나타낸 표를 말한다.

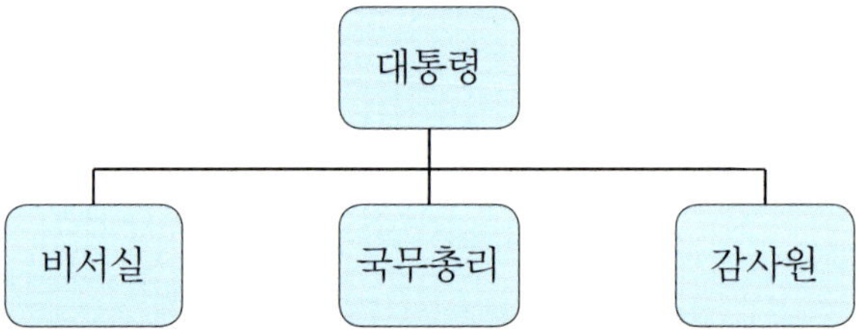

2) 플로우 차트(Flow Chart)

시스템 안에서 발생하는 원재료·문서(정보)·인간의 움직임 등에 관하여 그 문제 해결의 순서를 나타내는 도표로, 플로우 차트의 장점은 문제를 포괄적으로 나타내는 일람성(一覽性), 특정 기호 사용에 의한 표현의 일정성과 간결성 및 명세성 등에 있다. 작도(作圖)의 형식으로는 위에서 아래로 작성해가는 것과 왼쪽에서 오른쪽으로 작성해가는 것이 있다.

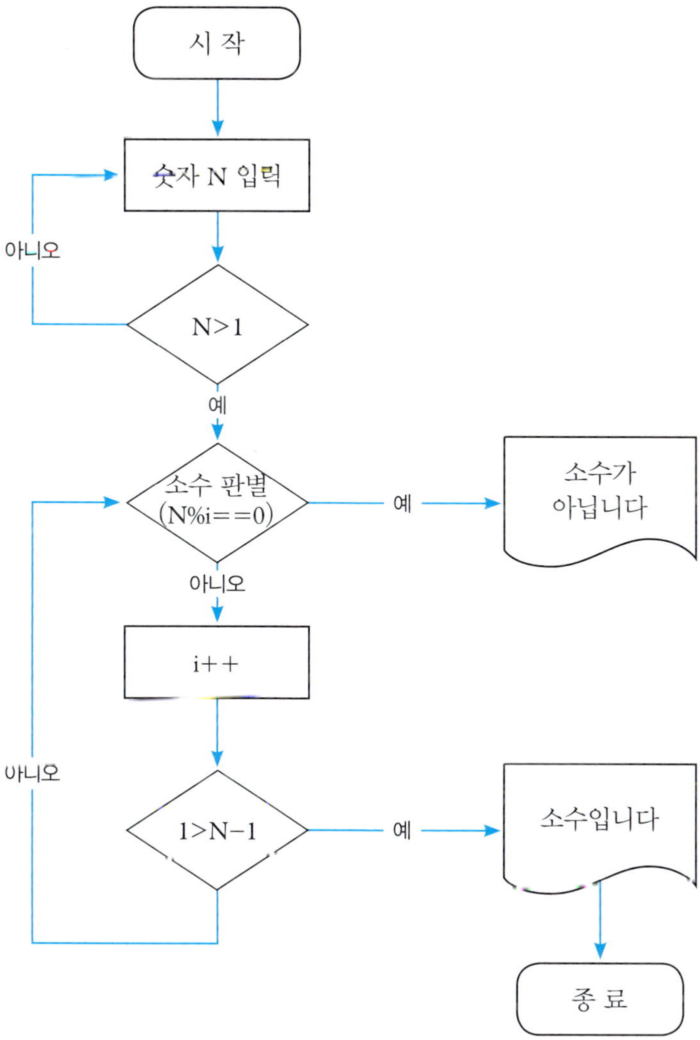

3) 간트 차트(Gantt Chart)

프로젝트의 계획을 수립하면서 필요한 조치나 행동을 시간의 경과에 따라 막대그래프로 표시한다. 막대그래프의 왼쪽 끝은 시작일을, 오른쪽 끝은 종료일을 의미한다. 일정 또는 공정의 진행 상황이나 할당된 시간을 서로 비교할 수 있다.

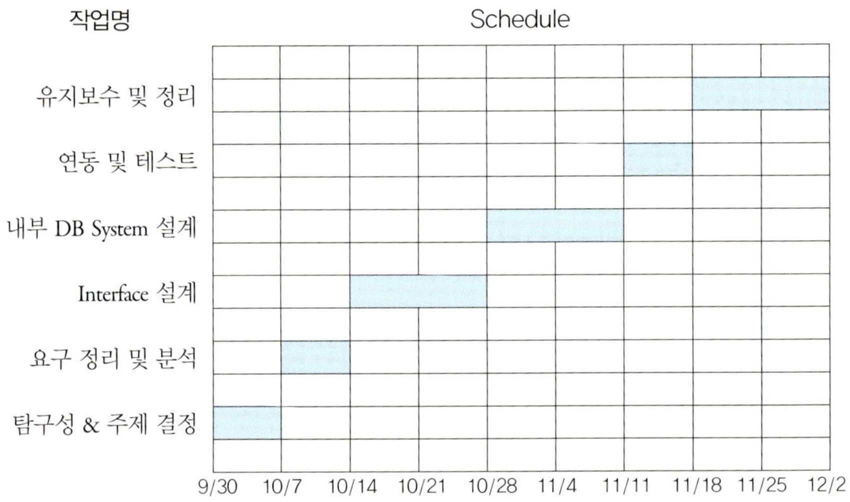

4) 확산 차트/초점 차트

확산 차트와 초점 차트는 서로 상반되는 개념의 차트이다. 확산 차트가 하나의 개념이나 주제에서 시작되어 가지를 치며 확산되는 반면, 초점 차트는 여러 개의 항목에서 시작하여 하나의 항목으로 종결되는 차트이다.

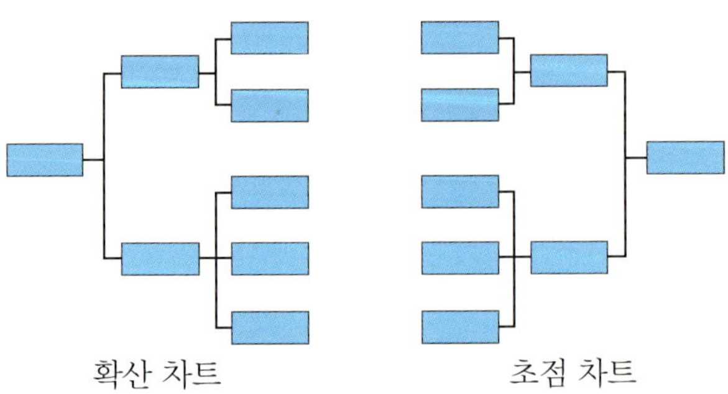

5) 거미망 차트

계층이나 요소의 상관관계가 복합적으로 이루어지는 관계를 표현하는 데 알맞은 차트이다.

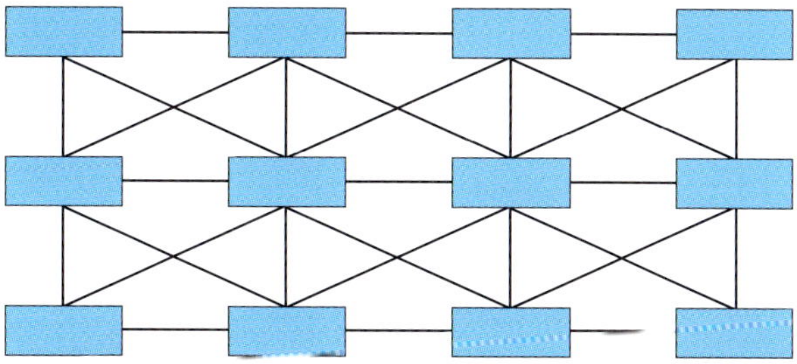

6) SD(Standard Deviation) 차트

리커트(Likert)척도를 이용한 조사 결과를 제시할 때 사용되는 차트이다. 가로선의 양쪽에 반대되는 단어를 사용하여 기호 내지는 취향을 나타내주는 것으로, 전체 이미지를 쉽게 파악할 수 있다.

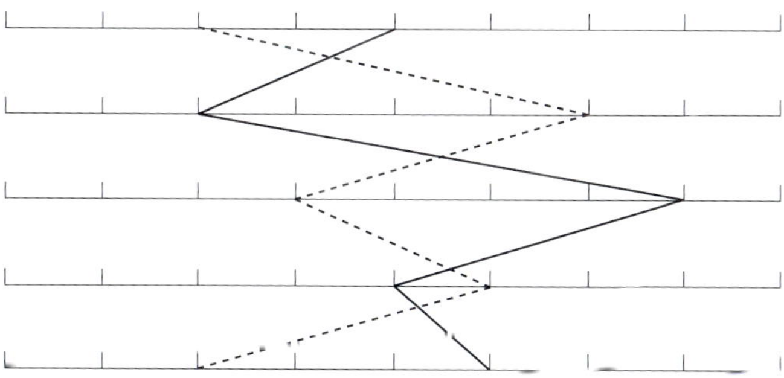

라. 그래프

1) 원 그래프

파이 차트라고도 하는 원 그래프는 데이터가 퍼센트(%)를 나타내거나 전체와의 비율을 나타내는 경우에 사용된다. 유의할 점은 이렇게 나누어진 각각의 파이가 너무 작아 수치를 알아볼 수 없을 때는 '기타'로 묶어서 제시해주는 것이 좋으며, 대개 5개 정도로 원이 나누어지도록 사용하는 것이 좋다. 조각을 너무 많이 내면 알아보기가 힘들기 때문이다. 또한 가장 큰 조각부터 시계 방향으로 제시되어야 한다. 이 원 그래프를 응용하여 반원 그래프, 이중 원 그래프 등을 그릴 수도 있다.

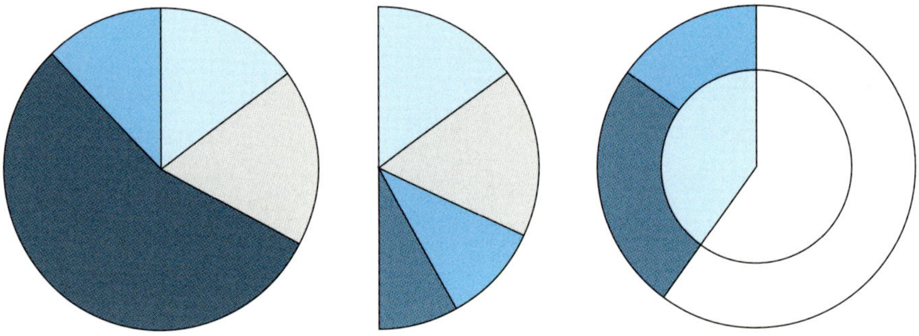

2) 막대 그래프

가장 많이 사용되고 있는 그래프로서, 막대의 길이가 값이나 양을 나타내준다. 막대 그래프에는 수평 막대 그래프와 수직 막대 그래프의 두 종류가 있다. 수평 막대 그래프는 동일 기간에 서로 다른 품목이나 종류를 비교할 때 사용되며, 수직 막대 그래프는 기간이 동일하지 않은, 즉 오랜 기간을 두고 조사한 유사 품목이나 종류를 비교할 때 사용된다.

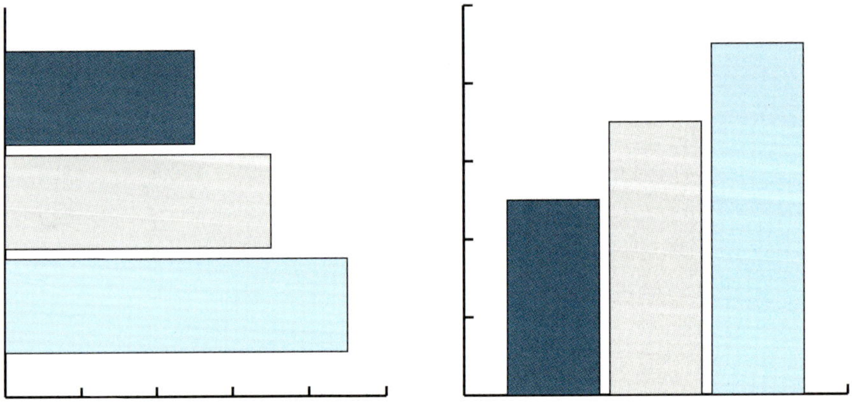

막대 그래프를 응용한 것으로는 쌓아올리기 막대 그래프, 겹치기 막대 그래프, 복합 막대 그래프, 수평 대칭 막대 그래프, 변동 막대 그래프, 편차 막대 그래프 등이 있다.

3) 선 그래프

어느 항목이 시간 경과에 따라 어떻게 변화해갔는지 추세를 나타내는 데 가장 적합한 그래프이다.

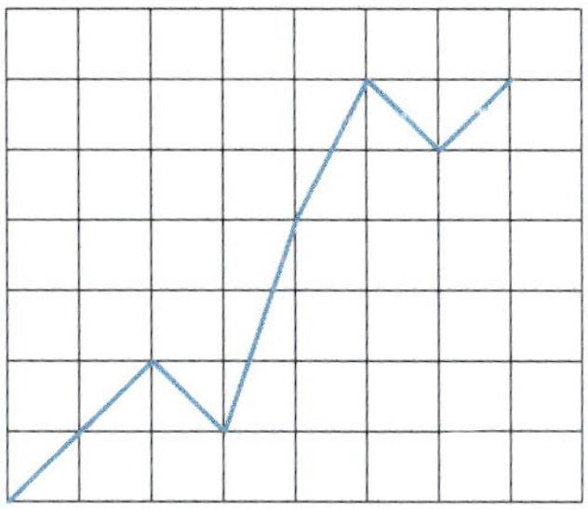

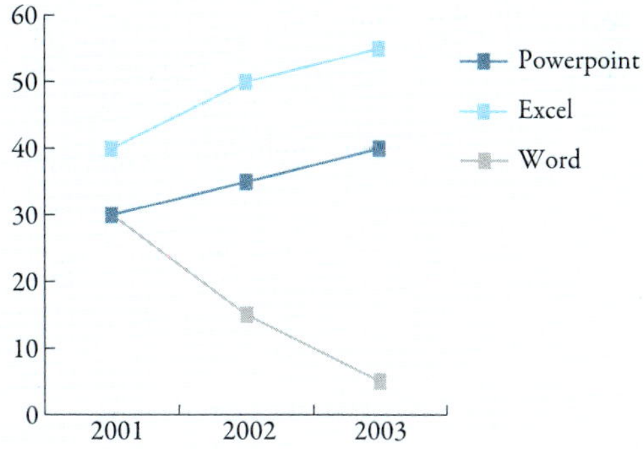

4) 분산 그래프

두 개의 특성 사이에 상관관계 유무와 그 강도를 나타내줄 수 있는 그래프이다.

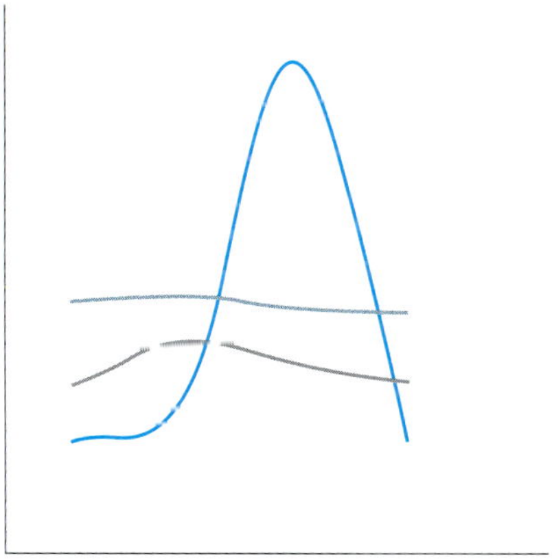

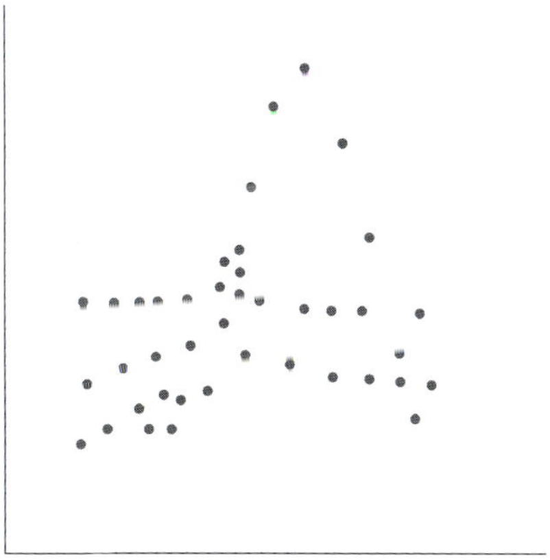

5) 그림 그래프

막대나 원, 선 대신에 사진, 삽화, 도형, 형상 등을 이용하여 그래프를 작성하는 것으로, 각각의 기호(상징물)는 값을 나타낸다.

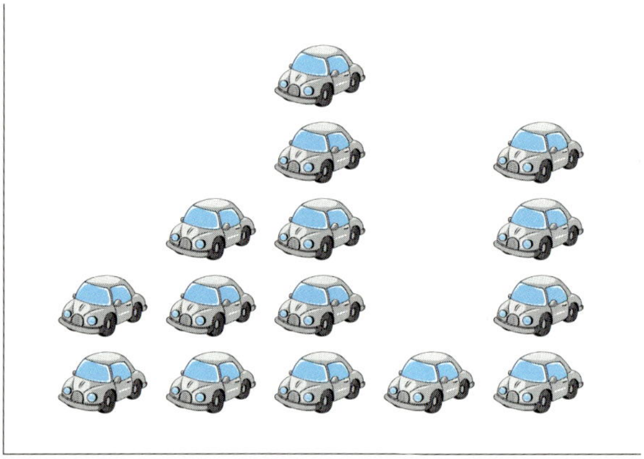

마. 매트릭스(Matrix)

그래프에서 4개의 사분면으로 구성된 것으로, 4개의 차트를 동시에 나타내어 서로간의 개념이나 아이디어를 비교한다. 예를 들어, 마케팅 분석 기법에서의 'SWOT(강점, 단점, 기회, 위험)'처럼 4개의 사분면에 각각을 넣어 서로간에 비교를 할 수 있도록 만드는 것이다.

구 분		내부 요인	
		STRENGTH 1. -- 2. -- 3. --	WEAKNESS 1. -- 2. -- 3. --
외부 요인	OPPORTUNITY 1. -- 2. -- 3. --	OS	OW
	THREAT 1. -- 2. -- 3. --	TS	TW

바. 네트워크 다이어그램(Network Diagram)

회사 내에서 인트라넷 구성을 나타낼 때 사용하며, 대상 간의 연결 관계나 네트워크 구조를 보여준다. 단어, 라인, 기호(symbol), 그림과 함께 사용하며, 구성요소들 사이의 유기적인 연관 관계를 보여준다.

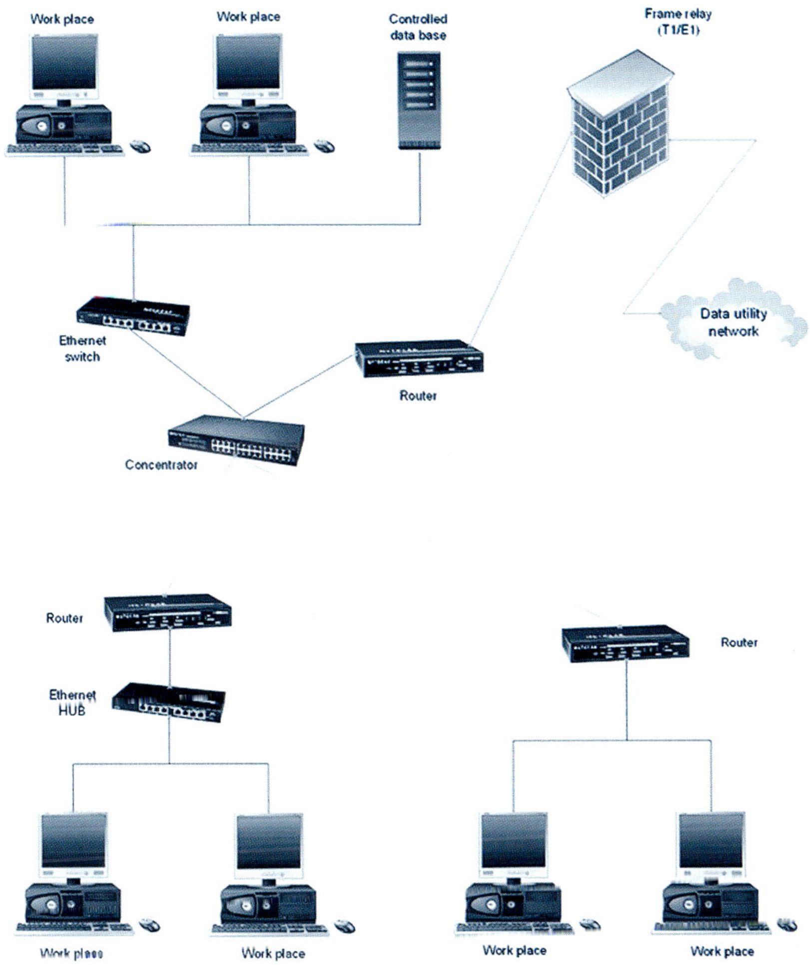

요 약

비주얼을 사용함으로써 청중의 이해력과 집중력을 높일 수 있고, 프레젠테이션의 설득력을 높여 시간을 절약할 수 있다. 또 비주얼은 복잡한 내용을 단순화시킨다. 비주얼을 사용하여 프레젠테이션의 목적 달성 확률을 높일 수 있다.

비주얼을 제작할 때는 다음과 같은 일곱 가지 사항을 고려해야 한다. 첫째, 하나의 비주얼에는 하나의 개념(주제)만을 넣는다. 둘째, 비주얼과 텍스트를 함께 사용한다. 셋째, 비주얼은 간단명료하게 만든다. 넷째, 숫자는 그래프로, 문자는 차트나 도형으로 만든다. 다섯째, 너무 현란한 색상을 사용하는 비주얼은 피한다. 여섯째, 선명하지 않은 비주얼은 사용하지 않는다. 일곱째, 전하는 메시지에 어울리는 비주얼을 사용한다.

비주얼에는 다이어그램, 맵, 차트, 그래프, 매트릭스 등이 있다. 비주얼은 주제와 청중 그리고 상황에 어울리는 것을 선택하여 사용해야 한다.

▶▶▶ 주요 용어

SWOT 분석 어떤 기업의 내부 환경을 분석하여 강점과 약점을 발견하고 외부 환경을 분석하여 기회와 위협을 찾아내어, 이를 토대로 강점은 살리고 약점은 죽이며 기회는 활용하고 위협은 억제하는 마케팅 전략을 수립하는 것을 말한다. 이때 사용되는 4요소를 강점·약점·기회·위협(SWOT)이라고 하는데, 강점은 경쟁 기업과 비교하여 소비자로부터 강점으로 인식되는 것은 무엇인지, 약점은 경쟁 기업과 비교하여 소비자로부터 약점으로 인식되는 것은 무엇인지, 기회는 외부 환경에서 유리한 기회 요인은 무엇인지, 위협은 외부 환경에서 불리한 위협 요인은 무엇인지를 찾아내는 것이다.

▶▶▶ 참고 문헌

심재우, 《GE처럼 커뮤니케이션 하라》, 일빛, 2004.

야하타 히로시, 나상억 옮김, 《프리젠테이션 박사》, 21세기북스, 1996.

한정선, 《프리젠테이션 오! 프리젠테이션》, 김영사, 1999.

Zelazny, G., 김한영 옮김, 《최고의 비즈니스맨이 되려면 - 프리젠테이션으로 말하라》, 씨앗을 뿌리는 사람, 2001.

제4부 | 프레젠테이션의 전달

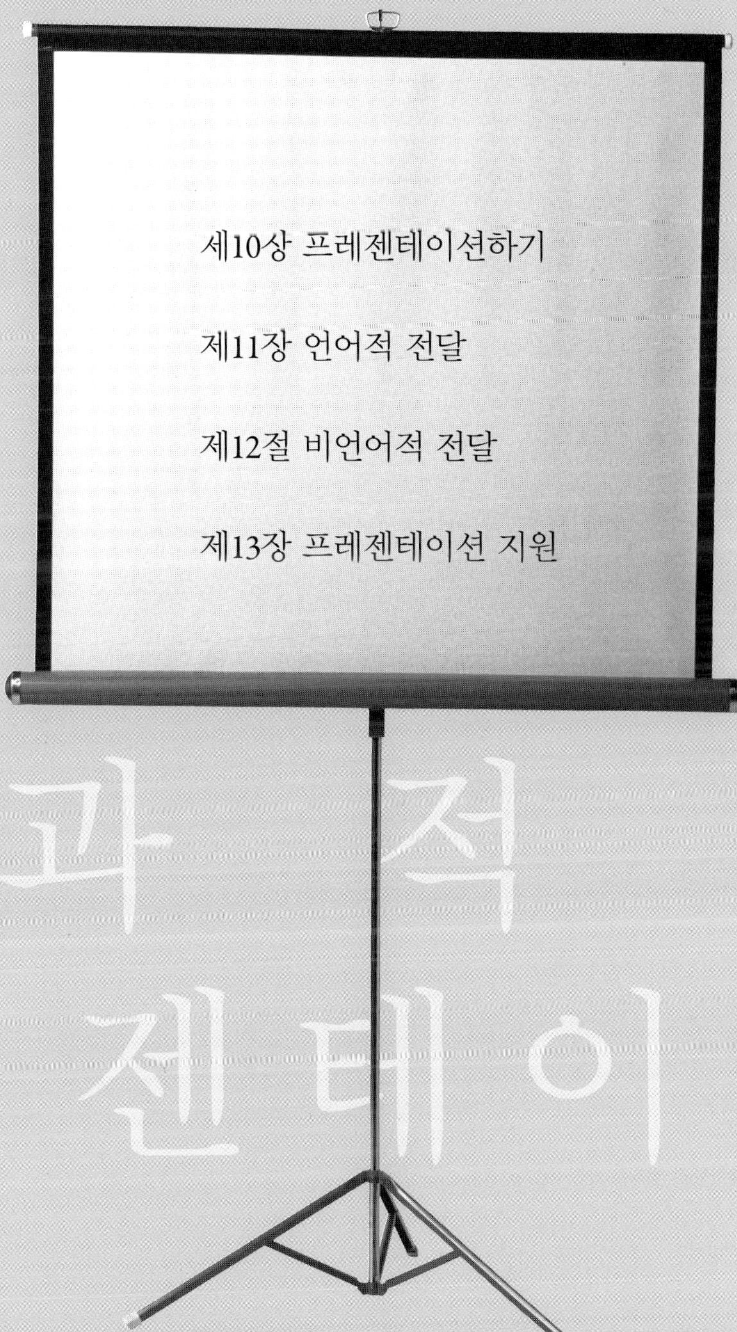

효과적인 프레젠테이션 스킬

제10장 프레젠테이션하기

1. 연습
2. 열정적인 프레젠테이션하기
3. 청중과 상호 작용하기
4. 성공적인 프레젠테이션 전략

학습 목표

◎ 프레젠테이션 전에 연습을 함으로써 프레젠테이션 선날을 보다 효과적으로 수행할 수 있다
◎ 열정적인 자세로 프레젠테이션을 수행할 수 있다
◎ 프레젠테이션 실행 중 청중과 상호 작용의 중요성을 이해할 수 있다
◎ 성공적인 프레젠테이션 전략을 활용할 수 있다

개 요

지금까지 프레젠테이션 전략을 세우고 아우트라인을 구성하여 콘셉트를 정리해왔다. 이런 준비의 과정은 앞으로 행하게 될 프레젠테이션의 전달을 위한 전(前) 과정이라 할 수 있다. 따라서 이제 지금까지 준비해왔던 결과를 청중에게 전달해야 하는 때이다. 청중에게 전달할 때, 사전에 충분히 연습을 한 후에 프레젠터로서 청중 앞에 서서 얼마나 효과적으로 말하는가, 청중을 얼마나 잘 설득할 것인가, 얼마나 청중을 감동시키는가 등이 여기에서 다룰 내용들이다. 청중 앞에서 프레젠테이션을 할 때는 어느 정도의 긴장을 유지한 채 적절한 질문을 던져가며 청중과 상호 작용하면서 열정적으로 임해야 한다. 이처럼 프레젠테이션을 성공적으로 이끌기 위해서는 여러 가지 전략이 활용될 수 있다. 여기에서는 성공적인 프레젠테이션 전달을 위한 방법들에 대해 소개하고자 한다.

1. 연습

프레젠테이션을 앞두고 바쁜 일들이 아무리 많다 해도 연습 스케줄만은 우선적으로 잡아두어야 한다. 절대 생략해서는 안 된다. 많은 청중 앞에 서거나 중요한 고객 앞에서는 누구나 긴장하게 된다. 연극을 준비하기 위해 배우들은 몇 달 동안이나 연습하여 실제 공연을 한다. 이는 프레젠테이션에서도 마찬가지이다. 숙달된 프레젠터라도 예상하지 못한 상황에 처했을 때는 당황하게 마련이다. 그러므로 성공적인 프레젠테이션을 위해서는 많은 연습이 필요하다. 프레젠테이션 상황에서 긴장을 하게 되면 청중 앞에서 말해서는 안 될 속 이야기가 나와버릴 수도 있다. 노트 카드 순서가 잘못될 수도 있다. 혹은 슬라이드를 거꾸로 비추는 일마저도 일어날 수 있다. 연습에서 기교를 부리려 해서는 안 된다. 몇 번이라도 말이 막히고, 실수를 하는 것이 연습이다. 실제 상황에서 실수하기 전에 연습에서 실수를 확인함으로써 같은 실수를 되풀이하지 않게 되기 때문이다.

프레젠테이션의 연습의 절차는 전문가들에 따라 다양하게 구분하고 있다. 장용진(2002)은 ① 준비된 원고의 낭독, ② 비주얼 기기로의 리허설, ③ 실제와 같은 장소에서의 총연습 등의 절차를 제시하였고, 도이 사토시와 다카하시 슌스케(2003)는 ① 스토리 파악, ② 외부인에 의한 체크, ③ 비디오에 의한 체크를 제시하였으며, 최환진과 유종숙(2005)은 ① 원고 중심의 리허설, ② 시청각 중심의 리허설, ③ 최종 리허설의 3단계를, 한정선(1999)은 ① 원고 중심의 리허설, ② 시청각 중심의 리허설, ③ 총연습, ④ 최종 점검의 4단계 절차를 제시하였다.

위에 제시한 각각의 절차들은 용어상의 차이가 있기는 하지만, 전반적으로 비슷한 절차에 따라 구분되고 있음을 알 수 있다. 다만 여기에서 '연습'은 프레젠테이션의 내용을 전달하는 것에 초점을 두었기 때문에 한정선이 제시한 최종 점검 단계는 이 '연습'의 단계에서는 제외하였다. 따라서 여기에서는 최진환과 유종숙(2005)이 제시한 절차를 중심으로 설명하고자 한다.

가. 원고 중심의 연습

원고 중심의 연습은 소리 내어 읽으면서 프레젠테이션을 연습하는 것으로서 단순히 책을 읽는 것이 아니다. TV 뉴스의 아나운서처럼 객관적인 입장에서 무미건조하게 읽는 것이 아니라, 드라마의 주인공처럼 대사를 연기하듯 억양을 살려 자연스럽게 읽는 것이 중요하다. 주로 원고 중에 어색한 단어, 긴 문장, 불명확한 표현을 발견하는 데 주력한다. 새로운 예나 더 좋은 비유를 모색하기도 하고, 띄어 읽기, 잠시 멈추는 부분, 강조할 부분을 결정한다. 특히 프레젠터의 음성이나 어조, 말하는 속도, 쓸데없는 말 습관 등을 확인한다.

프레젠테이션을 할 때는 청중이 듣기 편한 속도, 듣고 이해할 수 있는 속도로 전해야 하므로 대상과 내용에 따라 말의 속도는 달라진다. 파도의 높낮이가 다르듯이 프레젠테이션을 할 때도 속도의 변화가 있어야 청중이 주의를 집중하기가 수월하다.

또한 원고 중심의 연습에서는 내용이 제대로 전개되었는지를 점검하게 되고, 필요한 경우 내용을 줄이거나 보충할 수 있으며, 또 일부 순서를 바꿀 수도 있다. 이러한 수정에 따라 시각 자료 역시 수정을 해야 한다. 이러한 점을 모두 고려한 원고 읽기 연습이 만족스럽게 진행되면 그 다음은 거울 앞에 서서 연습하는 것이 필요하다. 거울은 모습을 그대로 비추어줄 뿐만 아니라 청중의 역할도 할 수 있기 때문이다. 원고와 거울, 즉 청중과 원고를 자연스럽게 오가며 보고 있는지, 표정과 제스처는 어떤지 등을 확인할 수 있다.

혹은 오디오 테이프에 녹음을 한 후 들어보는 것도 많은 도움이 된다. 가끔 녹음된 음성이 자기가 기대하고 있던 음성과 달라 실망하는 사람도 있지만, 녹음기에서 나오는 음성이 청중이 듣게 되는 바로 그 음성이다. 캠코더나 디지털 카메라가 일반화되면서 프레젠테이션 전문 교육기관이나 대학에서는 프레젠테이션 교육의 평가에 이들 영상 장비를 많이 사용하고 있는 편이다.

나. 시청각 도구 중심의 연습

두번째 연습은 시청각 도구를 쓰면서 연습하는 것이다. 자신의 한쪽에 프레젠테이션의 내용을 비추어놓고 그 상황에 적절한 제스처를 쓰면서 연습하는 것이다. 이때 중요한 것은 프레젠테이션 내용이 표시된 화면을 보지 않고 키워드 중심으로 새로 작성한 메모 카드를 이용하는 것이 좋다. 프레젠테이션을 할 때 원고를 읽지 말아야 하는 이유는 다음과 같다.

첫째, 프레젠터가 원고를 읽으면 청중과 시선을 맞추기가 어렵기 때문이다. 메시지를 전달할 때 언어적인 요소보다 비언어적인 요소가 더 크게 작용한다. 그런 점에서 청중과의 눈맞춤은 메시지를 전달하는 매우 중요한 방법이므로 되도록 청중과 눈맞춤을 유지하는 것이 좋다. 둘째, 원고를 읽으며 청중을 바라보는 것을 반복하면 원고의 어느 부분을 읽고 있는지 잊어버리는 경우가 발생할 수도 있기 때문이다. 셋째, 목소리가 억양 없이 단조롭게 되기 때문이다. 원고를 지속적으로 보면서 읽다보면 결국에는 생동감이 사라지고 억양의 변화가 없어지며 목소리가 단조로워져 지루해지는 결과를 낳는다. 마지막으로, 원고를 계속 읽고 있으면 청중들은 프레젠터가 비전문가라는 인상을 받는다. 프레젠터가 청중에게 전문가라는 인식을 주어야 설득력이 높아지게 된다. 그러나 자꾸 원고를 보게 되면 전문가라기보다는 초보자라는 인상을 주게 되므로 주의해야 한다.

다음으로 프레젠테이션에서는 원고를 프레젠터에 맞게 요약한 메모 카드의 활용이 중요하다. 이런 메모 카드를 적절히 활용하기 위해서는, 첫째, 문자를 쓰는 것이 아니라 핵심 단어를 기록하며, 둘째, 시작부터 끝까지 순서대로 작성하며, 셋째, 띄어 읽기, 잠시 멈춤, 강조할 부분을 표시하고, 넷째, 시간 관리를 위해 생략할 수 있는 부분을 표시하며, 10매 내외로 작성하는 것이 좋다.

시청각 도구를 이용한 연습 과정은 동료가 봐주거나 캠코더로 녹화하도록 한다. 이를 통해 프레젠터의 얼굴 표정, 손놀림, 고갯짓, 제스처 등을 관찰하고, 메모 카드와 시청각 도구를 활용하는 데 문제점이 없는지 체크한다. 여기에서 하나 더 점검해야 할 사항은 시청각 중심의 연습 과정이 프레젠테이션을 위해 주어진 시간 안에 끝마쳐졌는지의 여부이다. 연습이 훌륭했다고 하더라도 주어진 시간을 초과하였다면 미처 준비한 내용을 다 전달하지 못한 채 끝나게 되며, 반대로 시간이 남는 경우에는 여러 방법을 동원하여 효과적인 프레젠테이션을 만들 수 있기 때문이다.

〈표 11〉 시청각 도구 중심의 연습 시 체크할 사항들

구분	점검 사항
내용 전달	메시지가 명확하고 쉽게 전달되는가?
제스처	표정, 제스처가 자연스럽고 설득력이 있는가?
시선 처리	청중에 대해 자연스럽게 시선 배분을 하는가?
음성	음성이 낭랑하고 발음이 명확한가?
속도	말의 속도가 지나치게 빠르거나 늦지 않은가?
변화	음성이나 제스처 등에 변화를 주는가?
인상	강한 인상을 남기고 있는가?

자료 : 최환진, 유종숙, 《프레젠테이션 프로페셔널》, 커뮤니케이션북스, 2005, 70쪽.

다. 최종 연습

위의 과정을 거치며 준비한 프레젠테이션의 연습은 실제 프레젠테이션 장소에서 의상을 갖추고 시청각 도구를 이용하여 실제로 해보는 것이 중요하다. 그러나 경우에 따라서는 그 장소에서 할 수 없는 경우도 있을 것이다. 그렇다면 가능한 한 유사한 환경에서 연습을 해보는 것이 좋다. 우리가 재미있게 보는 TV 드라마나, 연극, 공연 등도 실제 장소나 유사한 환경에서 많은 연습을 한다는 것을 알고 있을 것이다. 여기에서 최종 연습을 실제 장소나 그와 유사한 환경에서 연습해보라고 하는 것은, 이 단계의 연습이 내용에 대한 숙지가 어느 정도인지 점검하기보다는, 실제 장소에서 발생할 수 있는 환경의 방해 요소를 사전에 발견해 제거하기 위한 것이다.

실제로 최종 연습에서는 프레젠터가 지닌 문제점이 무엇인지 구체적이면서 체계적으로 짚어볼 수 있어야 하는데, 프레젠터가 직접 자신을 평가하기에는 어려움이 많다. 따라서 이런 문제를 해결하는 방법 가운데 좋은 것은 주위 동료들을 활용하는 것이다. 주위 동료들이 프레젠터가 실시한 프레젠테이션에 대해 각각의 중요한 요소들을 점검해줌으로써 프레젠터가 지닌 문제점을 청중의 입장에서 쉽게 파악할 수 있기 때문이다. 다음은 이런 방법을 적용한 평가 시트의 예이다.

따라해보기

평가 시트

내용	(평가 대상 이름)			
평가 내용	Bad(3–4)	Medium(5–6)	Good(7–8)	Excellent(9–10)
내용(Content)				
제스처(Gesture)				
시선 처리(Eye contact)				
음성(Voice)				
속도(Speed)				
다양성(Variety)				
청중 반응 등(Impression)				
Total/sub total				
Comment				

자료 : 장용진, 《프리젠테이션 모든 것》, 청림출판, 2002, 222~223쪽.

또한 프레젠테이션은 현장에서 이루어지는 것이므로 현장을 사전에 점검해야 한다. 최종 점검에는 장소에 대한 점검과 프레젠테이션 기자재 관련, 전기 관련, 기타 등으로 구분할 수 있는데, 다음을 참조하면 된다.

〈표 12〉 최종 점검 시 체크할 사항들

구분	점검 사항
장소	장소의 크기가 청중의 수에 비해 적당한가?
	좌석 배치가 프레젠테이션 의도에 맞게 배열되었는가?
	시청각 기자재의 배치가 청중의 시야, 프레젠테이션 동선을 감안해 제대로 되었는가?
기자재	마이크가 이동성이 있는가? 음량은 제대로 조정되는가?
	시청각 기자재는 제대로 작동하는가?
	컴퓨터 하드웨어와 소프트웨어의 버전은 문제가 없는가?
	슬라이드의 색이나 음량 등은 제대로 조정되었는가?
전기 관련	전압은 시청각 도구와 맞는가?
	변압기와 연결선은 준비되었는가?
	위치별 전등·점멸 스위치는 어디에 있고, 어떻게 작동하는가?
	냉난방은 어떻게 조정되는가?
기타	음료 서비스는 준비되어 있는가?
	음료는 언제 누가 서빙하는 것이 좋은가?
	건물 내 방송은 차단되어 있는가?
	프레젠터가 볼 수 있도록 시계가 비치되어 있는가?

자료 : 최환진, 유종숙, 《프레젠테이션 프로페셔널》, 커뮤니케이션북스, 2005, 70~71쪽 재구성.

2. 열정적으로 프레젠테이션하기

"자신이 이야기하는 것에 가슴과 정신을 담아라. 진실된 감정이야말로 세상의 어떤 스피치 법칙보다 더 큰 효과를 가져다준다"고 데일 카네기가 말했듯이, 프레젠터로서 성공적인 프레젠테이션을 마치기 위해서는 단지 명확하게 주요 메시지를 제시하는 것만으로는 부족하며, 참가자와 관련된 의미 있는 메시지를 전달하는 것만으로도 역시 부족하다. 성공적인 프레젠테이션이 되기 위해서, 그리고 유능한 프레젠터가 되기 위해서는 또 다른 것이 필요한데, 이것이 바로 프레젠터의 열정 혹은 자신감이라 할 수 있다. 즉, 프레젠터는 열정을 가지고 프레젠테이션을 진행해야 한다. 이 요소야말로 수많은 청중을 대상으로 한 프레젠테이션에서 더할 나위 없이 중요한 것이다. 이러한 열정은 전염성이 있기 때문에 청중에게 전파되어 그들의 집중도를 높이고 결국 프레젠터와 청중이 상호 작용하게 만들어준다. 또한 프레젠테이션에서 열정은 다음과 같은 이유에서 도움을 준다.

첫째, 프레젠터의 열정은 프레젠테이션 지원 도구들이 할 수 없는 것을 보충해준다. 프레젠테이션에서 사용하는 여러 가지 도구들(컴퓨터, 빔 프로젝터, OHP, 슬라이드 등)은 프레젠테이션을 시각적으로 보완해줄 수 있는 효과적인 도구이다. 그러나 컴퓨터와 같은 것들이 할 수 없고 프레젠터만이 할 수 있는 유일한 것이 있다. 그것은 프레젠테이션에 열정과 같은 에너지를 불어넣는 것이다.

많은 사람들은 프레젠테이션에서 중요한 것으로 청중에게 전달하고자 하는 내용만을 생각하여 여기에 대부분의 시간을 할애한다. 그리고 프레젠테이션이 시작되었을 때 프레젠터는 본인이 작성한 자료를 책 읽듯이, 내용만 청중에게 전달하는 경우가 많다. 그렇다면 굳이 프레젠테이션을 할 이유가 없다. 프레젠터와 청중이 만나 메시지를 전달하는 것은 단순히 내용만을 전해주는 것이 아니다. 프레젠터가 열정적으로 전달함으로써 청중은 관심을 가지며 적극적으로 참여하게 된다. 이처럼 열정적인 프레젠테이션은 다음과 같은 특성과 효과를 가지고 있다(Kops, 2004).

- 열정적인 프레젠테이션은 인간의 감성에 호소한다.
- 열정적인 프레젠테이션은 청중을 하나 되게 하는 힘을 가지고 있다.
- 유능한 프레젠터와 평범한 프레젠터의 차이점은 열정적인 프레젠테이션의 수행 여부에 의해 결정된다.
- 열정적인 프레젠테이션은 청중에게 제시되는 프레젠테이션 내용뿐

만 아니라 프레젠터로서 당신의 모습을 기억하게 한다.

둘째, 열정적인 프레젠테이션은 설득적 프레젠테이션에서 매우 효과적이다. 프레젠터로서 설득적 프레젠테이션을 할 때 프레젠터는 당당하면서도 자신 있게 청중에게 내용을 전달해야 한다. 그렇지 않고 기죽은 표정을 지으며 자신감이 결여된 상태로 청중에게 내용을 전달하고자 한다면 청중을 설득시켜 변화시킨다는 것은 기대할 수 없다. 열정적인 프레젠테이션은 프레젠터뿐만 아니라 청중들까지도 프레젠테이션에 몰입하게 만들 수 있다. 청중을 몰입하게 함으로써 청중을 프레젠터의 편으로 만들어 보다 효과적인 설득을 이루어낼 수 있을 것이다.

열정적인 프레젠테이션을 수행하기 위해서는 언어적 또는 비언어적인 요소를 잘 활용해야 한다. 먼저, 언어적인 측면을 살펴보자. 만일 프레젠테이션을 실행하는 동안 책을 읽듯이 한결같은 목소리로 내용을 전달한다면 청중은 쉽게 지루해 할 것이다. 따라서 목소리의 크기, 어조, 억양 등을 상황에 맞게 구사해야 한다. 비언어적인 측면을 살펴보면, 프레젠터는 적절한 제스처를 활용해야 한다. 효과적인 제스처는 프레젠테이션을 돋보이게 하고 청중의 몰입도를 증가시킨다. 시각적인 프레젠테이션을 하면 할수록 청중의 관심을 유도할 수 있다. 이와 더불어 프레젠테이션 상황에 맞는 표정을 지어주는 것이 좋다. 프레젠테이션을 할 때 웃거나 찌푸리는 것에 대해서 걱정할 필요는 없다. 일반적으로 무표정한 프레젠터보다는 얼굴에 진실한 감정이 담겨 있는 사람을 좋아하게 마련이기 때문이다.

가. 열정(자신감)의 결여는 어디에서 오는가?

위에서 언급한 것처럼 열정과 자신감이 성공적인 프레젠테이션에 더할 나위 없이 중요한 요소임은 자명하지만, 실제 프레젠테이션 현장에서 열정과 자신감을 가지고 행한다는 것은 쉽지 않은 일이다. 대부분의 사람들은 청중 앞에 설 때 두려움, 떨림, 더 나아가 공포감을 경험한다. 물론 사람에 따라서 예외는 있겠지만, 누구나 한번쯤 프레젠테이션에서 경험하는 떨림, 긴장감, 공포감의 원인은 부모의 성격, 성장 환경, 교육, 충격이나 안 좋은 기억 등에 의해서 형성된다(윌리엄 장, 2006).

먼저 부모의 성격과 관련해서는, 요즘 TV를 보면 연예인의 2세들이 TV에서 활동하는 경우가 많이 늘었다는 점을 하나의 예로 들 수 있다. 이처럼 부모가 지니고 있는 재능을 물려받아 2세의 경우도 대중 앞에 적극적이고 당당하게 활동하는 것을 보게 되는데, 흔히 부모의 능력을 자녀들이 물려받았을 확률이 높다고들 한다.

우리나라는 유교의 영향을 많이 받아서인지 타인 앞에 나서서 행동하는 사람들에 대해 반감을 가지거나 어른들과의 대화에 자기 의견을 발하는 것에 대해 부정적인 시각을 가지고 있는 경우가 있다. 이런 사회적 환경하에서 성장해온 경우, 타인 앞에서 당당하게 이야기를 한다는 것은 매우 어려울 수 있다.

다른 측면으로 우리나라의 학교교육 시스템도 많은 영향을 주었다. 지금은 많이 개선되었지만, 과거의 학교교육은 교사가 학생에게 일방적으로 내용을 전달하는 주입식이 많았다. 초등학교, 중학교, 고등학교 12년 동안 이런 교육 체제하에서 다른 학생들과 진지하게 논의하고 발표하는 형식의 교육은 현실적으로 기대하기 어려웠고, 이런 점이 성인이 되어서도 발표나 프레젠테이션에 두려움을 갖게 만들었을 수 있다. 왜냐하면 대부분의 사람들은 낯선 것, 즉 자신이 경험해보지 못한 것을 두려워 하기 때문이다.

나. 열정과 자신감의 개발

위에서 언급한 열정적인 프레젠테이션을 방해하는 요소들은 누구나 노력을 하면 극복할 수 있는 것들이다. 이런 열정과 자신감은 프레젠테이션 전문가의 전유물이 아니라 누구나 노력하면 달성할 수 있는 것들이다. 앞에서 이야기한 것처럼 프레젠테이션에서 청중의 참여를 유도하는 데 프레젠터의 열정은 매우 중요하며, 이를 개발하기 위해서는 많은 노력이 필요하다. 열정의 개발은 단시간에 이루어지는 것이 아니라 많은 시간을 투자해야 하기 때문에 체계적인 과정이 필요하다. 열정의 개발 방법으로 윌리엄 장(2006)과 장용진(2002)은 다섯 가지 주요 원칙을 제시하였다.

1. 공포감의 실체를 알아라
2. 철저한 준비를 하라
   - 철저한 준비는 강한 자신감을 준다
   - 암기하지 말고 이해하라
   - 해보면 자신감이 붙는다
3. 잠재능력을 활용하라
   - 당신의 잠든 거인을 흔들어 깨워라
4. 자신감 있게 행동하라
   - 적극적·긍정적 사고로 무장하라
   - 태연한 척하라
5. 전문가의 도움을 받아라

열정과 자신감 개발 방법

자료 : 장용진, 《프레젠테이션 모든 것》, 청림출판, 2002, 79쪽.

찾아보기

열정과 자신감의 개발

열정과 자신감의 개발 방법에 대해서는 장용진의 《프레젠테이션 모든 것》(2002)을 참조하기 바란다.

1) 공포감의 실체를 알아라

많은 사람들은 대중 앞에 섰을 때 자기 자신만 떨리고 두려움을 느낀다고 생각하는 경향이 있다. 그러나 이러한 경험은 자기 자신만이 아니라 누구나 경험하는 것이다. 다만 그 떨림의 정도에서 차이가 있을 뿐이다. TV 프로그램에서 흔히 보듯이, 사회자가 가수에게 많은 사람들 앞에 서서 떨리지 않느냐고 질문하면 그 가수도 긴장되고 매우 떨린다고 대답한다. 이처럼 많은 대중을 상대하는 가수들도 그런 상황에서는 긴장하게 마련이다. 그런 상황에 처하게 되면 있는 그대로의 모습, 그대로의 마음을 받아들이는 마음가짐이 필요하다. 그렇게 하다 보면 오히려 편안함을 느끼게 되고 자신감을 갖게 될 것이다.

2) 철저한 준비를 하라

프레젠테이션에서 열정과 자신감을 가지게 하는 방법 가운데 하나는 사전에 프레젠테이션과 관련된 모든 것을 철저히 준비하는 것이다. 프레젠

따라해보기

열의를 느끼게 하는 기술

- 커다란 목소리로 확실히 말한다.
- 억양을 주어 리듬감 있게 말한다.
- 몸짓/손짓을 넣어 말한다.
- 때로는 청중과 거리를 좁혀서 말을 건다.
- 눈에 힘을 주어 아이 콘택트를 취한다.
- 항상 긍정적인 표현을 말한다.
- 슬라이드를 읽지 말고 자신의 언어로 말한다.
- 자신의 생각을 말한다.

자료 : 장용진, 《프레젠테이션 모든 것》, 청림출판, 2002.

터로서 3P분석을 철저히 했다면 많은 도움이 될 것이다. 많은 경험과 노하우를 가지고 있는 프레젠터라 하더라도 수행해야 할 프레젠테이션에 대해 준비를 못하게 되면, 청중에게나 본인에게도 만족스럽지 못한 프레젠테이션이 될 것이다. 초보자의 경우라면 더 말할 것도 없다. 철저한 준비는 프레젠터에게 보다 당당한 자신감을 줄 뿐만 아니라, 오히려 연단에 서는 것이 기다려지기까지 할 만큼 기대감을 주는 장점을 가지고 있다.

철저히 준비한다는 것은 프레젠테이션 내용을 모두 암기해야 한다는 것이 아니다. 암기해서 발표하는 내용은 프레젠터의 감정이 녹아 있는 것이 아니기 때문에 청중들과 공감대를 형성할 수 없다. 다시 말해서, 청중들을 프레젠테이션에 몰입하게 만들 수 없다. 암기보다 말하고자 하는 내용을 메모 노트에 요점식으로 정리해가면 오히려 진행하는 데 더 편안하고 도움이 될 것이다.

3) 잠재능력을 활용하라.

세상 일이 마음먹기에 달렸다는 말이 있듯이, 우리가 어떻게 생각하느냐에 따라서 우리의 행동에도 변화가 일어나게 마련이다. 부정적인 사고를 품은 사람은 자신의 실패에 대해 두려워 하고 그런 경험을 회피하고자 하는 반면, 긍정적이고 능동적인 사고로 무장된 사람은 자신의 능력을 믿고 끊임없이 도전하고자 한다. 이처럼 자신의 능력을 믿고 노력할 때 현재 지니고 있는 능력뿐만 아니라 숨어 있는 능력도 개발할 수 있을 것이다. 이렇게 자신의 사고를 변화시켜 무궁무진한 잠재적 능력을 적극적으로 활용할 수 있도록 해야 한다.

4) 자신감 있게 행동하라

자신감 있게 행동하기 위해서는 적극적이고 긍정적인 사고를 지녀야만 한다. 앞에서 말했듯이, 우리가 어떻게 생각하느냐가 우리의 행동에 영향을 준다. 따라서 우리가 적극적이고 긍정적인 사고를 갖게 되면 우리의 몸도 적극적인 방향으로 움직이게 되어 자신감과 열정이라는 것이 생겨나게 된다. 반대로 우리가 부정적인 사고를 갖게 되면 우리의 행동도 소극적으로 변하고 부정적인 사람이 되어 열정과 자신감도 잃게 된다. 따라서 자신감 있게 행동하기 위해서는 적극적이고 긍정적인 사고를 갖도록 해야 할 것이다.

또한 이와 함께 청중들 앞에 섰을 때 이미 용기를 지니고 있는 것처럼 늠름한 태도를 취해야 한다. 남들 앞에서 말할 때나 프레젠테이션을 할 때 마치 경험이 풍부한 전문가처럼 자신감 있게 행동하는 것이 대단히 중요하다.

5) 전문가의 도움을 받아라.

열정과 자신감으로 무장한 프레젠터가 되기 위하여 그 분야 전문가의 도움을 받는 것도 하나의 방법이다. 프레젠테이션은 프레젠터 혼자 하는 것이 아니다. 즉, 청중과의 상호 작용을 통해 비로소 프레젠테이션이 완성되는 것이다. 프레젠테이션을 연습할 때 타인 앞에서 연습한 후 피드백을 받는 것이 도움이 되듯, 열정을 지닌 프레젠터가 되는 것은 혼자만의 노력으로는 불가능하다. 따라서 그 분야 전문가들의 살아 있는 경험을 공유할 필요가 있다. 그럼으로써 자신이 그와 같은 상황에 처했을 때 보다 효과적으로 대처하는 데 도움이 될 것이고, 보다 훌륭한 프레젠테이션이 될 가능성은 높아질 것이다.

3. 청중과 상호 작용하기

많은 사람들은 프레젠테이션을 멋진 비주얼을 사용하여 발표하는 기술, 혹은 청중에게 내용을 논리적으로 설명하여 정보를 전달하는 것으로 생각하는 경향이 있다. 이는 프레젠테이션을 잘못 이해한 것으로, 프레젠테이션은 청중과 상호 작용을 통해 완성하는 것이라 볼 수 있다. 프레젠터가 전달하고자 하는 내용을 청중에게 전해주었다고 해서 성공적인 프레젠테이션이 이루어졌다고는 할 수 없으므로, 청중에 의해서만 프레젠테이션의 성공과 실패가 결정된다고 해도 과언은 아니다.

이와 같이 프레젠테이션에서 청중이 차지하는 비중은 매우 크므로, 프레젠테이션 과정 중에 청중과 상호 작용하는 것이 매우 중요하다 할 수 있다. 이와 관련하여 후쿠다 타케시(2006)는 ① 주고받기, ② 현재 상황에 집중하기, ③ 청중의 중요성 재인식이라는 세 가지를 제안하였고, Kops(2004)는 ① 청중이 말하도록 유도하기, ② 폐쇄형 질문은 피하기, ③ 개방형 질문으로 대화하기, ④ 대화형 질문의 효과적 사용 등을 제시하였다. 여기에서는 Kops가 제안한 네 가지를 중심으로 살펴보고자 한다.

가. 청중이 말하도록 유도하기

우리나라의 전통문화인 '판소리'를 보면 '일청중 이고수 삼명창'이라는 말이 있다. 이는 청중과 프레젠터라 할 수 있는 소리꾼과의 상호 작용을 매우 중요시하고 있음을 말해준다. 소리꾼이 판소리를 진행하는 동안 청중은 추임새를 통해 참여한다. 이 과정에서 소리꾼은 청중에게 참여를 강요하는 것이 아니라 자연스럽게 자발적으로 참여하도록 만든다. 만약 청중의 참여가 없다면 판소리를 이끌어나가는 소리꾼도 힘이 빠질 것이며, 판소리는 결국 실패할 것이다.

프레젠테이션도 판소리와 마찬가지이다. 프레젠테이션을 진행하는 동안 프레젠터가 처음부터 끝까지 모든 말을 해야 한다는 생각은 버려야 한다. 훌륭한 프레젠터는 이야기를 멈추고 청중에게 말할 기회를 주어야 할 때를 잘 알고 있어서 청중이 프레젠테이션에 참여하도록 유도한다. 그러나 이러한 과정에서 청중의 주의를 끌기 위하여 지나치게 욕심을 부려서는 안 된다. 그렇게 하면 오히려 역효과를 내게 된다.

청중에게 참여의 기회를 줌으로써 프레젠터가 청중에게 일방향적으로 말하던 것에서 벗어나 프레젠터와 청중이 쌍방향적으로 이야기하게 될 것이다. 이렇게 함으로써 참여한 모든 사람을 프레젠테이션으로 끌어들이게 될 것이다. 이렇게 되면 청중의 입장에서는 프레젠테이션에 자신들의 생각이 반영되기 때문에 좋아할 것이다.

나. 폐쇄형 질문은 피하기

질문을 던지는 목적은 당신의 청중과 대화를 시작하기 위해서이다. 예를 들어, 서울에서 부산에 살고 계신 친척 어른을 뵙기 위해 부산행 버스를 탔는데 자신의 마음에 드는 이성이 옆자리에 앉았다고 가정해보자. 장시간 여행의 지루함을 덜어보고자 대화를 유도하기 위해 "지금 몇 시인가요?"라는 질문을 했다면, 이는 대화를 유도하기보다는 오히려 단절을 가져올 것이다. 프레젠테이션에서 프레젠터가 이러한 질문을 한다면 답은 들을 수 있을지언정 청중과 프레젠터 사이의 대화는 진행되지 않을 것이다. 이와 같은 질문들을 바로 폐쇄형 질문이라고 한다. 폐쇄형 질문은 다음과 같은 것들로서, 가급적 피해야 할 것들이다.

- 손을 들어 거수로 응답해야 하는 질문
  예 : 오늘 진로 상담 프로그램에 참석하신 학부모님은 모두 몇 분입니까?
- 예/아니오로 대답해야 하는 질문
  예 : 당신은 학교의 성적 관리 프로그램을 개선해야 한다고 생각하십니까?
- 단 하나의 정답이 있는 경우
  예 : 현재 한국의 스타벅스 체인점은 몇 개입니까?

다. 개방형 질문으로 대화하기

위의 예에서처럼 옆에 앉은 사람과 대화를 하기 위해서는 폐쇄형 질문이 아니라 개방형 질문을 하는 것이 좋다. 개방형 질문(open-ended questions)

생각해보기

당신이 최근 수행했던 프레젠테이션을 생각해보라. 그 프레젠테이션에서 당신은 개방형 질문을 사용하였는가? 만약 사용하였다면 청중의 참여를 유도할 수 있었는가?

은 답이 예/아니오밖에 없거나 또는 정답이 있는 질문이 아니라, 청중이 어떠한 형태로든 원하는 대답을 하도록 허용하는 형태라 할 수 있다. 예를 들어, 대학 예비 졸업자를 대상으로 한 경력 상담 프로그램에서 프레젠터가 "당신은 직업을 구하기 어렵습니까?" 대신에 "왜 당신은 직업을 구하기가 어렵다고 생각하십니까?"로 묻는 것이 개방형 질문이라 할 수 있다.

이러한 개방형 질문들은 솔직하고 개인적이며 자발적인 답을 이끌어내어 청중들이 프레젠테이션에 적극적으로 참여할 수 있게 하고, 폐쇄형 질문보다 정서적 표현을 촉진시킬 수 있으며, 자신들의 경험을 말할 수 있어서 모두가 응답할 수 있다는 점에 그 특징이 있다. 아울러 정답이 없다는 것 또한 특징이다. 이렇게 질문함으로써 프레젠터는 자신의 프레젠테이션 주제에 대해 청중이 어떻게 행동하는지를 알 수 있을 것이다.

이처럼 질문을 하는 것도 프레젠테이션 기술 가운데 하나이다. 따라서 청중이 모든 상황을 접해보지 않았을 가능성이 있으므로 프레젠테이션을 준비할 때 질문할 내용에 대해 생각해보아야 한다. 그것은 청중의 참여를 이끌어내는 좋은 방법이다.

라. 대화형 질문의 효과적 사용

청중의 참여를 유도하기 위해서는 대화형 질문을 사용하는 것이 좋은 방법이다. 대화형 질문을 하는 이유는 청중의 참여를 유도하기 위해서이다. 앞에서 언급한 바와 같이, 프레젠테이션은 프레젠터와 청중이 함께 만들어가는 것이다. 따라서 청중의 참여를 유도해야 프레젠테이션은 성공할 수 있다.

프레젠테이션에서 프레젠터는 청중들에게 개방형 질문을 제시함으로써 청중들이 원하는 것을 파악할 수 있다. 여기에서 중요한 것은 프레젠터가 청중들에게 질문을 했으면 그에 대해 반드시 응답을 해야 한다는 것이다. 청중들의 응답에 대해 프레젠터가 아무런 반응이 없다면 청중들은 무시당했다는 느낌을 가질 수 있으며, 프레젠터의 다음 질문에 대해 반응하지 않을 수도 있다. 따라서 프레젠터는 적절한 말로 응답해야만 한다. 예를 들어, "저도 여러분의 생각에 동의합니다", "저에게 많은 도움이 되었습니다" 등으로 표현할 수 있을 것이다.

대화형 질문의 한 예로서 아이스 브레이커(ice breaker)가 있다. 이는 프레젠터와 청중 사이에 대화나 상호 작용을 시작할 때 던지는 질문이다. 전달하려는 주요 주제와 관련된 질문을 던지면서 프레젠테이션을 시작하여 청중들의 반응들을 이끌어낸 다음, 메시지에 대해서 자세히 소개하면 된다. 이러한 대화형 질문을 할 때는 다음의 몇 가지 사항을 명심해야 한다(Kops, 2004).

- 프레젠테이션 계획 단계에서 세밀하게 질문을 준비하라. 프레젠테이션 대상인 청중이 누구인지를 생각해보고, 어떤 개방형 질문이 청중에게 호소력이 있는지를 생각해보라.
- 개방형 질문과 폐쇄형 질문 간의 차이점을 기억하라. 어떤 경우에는 폐쇄형 질문을 던진 다음, 이어서 개방형 질문을 할 수 있을 것이다.
- 개방형 질문을 할 때는 청중에게 응답할 시간적인 여유를 주어야 한다. 청중은 자신들을 프레젠테이션에 참여시키기 위해 당신이 질문했다는 것을 뒤늦게 알아차릴 수 있기 때문이다. 따라서 청중에게 대답을 정리할 시간이 필요하다.
- 청중 가운데 누구도 응답하지 않는다면, 다시 두번째 질문을 던지지 말고 당신이 이야기하려 했던 것을 말하라. 청중에게 무언가를 말할 수 있는 시간을 주어야 한다.
- 여러 사람으로부터 질문에 대한 답변을 듣고나서는 곧바로 프레젠

테이션 내용으로 되돌아가야 한다. 이 시점에서 청중의 답변을 요약·정리하는 것도 좋다.

앞에서 언급한 것과 같이, 대화형 질문의 목적은 청중을 참여하게 하는 것이다. 특히 설득적 프레젠테이션을 한다면 이를 매우 유용하게 활용할 수 있다. 또한 청중의 관심을 불러일으킴으로써 그들은 프레젠테이션의 내용을 들어볼 가치가 있다고 판단할 것이다. 그러나 여기에서 명심할 것은 대화형 질문을 통해 청중을 프레젠테이션에 참여시키는 것으로 만족해야지, 더 이상 많은 것을 기대해서는 안 된다는 점이다.

4. 성공적 프레젠테이션 전략

프레젠테이션을 실행하기에 앞서 다양한 과정을 통해 준비해왔다. 프레젠테이션의 3P를 분석하고, 분석한 결과를 토대로 적절한 비주얼 도안을 활용하여 내용을 개발하며, 개발된 내용에 따라 연습을 했을 것이다. 이런 절차에 따라 프레젠테이션을 할 준비가 되었다면 성공적인 프레젠테이션을 위한 기본 조건은 마련되었다고 볼 수 있다. 그러나 이와 같은 준비는 분명 실제 프레젠테이션 상황과는 차이가 있을 것이다.

이와 관련하여 프레젠테이션 전문가들은 다양한 성공 전략을 제시하고 있다. 이성주(2006)는 프레젠테이션을 성공적으로 수행하기 위해서 ① 열정적으로 시작하라, ② 눈맞춤을 잘하라, ③ 리듬을 타라, ④ 제스처를 활용하라, ⑤ 대화형 질문을 하라, ⑥ 쉼표, ⑦ 흐름을 타라, ⑧ 장비를 숙지하라, ⑨ 외우지 마라, ⑩ 긍정적인 자기 평가를 하라 등 열 가지를 제시하였고, 원혜정(2004)은 ① 눈맞춤으로 상호 작용하라, ② 눈빛, 어조, 음성 등 모든 경로를 통해 시작하라, ③ 중심 메시지를 전달 할 때는 높은 에너지를 발산하라, ④ 제스처를 사용해서 활력을 불어넣어라, ⑤ 대화형 질문을 사용하라, ⑥ 겁먹지 마라, ⑦ 흐름을 타라, ⑧ 장비에 대해 알아두라,

⑨ 발표 내용을 외우려 하지 마라, ⑩ 자신을 평가하라 등을 제시하였으며, Kops(2004)는 ① 눈맞춤을 하라, ② 모든 경로를 통해 시작하라, ③ 리듬을 타라, ④ 제스처를 사용해서 활력을 불어넣어라, ⑤ 대화형 질문을 사용하라, ⑥ 겁먹지 마라, ⑦ 흐름을 타라, ⑧ 장비에 대해 알아두라, ⑨ 발표 내용을 외우려 하지 마라, ⑩ 자신을 평가하라 등을 제시하였다.

위에서 전문가별로 제시한 열 가지 성공전략은 용어상의 차이는 있지만 거의 유사함을 알 수 있다. 여기에서는 이성주(2006)가 제시한 열 가지 전략에 대해 살펴보고자 한다.

가. 열정적으로 하라

프레젠테이션에서 청중은 프레젠터를 위해 마냥 기다려주지는 않는다. 프레젠터는 청중을 초기에 사로잡아야 한다. 청중을 사로잡기 위해서 프레젠터는 열정을 가지고 프레젠테이션을 진행해야 한다. 이 요소야말로 수많은 청중을 대상으로 한 프레젠테이션에서 더할 나위 없이 중요하다. 이러한 열정은 전염성이 있기 때문에 청중에게 전파되어 그들의 집중도를 높이고, 결국 프레젠터와 청중이 상호 작용하게 만들어준다.

나. 눈맞춤을 잘하라

프레젠테이션을 실시하는 프레젠터가 청중을 향해 있다고 하더라도 실제로 청중을 바라보지 않고 허공을 본다거나 프레젠테이션이 실시되는 곳의 벽을 보고 말한다면, 청중의 입장에서는 청중 자신에게 이야기하고 있다는 생각이 들지 않을 것이다. 이런 상황이 된다면 청중과 프레젠터 사이의 연결 고리는 끊어지기 쉽다. 좋은 프레젠테이션을 하기 위해서 프레젠터가 갖추어야 할 기본적이면서 가장 중요한 것이 눈맞춤이다.

청중과 보다 확실한 의사소통을 하기 위해서 프레젠터는 청중을 주시하면서 청중의 눈과 이야기를 나누어야 한다. 프레젠터가 청중 자신을 향해 있다고 느껴지면 청중은 자연스럽게 프레젠테이션에 몰입하게 될 것이다. 이와 관련하여 보다 자세한 사항은 이 책의 제12장 〈비언어적 전달〉에서 자세히 설명하도록 하겠다.

다. 리듬을 타라

프레젠테이션 내용이 짧고 간단하지 않다면, 프레젠테이션 내내 열정적인 태도를 유지하기란 불가능할 것이다. 내용 개발 방법에서 소개한 BOSS 기법처럼, 청중의 심리 상태나 내용에 따라 중요한 부분에서는 고에너지의 높은 음성으로 말하고, 그렇지 않은 부문에서는 낮은 에너지로 리드미컬하게 말을 해야 한다. 이는 청중이 기억해야 할 요점을 강조할 수 있게 해준다. 특히 중심 메시지를 반복하거나 전달 내용을 행동으로 옮기게 할 때는 높은 수준의 에너지로 말해야 한다.

라. 제스처를 활용하라

프레젠테이션에서 언어를 사용하여 청중에게 메시지를 전달하고자 할 때, 과연 언어가 전부일까? 프레젠테이션에서 언어보다 오히려 중요한 것은 프레젠테이션의 내용과 프레젠테이션의 현장 상황에 맞는 프레젠터의 제스처일 것이다. 가령, 노래를 부르면서 한쪽 다리를 흔들거리며 떠는 엘비스 프레슬리의 특유의 춤, 우수에 찬 눈빛을 한 채 담배를 입에 문 제임스 딘, 2002년 한일월드컵에서 박지성 선수가 골을 넣은 후 입술에 손가락을 댄 골 세리머니 등은 제스처가 얼마나 중요한가를 보여주는 좋은 예라 할 수 있다.

프레젠테이션도 마찬가지로 그 상황에 맞는 제스처를 사용하면서 전체 프레젠테이션 분위기를 상승시킬 수 있다. 제스처를 활용함으로써 프레젠테이션의 분위기가 단조롭지 않게 될 것이며, 청중도 자연스럽게 프레젠테이션에 집중할 것이다. 이때 프레젠터가 자신만의 제스처를 개발하여 사용한다면 청중들에게 보다 강한 인상을 줄 것이다. 이와 관련하여 자세한 사항은 이 책의 제12장에서 다루기로 한다.

마. 대화형 질문을 하라

프레젠터는 청중의 참여를 유도해야 프레젠테이션을 성공적으로 끝낼 수 있을 것이다. 청중의 참여를 자연스럽게 이끌어낼 수 있는 방법으로 대화형 질문을 사용할 수 있다. 청중에게 질문을 던짐으로써 청중이 원하는 것을 알 수 있으며, 이런 질문을 이용하여 청중이 프레젠테이션에 참여하도록 유도할 수 있다. 청중의 말을 들음으로써 그들의 체온을 감지할 수 있고, 그들이 어떠한 입장이며, 당신의 아이디어에 대해서 어떻게 생각하는지 파악할 수 있다. 당신의 의견에 대해 청중이 변경을 원하거나 망설이고 있는지도 확인할 수 있다.

바. 쉼표

프레젠테이션 도중에 예상하지 못했던 질문을 받거나, 내용이 갑자기 막혀 생각이 떠오르지 않을 수도 있다. 이런 경우 당황하거나 긴장하면 오히려 실수가 더 유발될 수 있다. 말문이 막히면 잠시 여유를 갖고 쉬는 것도 좋은 방법이다. 오히려 청중의 시선을 불러 모을 수 있는 전화위복의 시간이 될 수 있는 것이다.

이 짧은 시간에 프레젠터는 사전에 작성한 노트나 프레젠테이션 자료를 살펴봄으로써 마음의 안정과 여유를 회복할 수 있을 것이다 이러한 쉼표를 잘 활용함으로써 나를 컨트롤하고 청중의 시선을 집중시킬 수 있다.

사. 흐름을 타라

프레젠테이션은 정해진 시간 안에 청중에게 메시지를 전달하는 것이다. 한 명의 프레젠터가 할 경우에는 별 문제가 없겠지만 여러 명이 프레젠테이션을 할 경우 앞에 실시했던 사람이 정해진 시간을 초과해서 사용했다면 정작 본인에게 주어진 시간은 줄어들게 되어, 사회자로부터 프레젠테이션 시간의 단축을 요구받는 경우가 발생할 것이다.

이런 경우가 발생했다면 어떻게 대처하는 것이 바람직한가? 이런 경우 주요 메시지를 우선 전달하며, 청중에게 전달하고자 하는 자료를 줄이고 의견을 뒷받침해주는 자료를 맨 처음 발표하는 것이 하나의 방법일 것이다. 당신은 새로 정해진 시간에 프레젠테이션을 끝낼 수 있게 될 것이다.

아. 장비에 대해 알아두라

앞에서 설명한 바와 같이, 프레젠테이션을 연습할 때는 동일한 장소에서 하는 것이 가장 바람직하지만 그것이 어려울 경우에는 유사한 환경에서라도 연습을 해야 한다. 프레젠테이션을 실시하면서 나타날 수 있는 문제들을 이런 연습을 통해 사전에 예방할 수 있다. 또한 이렇게 연습을 했다고 하더라도 프레젠테이션을 실행하기에 앞서 미리 자신이 사용하려는 장비들에 대해 다시 한번 점검하는 것이 좋다. 이러한 점검이 이루어지고나면 프레젠테이션을 매끄럽게 진행할 수 있을 것이다.

만약 청중 앞에서 프레젠테이션 관련 도구를 사용하는 데 실수를 한다거나 잘못 사용한다면, 프레젠터의 전문성과 신뢰에 대해 의심을 받게 될 것이다. 따라서 프레젠테이션을 실시하는 장소에서 사용하는 각각의 장비들에 대하여 준비를 제대로 함으로써 청중에게 신뢰감을 심어줄 수 있도록 해야 할 것이다.

자. 외우지 마라

프레젠테이션 내용을 암기하는 것은 정말 어리석은 짓이다. 예를 들어, 완벽하게 암기했다고 하더라도 청중들의 당황스러운 질문으로 어디까지 발표했는지 잊어버린다거나, 시간의 부족으로 발표 내용을 줄여야 할 경우 어디를 빼야 할지 정말 난감할 수 있다. 이러한 문제는 결국 뒤에 남은 프레젠테이션 내용에 영향을 미치고, 프레젠터가 전달하고자 하는 메시지를 바르게 전달할 수 없게 만든다.

따라서 프레젠테이션을 할 때는 프레젠터가 전달하고자 하는 요지를 정확하게 파악하여 전달하고자 하는 내용에 집중할 수 있어야 한다. 핵심 메시지를 알고 있다면 시간이 줄어들거나 당황스러운 질문으로 상세 내용을 기억하지 못하더라도 중요 요지에 따라 다른 문장으로 대체할 수 있을 것이다. 혹은 프레젠터가 주요 내용을 간편한 노트에 적어두고, 필요할 때 참고하는 것도 좋은 방법이 될 수 있다.

차. 긍정적인 자기 평가

《칭찬은 고래도 춤추게 한다》라는 책이 있듯이, 프레젠터도 자신에 대해 칭찬과 같은 긍정적인 평가를 함으로써 발전할 수 있다. 내가 실패했다는 느낌보다는 내가 성공적으로 프레젠테이션을 해냈다는 경험에 대한 긍정적인 느낌을 갖는 것이 매우 중요하다. 프레젠테이션에서 모든 것들이 제대로 안 되었다 하더라도 자신을 비난하지 않는 것이 중요하다. 프레젠터로서 자신이 잘한 부분에 초점을 맞추어 평가를 시작하라. 그리고 개선해야 할 부분을 찾아서 해결을 위한 목표를 세워야 할 것이다. 이런 지속적인 피드백 과정을 통하여 점점 더 발전할 수 있기 때문이다.

또한 프레젠테이션에 참여한 청중에게 피드백을 받는 것이 중요하다. 프레젠터에 의한 자신의 평가보다 청중에 의한 평가는 보다 객관적일 수 있다. 청중에게 피드백을 받을 경우 막연하게 물어보는 것이 아니라 주요 항목들에 대해 조언을 구하는 것이 바람직하다. 이때 ① 방어적이 되지 마라, ② 설명하거나 합리화하려고 하지 마라, ③ 구체적으로 하라, ④ 제공한 피드백에 대해 성의를 표시하라 등의 네 가지 원칙을 준수하고 유념하여 청중으로부터 피드백을 받는 것이 좋을 것이다.

요 약

이 장에서는 실질적인 프레젠테이션의 실행에 관한 내용을 다루었다. 성공적인 프레젠테이션을 위해서는 적절한 긴장을 유지한 채 상황에 맞는 질문을 통해 청중과 상호 작용하면서 열정적으로 프레젠테이션을 수행해야 한다. 열정의 개발은 ① 공포감의 실체를 알고, ② 철저한 준비를 하며, ③ 잠재능력을 활용하고, ④ 자신감 있게 행동하며, ⑤ 전문가의 도움을 받음으로써 가능하다.

또한 프레젠테이션 진행 중에 청중과 상호 작용하기 위해서는 청중이 말하도록 유도하는 것이 중요한데, 이를 위해서는 폐쇄형 질문보다는 개방형 질문을 통해 대화 형태로 진행하는 것이 바람직하다.

자신이 준비한 프레젠테이션을 성공적으로 이끌기 위해서는 ① 눈맞춤을 하고, ② 모든 경로를 통해 시작하며, ③ 리듬을 타고, ④ 제스처를 사용하여 활력을 불어넣으며, ⑤ 대화형 질문을 사용하며, ⑥ 겁먹지 말고, ⑦ 흐름을 타며, ⑧ 장비에 대해 알아두고, ⑨ 프레젠테이션 내용을 외우려하지 말고, ⑩ 자신을 평가할 필요가 있다.

▶▶▶ 주요 용어

폐쇄형 질문(Close-ended Question) 정답이 하나밖에 없거나 간단히 한두 개의 단어로 응답할 수 있는 질문.

개방형 질문(Open-ended Question) 맞거나 틀린 답이 없거나, 하나의 단어로 응답하지 못하며, 청중의 의견, 태도, 느낌과 경험을 물어볼 수 있는 질문.

프레젠테이션 불안감 다른 사람들 앞에서 어떤 어려운 일을 수행하기 전에 느끼는 자연스러운 불편함.

에너지 열정과 열성을 의미하는 것으로서 에너지는 참가자들로 하여금 프레젠테이션에 몰입하게 하는 중요한 요소이다.

참고 문헌

도이 사토시, 다카하시 슌스케, 곽해선 옮김, 《로지컬 프레젠테이션》, 이다미디어, 2003.

윌리엄 장, 《1시간 만에 마스터하는 프레젠테이션》, 청림출판, 2006.

이성주, 《두려움만 정복하면 당신도 프레젠테이션 달인》, 커뮤니케이션북스, 2006.

장용진, 《프리젠테이션 모든 것》, 청림출판, 2002.

최환진, 유종숙, 《프레젠테이션 프로페셔널》, 커뮤니케이션북스, 2005.

홍순이, 홍용기, 《커뮤니케이션론》, 한울출판사, 1997.

Kops, G. J., (주)러닝솔루션 옮김, 《비즈니스 프리젠테이션》, 피어슨 에듀케이션, 2004.

제11장 언어적 전달

1. 목소리와 발음
2. 목소리 크기
3. 말의 속도
4. 말의 억양
5. 어조
6. 쉬기의 활용
7. 언어적 전달의 전략

학습 목표

◎ 프레젠테이션의 언어적 전달 방법을 이해할 수 있다

◎ 언어적 전달 방법을 활용하여 효과적인 프레젠테이션을 할 수 있다.

개 요

목소리에 자기의 감정을 실을 수 있는 것은 사람뿐이라고 말할 수 있다. 희로애락은 목소리의 울림으로 표현된다. 예를 들어, '아아 즐거워!' 하는 말을 해도 목소리가 가라앉아 있을 때는 청자에게 무겁고 어두운 느낌을 준다. 반대로 마음이 개운할 때는 명랑한 목소리로 청자의 미소를 일으킨다. 말이란 목소리를 어떻게 내느냐에 따라 실로 다양한 뉘앙스를 나타낸다.

인토네이션, 즉 목소리의 고저, 강약, 완급, 장단 등을 사용함으로써 청자에게 화자의 이야기를 한층 더 잘 이해시킬 수 있다. 목소리는 마음의 울림이다. 목소리에는 온도가 있고, 깊은 사람의 빛깔이 있다. 청자는 화자의 말을 들을 때 이와 같이 생생한 것을 목소리의 표현으로 실감 있게 받아들인다.

두 사람의 화자가 똑같은 말을 해도 두 사람이 청자에게 주는 이야기의 감명은 각각 다르다. 여기에 언어적 전달의 숨은 비결이 있다. 탁한 목소리나 변성에 신경을 쓰는 나머지 성우의 목소리를 흉내 내어 말하려는 사람도 있지만, 주어진 목소리를 구태여 감출 필요는 없다. 빠르게 말할 수 있도록 훈련이 된 방송사의 사회자나 탤런트, 무드에 잘 적응하는 내레이터들의 목소리는 일종의 장식된 목소리이다. 말을 듣는 사람들이 듣고싶어 하는 것은 그 사람의 타고난 목소리이다. 목소리의 매력은 그 사람의 개성, 정신 연령, 인생 체험의 깊이에 의해서 뒷받침되는 것이다. 그러나 타고난 목소리라고 하더라도 청자를 향해서 말하는 이상 정확한 발음이 요구되는 것은 당연하다. 제아무리 매력 있는 목소리를 가진 사람일지라도 발음이 부정확하면, 상대방으로서는 무엇을 말하는 것인지 이해하기 어려울 수 있다. 발음 뿐만 아니라, 목소리의 크기, 말의 속도, 억양, 포즈의 간격 또한 언어적 전달에서 중요하다. 여기에서는 이런 언어적 전달에 대해 살펴보고자 한다.

1. 목소리와 발음

목소리에 자기의 감정을 실을 수 있는 것은 '사람' 뿐이라고 말할 수 있다. '아 즐거워!'라는 말을 해도 목소리가 가라앉아 있을 때는 청중에게 무겁고 어두운 느낌을 준다. 반대로 마음이 개운할 때는 명랑한 목소리로 청중의 미소를 불러일으킨다. 말이란 목소리를 어떻게 내느냐에 따라 실로 다양하게 청중에게 다가간다. 프레젠테이션도 목소리를 통한 커뮤니케이션의 한 형태이기 때문에, 이런 의미에서 프레젠테이션의 실행에서 기본이 되는 것은 목소리라고 할 수 있다. 따라서 목소리가 좋아야 프레젠테이션을 효과적으로 실행할 수 있다. 목소리가 좋아야 한다는 것은 타고난 목소리가 미성이어야 한다는 것과는 전혀 다르다. 타고난 목소리와 상관없이 프레젠테이션에 적절한 목소리가 있다.

가. 좋은 목소리

프레젠테이션은 자신의 아이디어를 효과적으로 전달함으로써 청중에게 특정한 영향력을 행사하기 위하여 실시하는 것이다. 프레젠테이션에 좋은 목소리는 이러한 프레젠테이션의 기본 목적을 달성시켜주는 목소리이다. 자신의 아이디어를 잘 전달하려면 우선 목소리와 발음이 분명해야 한다. 그러나 목소리는 단순히 아이디어만을 전달하는 것이 아니라 프레젠터 자신에 대한 여러 가지 정보를 동시에 제공한다. 프레젠터가 어느 정도 확신을 가지고 있는가 또는 프레젠터가 어떠한 감정에 놓여 있는가 하는 것 등이 목소리를 통해서 드러난다. 청중에게 의도한 바의 영향력을 행사하기 위해서는 프레젠터 자신이 확신에 차 있으며 안정된 감정 상태에 놓여 있다는 것을 보여주어야 한다. 그렇게 하려면 무엇보다도 목소리 자체에 확신이 차 있어야 하며 근긴해야 한다.

따라해보기

언어적 전달의 체크리스트

자신의 언어적 전달 능력에 대한 아래의 질문에 답해보시오.

- 나의 목소리는 큰 편인가? 혹은 너무 큰 편인가?
- 나의 목소리는 부드러운 편인가? 혹은 지나치게 부드러운가?
- 나는 너무 빨리 이야기하는가?
- 나는 너무 느리게 이야기하는가?
- 나의 목소리는 단조로운가?
- 나의 목소리는 매우 명료한가 혹은 중얼거리는 편인가?
- 나의 억양이 청중들에게 어려움을 주는가?
- 나는 이야기하는 동안 숨을 급하게 쉬는 편인가?

자료 : Emden & Becker, *Presentation skills for Student*, 2004에서 발췌.

1) 확신에 찬 목소리

프레젠테이션을 실행하는 목소리는 무엇보다도 확신에 차 있어야 한다. 확신에 찬 목소리는 말 한마디 한마디에 힘을 실음으로써 스스로가 하는 말을 진정으로 믿고 있다는 느낌을 준다. 말에 힘을 싣는다는 것은 고래고래 고함을 지르는 것과는 다르다. 낮고 작게 말해도 힘이 있는 목소리가 있으며, 높고 크게 말해도 힘이 실리지 않는 목소리가 있다. 프레젠터가 확신에 차 있지 않으면 청중은 좀처럼 프레젠터의 말 속으로 이끌려 들어오지 않는다. 따라서 설사 자신의 말을 스스로가 확신하지 못하는 경우가 있더라도 프레젠테이션을 할 때는 그것이 불변의 진리인 양 확신에 찬 목소리로 말해야 한다.

2) 굳건한 목소리

청중은 자신감에 차 있고 상황을 장악할 줄 아는 프레젠터를 존중한다. 분위기에 위축되어 어찌할 바를 모르는 프레젠터를 보면 측은함은 느낄지언정 감동을 받지는 않는다. 자신이 상황을 파악하고 있다는 사실을 보여주기 위해서는 목소리가 굳건하게 나오도록 해야 한다. 목소리가 가늘어지거나, 찢어지는 소리가 나거나, 깊은 소리가 나오지 않고 얕은 소리가 나면 청중들은 곧 프레젠터가 자신감을 잃고 있다는 사실을 눈치챈다.

웅변 학원에서 수강생들에게 고함지르듯이 큰 소리로 발표하도록 하는 것은 목소리를 굳건하게 내는 훈련을 시키기 위해서이다. 그러나 고함을 지른다고 목소리가 굳건해지는 것은 아니다. 굳건한 목소리를 내기 위해서는 우선 자신의 프레젠테이션에 대해 열정을 가져야 한다. 열정을 가지고 임하면 두려움도 없어지고 목소리는 절로 굳건해진다.

선천적으로 약한 목소리를 타고난 사람은 아랫배로 소리를 내는 훈련을 쌓음으로써 목소리를 굳건하게 만드는 것이 좋다. 항상 몸을 똑바로 세우고 아랫배에 힘을 주면서 소리를 내면 굳건한 소리를 낼 수 있다.

3) 발음이 분명한 목소리

프레젠테이션을 할 때는 대화를 할 때보다 발음을 더욱 분명하게 해야 한다. 대화를 할 때는 말끝을 흐리더라도 상대방이 알아들을 수 있지만, 프레젠테이션을 할 때는 문장이 완전히 끝날 때까지 분명하게 발음해야 한다. 그렇다고 해서 문장의 끝에 힘을 주라는 것은 아니다. 어양은 대화하듯이 하되 끝까지 분명하게 발음해야 한다는 것이다.

서둘러 발음하거나, 어린아이들이 어리광을 부릴 때 하는 것처럼 콧소리를 내거나, 지나치게 흥분해서 숨찬 목소리로 이야기를 하게 되면 발음이 불분명해진다. 따라서 여유를 가지고, 깊은 목소리를 내며, 침착하게 이야기하는 습관을 길러두는 것이 좋다.

나. 목소리의 6요소

목소리의 6요소는 빠르기(rate), 크기(volume), 높이(pitch), 길이(duration). 쉬기(phrasing), 그리고 힘주기(emphasis)이다. 프레젠테이션을 할 때는 이 여섯 가지 요소를 적절히 구사할 줄 알아야 한다. 또 단조로움을 피하고 박력 있는 스피치를 하기 위해서는 각 요소를 변화무쌍하게 사용할 줄 알아야 한다. 이들 각각에 대해서는 다음에서 좀더 자세히 살펴볼 것이다.

2. 목소리 크기

목소리를 조절한다는 것은 말할 때 좋은 목소리를 낸다는 것이다. 좋은 목소리를 낸다고 해도 모두 미성을 낸다는 것은 아니다. 또 배우, 성우, 성악가에게 요구되는 특수한 목소리를 낸다는 것도 아니다. 프레젠터의 목소리를 조절한다는 것은 청자에게 정확하게 들리고 잘 알아들을 수 있게 나타낸다는 것이고, 목소리의 강약, 고저, 장단을 조절하는 것이다. 따라서 특별한 발성법을 연습할 필요는 없다. 보통의 화자에게 좋은 목소리라고 하면 다음의 조건을 구비하고 있어야 한다.

가. 적당한 크기

적당한 크기의 목소리라고 하면, 굵거나 가늘거나 한 목소리의 크기가 극단적인 것이 아니라, 강약의 변화가 들어가는 소리이다. 목소리 크기의 조절이 부적당한 경우를 예로 든다면, 많은 청중 앞에서 약한 목소리를 내는 것이나, 대화 또는 전화 통화를 할 때 강한 목소리로 말하는 사람이 많다는 것 등을 들 수 있을 것이다.

이것은 목소리의 조절 문제이므로 조금만 신경을 쓰면 곧 고칠 수가 있다. 가까운 사람에게 부탁하여, 자기로부터 30센티미터, 1미터, 2미터쯤

떨어지게 하고, 어느 정도 떨어져야 자기의 평균 크기의 목소리가 듣기 좋은지를 시험해본다. 또는 전화를 통한 자기 목소리의 크기가 어느 정도인지를 친구에게 물어볼 수도 있다.

목소리의 크기 문제와 관련해 염두에 두어야 할 점은, 프레젠터라면 목소리를 크게 낼 수 있는 습관을 붙여야 한다는 것이다. 호흡 작용이 강하지 못하고 입을 벌리는 크기가 적절하지 못하면 열정적인 목소리를 낼 수 없다. 약하고 여린 목소리는 여성들에게 많고, 특히 여성은 말의 뒤끝을 흐리는 경우가 많다. 목소리가 약한 것은 소리를 낼 때의 에너지가 적고 목소리를 낼 때의 공명이 약하기 때문이다. 이와 같은 사람도 큰소리로 노래를 부른다거나 호흡 연습을 하면 좋아질 수 있다. 이런 식으로 연습을 계속하면 성량을 키우는 것뿐만 아니라 목소리를 조절하는 데도 도움이 된다.

나. 적당한 높이

좋은 목소리는 피치(pitch, 음의 고저)가 지나치게 극단적이지 않고 고저에 적당한 변화가 있는 것이다. 보통 여성의 피치는 남성보다 높지만 여음은 남성의 것이 여성보다 길다. 말하려고 할 때의 기준 어조는 청자에게 명확한 인상을 주는 것이다. 대개 자기의 평균 피치는 대화할 때 의식하지 않고 내는 자연스러운 높이의 목소리이다.

자기의 평균 피치를 미리 알아보아야 한다. 방송국에서 아나운서의 피치를 보면, 한 시간 동안 계속 발해도 목소리에 아무 이상이 생기지 않을 정도의 것을 자신의 평균 피치로 하고 있다. 피치가 높아야 하는지 낮아야 하는지는 그때그때의 경우에 따라 다르겠지만, 말할 때만은 높은 피치보다 낮은 피치가 좋다. 왜냐하면 말하는 도중 피치가 점점 높아지기는 쉬워도 낮아지기는 어렵기 때문이다. 만일 프레젠터가 처음부터 높은 피치로 말하게 되면 곧 피로를 느끼고 말 것이다.

계속 높이 올라가는 피치에서는 취약성, 흥분, 그리고 젊음이 암시되고, 계속 아래로 내려가는 피치에서는 확신, 안정, 그리고 무한한 힘이 암시된다. 긴장하게 되면 얼마간의 포즈(pause, 잠시 멈춤)를 취하고 피치를 낮추어야 한다. 또 흥분된 감정에 따라서 음성의 피치는 높아진다. 청중에게는 다소 억제된 감정이 억제되지 않은 감정보다 인상적인 느낌을 준다. 그리고 감정이 외부에 모두 노출되지 않는 한, 깊은 감정과 절정에 이른 흥분을 청중은 의식한다.

연극에서 배우의 피치 변화는 극적인 분위기 조성에 힘을 준다. 올라가는 피치는 질문·우유부단함·불확정·의문 또는 불안을 나타내고, 내려가는 피치는 강경성·결심·확신 또는 자신을 나타낸다. 이 경우의 피치는 감정적인 내용보다는 사상적인 내용을 표현하는 데 우선 유용하다. 그러므로 말할 때라도 그 스피치에 극적인 역점을 주는 경우라면 이 기술이 크게 도움을 준다. 이 기교를 익힐 때까지는 피치가 다양하게 들어가는 문장을 큰 소리로 충분히 읽어보는 것이 좋다. 이 피치가 프레젠테이션에 곁들여지면 프레젠터의 발음에 다양성을 줄 뿐만 아니라 충분한 표현 능력을 발휘하는 데도 유용하다.

다. 목소리의 힘

목소리가 크면 자연히 그 힘도 세기 마련이다. 그러나 크기와 힘의 변화는 엄밀히 말해서 차이가 있다고 할 수 있다. '나는 너를 좋아한다'고 할 때, '나는'에 힘을 줄 때와 '너를'에 힘을 줄 때, 그리고 '좋아한다'에 힘을 줄 때는 각각 말의 뉘앙스에 차이가 뚜렷하다.

어느 말에 힘을 주느냐에 따라 감정의 미묘한 변화를 찾을 수 있다. 힘은 주로 강조하는 정도에 따라서 그 변화를 나타낸다. 힘의 정도에 변화를 주는 것은 청자의 시들해진 흥미를 다시 일깨워주는 하나의 수단이 된다. 만일에 화자가 재빠르게 힘을 주면서 중요한 대목을 말한다면, 졸린 듯한 청중은 곧 원상태를 되찾는다.

일반적으로 가해지는 힘의 형태는 화자의 극단적인 감정을 드러낸다. 힘의 과장된 형태는 흔히 고귀·위엄·존경 등을 나타낸다. 그리고 힘이 급하고 격하게 일어나면 결단성·활력·신중성 등을 나타낸다. 또 힘의 돌발적인 형태는 분노·공포 또는 우발적 감정과 연결된다(전영우, 2005).

3. 말의 속도

말의 속도는 포즈와 완급으로 나뉜다. 여기에서는 말의 완급에 대해서만 설명하기로 하겠다. 고속도로에서는 운전자의 졸음운전으로 인해 자동차 사고가 자주 일어난다고 한다. 이것은 일직선상의 길을 똑같은 속도로 달리고 있기 때문인데, 그 단조로움이 사고의 원인이 되는 것이다.

스피치도 마찬가지이다. 똑같은 속도로 말하면 청중은 반드시 졸게 된다. 그러므로 이야기의 속도를 바꿀 필요가 있다. 어떤 프레젠테이션에서도 이야기의 장면, 청자의 이해 능력, 감정의 반응에 맞도록 말의 속도를 적절히 조절해야 한다.

계속 재빠르게 말하든지 계속 느리게 말하든지 하면 결국 청자를 잠재우고 말 것이다. 템포가 느려야 하는 경우는 강조하고싶은 것, 엄숙한 사실, 억제되는 감정, 의혹을 일으킬 만한 것으로부터 숫자, 인명, 지명 같은 것을 말할 때이다.

결국 템포를 어디서 늦추고 어디서 몰아치느냐를 잘 알고 있어야 한다. 가령, 통계표의 내용을 전달할 경우 빠르게 말하면 한 번에 전반적인 내용을 인상 깊게 보여줄 수 있다. 그러나 느리게 천천히 말하면 한 항목 한 항목의 내용을 보다 중요한 것으로 보여줄 수 있다. 예를 들어, '...... 이상의 사실을 셋으로 나누어 설명한다면......'까지는 빠른 템포로 말하고 , '첫째......, 둘째 ......, 셋째......' 부분에서는 천천히 말하는 것이다.

이렇게 느린 템포로 말할 대목과 빠른 템포로 말할 대목이 따로 있다. 이야기가 처지는 것은 템포에 변화가 없기 때문이다. 또한 절도 있는 리듬이 없기 때문이다. 이야기의 흐름에 따라 도입에서 전개·종결로 속도에 변화를 주어야 한다.

4. 말의 억양

우리는 낯선 사람이 하는 말을 듣고 그 사람의 고향을 어느 정도 짐작할 수 있다. 독특하게 쓰는 낱말을 통해서도 알 수 있지만, 대개는 말씨에 나타나는 억양으로 알 수 있다. 억양이란 우리가 알고 있는 대로 목소리의 높낮이가 표현하는 말의 가락(speech melody)이라고 정의할 수 있다(이영근, 1989). 즉, 억양이란 문장에 얹히는 소리의 높낮이를 말하는 것이다. 억양은 그 말의 특징을 구별해주는 구실을 한다. 억양을 통해 사투리를 분간할 수 있는 것은 우리말뿐만 아니라 다른 여러 나라 말도 마찬가지이다. 영어에서 영국영어와 미국영어를 분간하고, 미국영어 가운데서도 인종간의 언어 차이를 분간하는 데 억양이 그 몫을 한다.

그런데 이 억양은 크게 문법적인 기능과 말하는 사람의 태도를 나타내는 기능을 가지고 있다. 먼저 문법적인 기능을 갖고 있는 경우의 예를 들어보면, 서술문·의문문 등의 문장 유형을 억양에 의해서 표시할 수 있다는 점 등이 있다.

다음으로 말하는 사람의 태도를 나타내주는 기능은 그 자체의 고유한 뜻을 가진 어휘 의미와는 달리 말하는 사람의 태도에 따라서 일시적으로 첨가되는 의미라 할 수 있다. 그러므로 한 낱말은 말하는 사람의 태도에 따라서 여러 가지의 억양 형태로 발음될 수 있다. 이때는 낱말이 지닌 원래의 뜻 외에도 말하는 사람의 태도가 전달된다. 문장의 경우에도 마찬가지로 말하는 사람의 태도가 억양에 의해 전달된다.

프레젠테이션에도 말에 자신의 감정을 나타내는 억양, 즉 인토네이션(intonation)의 기술이 필요하다. 우리의 모든 감정, 희로애락의 미묘한 어감은 이러한 인토네이션에 의해 표현된다. 글자가 나오기 전부터 음성언어가 있었다는 사실에 주목할 필요가 있다. 글자가 나오기 전, 인류는 목소리에 의한 말로 마음과 마음을 이어나갔다.

우리 속담에 "아 다르고, 어 다르다"는 것도 이 같은 인토네이션의 미묘한 차이를 잘 말해주는 것이다. 그리고 이 인토네이션과 비슷한 것에 인

따라해보기

다음의 말에 소리의 표정을 붙여보자.

- '이것이 만 원?' (야 놀랐다) - 놀라움
- '이것이 만 원?' (흥 어이없군) - 경멸
- '이것이 만 원?' (아뿔싸) - 후회
- '이것이 만 원?' (틀렸다) - 절망
- '이것이 만 원?' (기쁘다) - 기쁨
- '이것이 만 원?' (놀랐는데) - 호기심
- '이것이 만 원?' (천만에) - 의구심

플랙션(inflexion)이 있다. 즉, 구조를 말한다. 가령, 아나운서의 구조, 성우의 구조, 웅변의 구조, 선교사의 구조, 초등학교 교사의 구조 등이 그것이다.

5. 어조

화자의 메시지에 대한 태도를 어조라 한다. 즉, 주제나 내용에 대한 말하는 이의 태도를 가리키는 것으로, 보통 다른 사람에게 이야기를 할 때 기쁨, 흥분, 우울, 엄격, 화남 등과 같은 감정을 표현하는 것을 말한다. 보통 어조는 가볍다, 진지하다, 풍자적이다, 감상적이다, 객관적이다 등으로 표현되는데, 일반적으로 긍정적 어조와 부정적 어조로 구분한다.

먼저 긍정적 어조란 어떤 사물에 대해 적극적, 호의적, 온정적, 희망적으로 말하는 경우를 의미한다. 예를 들어, "이번 주 금요일에 공연하는 뮤지컬에 당신과 함께 갈 수 있다니 매우 기쁩니다" 등과 같은 표현이 여기에 해당한다. 다음으로 부정적 어조란 풍자, 패러디, 아이러니 등의 방법을 이용한 표현법을 의미한다(문용식, 2002).

6. 쉬기의 활용

쉬기란 목소리를 내지 않고 잠깐 멈추게 되는 시간의 길이를 말한다. 성공적인 프레젠테이션을 하기 위해서는 적절하게 쉬기를 활용해야 한다. 이런 쉬기가 자연스럽게 사용되는 경우는 다음과 같다.

- 청중이 자리에 앉기를 기다리는 동안, 즉 프레젠테이션을 시작할 때
- 프레젠터가 프레젠테이션 지원을 변경하는 동안(새로운 페이지로 넘어가기 위해 마우스를 클릭한다든지, 프로젝터를 작동하는 경우)
- 프레젠테이션 하는 주제와 관련하여 한 가지 측면에서 이야기가 끝나고 다음으로 넘어갈 때
- 특정 상황에서 강조하려고 할 때
- 프레젠터가 여러 명일 때 한 사람이 프레젠테이션을 끝내고 다음 사람을 기다릴 때
- 프레젠터가 발표를 끝내고 질문을 기다릴 때

일반적으로 한 단어는 붙여서 읽는 것이 정상이지만, 단어와 단어 사이, 구와 구 사이, 절과 절 사이, 문장과 문장 사이, 그리고 프레젠테이션의 각 구성요소들 사이에서는 일정 시간 동안 쉬어주어야 한다. 보통 단어와 단어 사이에서 쉬는 시간이 가장 짧고, 구성단위가 점점 커질수록 그들 사이에 쉬는 시간이 길어져야 하며, 서론과 본론, 그리고 본론과 결론 사이에서 쉬는 시간이 가장 길어야 한다.

쉬는 시간은 말의 빠르기와 함께 프레젠테이션의 템포를 결정하기 때문에 프레젠테이션의 속도를 잘 조절하기 위해서는 쉬는 간격을 적절히 조절해야 한다. 쉬는 시간이 보통보다 길어지면 프레젠테이션이 지루해지고 보통보다 짧아지면 호흡이 급박해지며 생각할 여유를 잃게 된다. 일반적으로 경험이 부족한 프레젠터들은 대화를 할 때보다 짧게 쉬기 때문에 목소리가 급해지는데, 가능한 한 여유를 가지고 쉬어야 할 때는 충분히 쉬

찾아보기

언어적 전달 방법의 유형들

*Presentation Skills for Students*의 제2장 "Delivery, Non-verbal Communication and Nerves"의 내용을 참조하라.

어주는 것이 좋다.

더욱이 극적인 쉬기는 어떤 어휘의 표현보다 한층 강하게 정감을 나타낼 수 있다. 그런데도 대부분의 프레젠터들은 이 쉬기에 주의가 쏠리는 것이 두려운 나머지, 쉼 없이 말하는 경우가 많다. 즉, 쉼 없이 그 말을 이어가든지, 또는 사이사이에 군말을 섞어가며 이어나가는 것이다.

이따금씩 하는 쉬기는 말에 힘을 주고 프레젠터의 자제를 표현한다. 음성 표현에서 쉬기는 항상 필요하다. 일찍이 셰익스피어는 "말이 제 구실을 다하지 못할 경우에는 차라리 순수하고 진지한 침묵이 사람을 설득시킨다"고 했다. 다시 말해서, 소리가 없는 소리, 말이 없는 말의 세계가 곧 쉬기의 세계인 것이다.

앞에서 언급한 것처럼, 쉬기는 다양하게 사용될 수 있다. 청중이 자리에 앉기를 기다리는 동안의 쉬기는 청중의 주의와 관심을 자기에게 모으고자 하는 프레젠터의 의도를 힘있게 뒷받침한다. 결국 쉬기에는 이야기를 쉽게 하기 위한 논리적인 것과, 이야기의 내용을 높이기 위한 감정적인 것, 그리고 청중과의 관계를 생각하는 것이 있고, 또 극적인 분위기를 만드는 것으로 나눌 수 있다. 이 쉬기의 기술을 체득하는 데는 많은 경험을 필요로 한다. 또 쉬기를 효과 있게 하는 방법으로는 다음의 도해와 같은 여러 가지 유형이 있다.

이것으로 알 수 있겠지만, 쉬기에 의해 숨겨진 중대한 사실을 청중은 앞뒤의 말을 미루어 짐작하는 것이다. 이 쉬기를 효과적으로 살리려면 앞에서 언급했던 적절한 어조의 변화와 속도의 변화가 뒤따라야 한다.

쉬기의 적절한 사용 예

① 이야기의 구조를 보이는 것

⇒ "……한 까닭입니다.…… 그래서……."

② 이해를 바라는 것

⇒ "아시겠습니까…… 그것은……."

③ 생략으로 암시하는 것

⇒ "그것이 설마…… 모르죠……."

④ 반성을 바라는 것

⇒ "정말 그럴까요?…… 저는 이렇게 생각합니다만……."

⑤ 강조하는 것

⇒ "갈 사람은 가고…… 남을 사람은 나와 같이 남아 있자!"

⑥ 기대를 주는 것

⇒ "그리고 나서…… 새파랗게 질린 그 사람은 휘청휘청 걸어 나왔습니다."

⑦ 여운을 남기는 것

⇒ "그리고 지평선 너머로 사라져 가는 것이었다."

자료 : 전영우, 《스피치와 프레젠테이션 : 올바른 화법의 이해》, 민지사, 2005, 60쪽.

7. 언어적 전달의 전략

프레젠테이션에서 언어적 전달을 할 때는 목소리의 크기, 억양, 속도, 어조, 알맞은 쉬기의 활용, 목소리와 발음 등을 적절하게 잘 혼합하여 사용해야 한다. 목소리가 아무리 좋아도 말의 내용이 논리에 맞지 않는다거나, 말의 내용이 아무리 좋더라도 목소리나 억양 등이 좋지 않으면 청중들이 집중하기 어려울 것이다. 따라서 프레젠테이션을 실행할 때 프레젠터는 언어적 전달 전략을 적절히 활용해야 한다.

언어적 전달 전략과 관련하여 오노 가즈유키(2006)는 ① 사례를 활용한다, ② 쉬운 용어를 활용한다, ③ 간결하고 짧은 30초 단위의 메시지를 활용한다 등 세 가지를 제시하였고, 최진환과 유종숙(2005)은 ① 명확하게 말하라, ② 표현적으로 말하라 등 두 가지를 제시하였으며, 후쿠다 다케시(2006)는 ① 알기 쉽게, ② 간결하게, ③ 인상 깊게 등 세 가지를 제시하였다. 앞에서 전문가들이 제시한 전략들의 내용을 살펴보면, 후쿠다 다케시가 제시한 세 가지 전략으로 종합할 수 있다.

가. 알기 쉽게 하기

프레젠테이션에서 참여하는 청중을 대상으로 되도록 알기 쉽게 표현하는 것이 프레젠터가 고려해야 할 사항이다. 많은 사람들이 다른 사람들 앞에서 이야기하고자 할 때는 평소에 쓰지 않는 어려운 말을 사용하는 경향이 있다. 전문 용어나 어려운 말을 사용함으로써 청중들에게 전문성을 보일 수 있을 것으로 생각하기 때문이다. 그러나 이러한 생각은 잘못이다. 오히려 프레젠테이션 전문가라면 어려운 내용이라도 쉽게 말할 수 있어야 한다. 후쿠다 다케시는 알기 쉽게 말하기 위한 세부 방법으로 다음과 같이 다섯 가지를 제시하였다.

첫째, 일목요연하게 말한다. 이는 프레젠테이션의 내용을 제시할 때마다 요지와의 연결 고리를 확실하게 하는 것을 말한다. 현재 프레젠터가 제시하고 있는 것이 어느 요지와 연결되어 있는지 명확하게 함으로써 혼란스러움이 유발되지 않도록 진행할 수 있기 때문이다. 일목요연하게 말하기 위해서는 앞에서 제시한 아우트라인을 점검하면서 진행하는 것도 하나의 방법이다.

둘째, 이유·근거를 제시한다. 프레젠테이션의 요지에는 그에 대한 명확한 근거가 뒷받침되어야 한다. 근거가 없는 설명이나 주장은 청중에게 정확한 정보를 전달할 수 없을 것이며, 설득에도 실패할 것임은 자명하다. 따라서 요지에 대한 근거를 논리적으로 제시할 수 있어야 한다.

셋째, 숫자로 보여주어야 한다. 프레젠테이션의 근거를 제시할 때는 여러 가지 방법이 있겠지만, 장황한 표현으로 근거를 제시하는 것보다는 숫자나 통계치를 보여줌으로써 청중들에게 알기 쉽고 간결하게 전달할 수 있을 것이며 청중의 입장에서도 쉽게 파악할 수 있을 것이다.

넷째, 구체적인 사례를 활용한다. 추상적인 표현이나 막연한 개념의 설명보다는 구체적인 사례를 들어 청중들에게 전달하는 것이 좋다. 예를 들어, 리더십 특강을 위해서 리더십 교육기관의 전문 강사와 성공한 조직의 리더 가운데 강사를 선택해야 한다면 역시 성공한 조직의 리더에게 더 호감을 느낄 것이다. 청중들이 프레젠테이션에 관심을 가지고 집중할 수 있도록 유도하기 위해서는 현재 자신이 주장하거나 설명하려는 내용을 풍부한 사례를 통해 구성해야 하며, 언어적 표현도 이에 맞추어야 한다. 예를 들어, "제가 들은 바에 의하면……", "누가 이랬다더군요"보다는 "제가 경험한 바에 의하면……", "저는 이러저러했습니다" 등의 표현을 쓰는 것이 보다 효과적이다.

마지막으로 청중에게 통하는 용어를 사용한다. 청중에게 알기 쉽게 설명하고자 한다면 전문적인 용어나 외국어를 사용하는 것보다는 쉬운 우리말로 풀어서 제시하는 것이 좋다.

나. 간결하게 하기

프레젠테이션에서 애매모호한 표현은 지양해야 한다. 즉, 프레젠테이션은 간결하면서도 명확하게 내용을 청중에게 전달해야 한다. 여기서 간결하다는 의미는 간단하고 짧은 표현이 아니라 요약된 표현이라 할 수 있다. 즉, 필요한 것은 확실하게 표현하되, 필요 없는 것은 과감하게 삭제하는 것이다. 무엇이 필요한지를 정확하게 추려내어 프레젠테이션에 적합한 용어로 표현해야 한다. 간결하게 표현하기 위한 방법으로 Kops(2004)는 다음과 같은 전략을 제시하였다.

생각해보기

당신의 분야에서 어떤 전문 용어가 사용되는가? 그 용어의 의미는 무엇인가? 그리고 그 용어의 의미를 어떻게 찾았는가?

첫째, 자연스럽게 말하라.
둘째, 능동태를 사용하라.
셋째, 인칭대명사로 대화하라.
넷째, 단어를 주의 깊게 선택하라.
마지막으로, 불필요한 단어는 사용하지 마라.

이러한 전략에 따라 전달하고자 하는 바를 제시하면서 목소리에도 신경을 써야 한다. 간결하면서도 명확하게 전달하기 위해서는 명확한 발음과 풍부한 음량으로 핵심적인 메시지들을 분명하게 발음해야 하고 목소리도 충분하게 커야 한다.

다. 인상 깊게 말하기

청중에게 인상 깊게 말한다는 것은 표현적으로 말해야 한다는 것이다. 이는 프레젠테이션 중에 프레젠터의 감정을 풍부하게 표현하면서 말해야 한다는 것을 의미한다. 즉, 밝고 쾌활한 음성으로 말의 속도, 억양, 높이를 다양하게 함으로써 살아 있는 듯한 프레젠테이션을 해야 한다는 것이다. 인상 깊게 말하기 위한 전략으로 후구다 나케시는 다음과 같은 세부 사항을 제시하였다.

첫째, 감정을 실어 생기 있게 이야기한다.
둘째, 이미지가 떠오르도록 이야기한다.
셋째, 비유를 사용한다.

넷째, 고비에서 강조한다.

인상 깊게 말하기 위해서는 언어적인 전달과 함께 비언어적인 전달 방법(제스처, 눈맞춤, 표정, 몸의 움직임 등)을 함께 사용하면 더욱 효과적이다. 비언어적인 전달과 관련해서는 다음 장에서 자세히 다루도록 하겠다.

요 약

이 장에서는 프레젠테이션의 전달에서 큰 비중을 차지하는 언어적 전달에 대해 살펴보았다. 프레젠테이션은 소리를 통한 커뮤니케이션의 한 형태이므로, 프레젠테이션의 실행에서 기본이 되는 것은 목소리이다. 이러한 목소리는 말의 빠르기, 크기, 높이, 길이, 쉬기, 힘주기 등을 통해 다양하게 전달할 수 있다. 이와 같은 요소들은 프레젠테이션이 진행되는 동안 일관되게 쓰는 것이 아니라, 프레젠테이션의 시작과 끝, 상황, 내용 등에 따라 변화를 주어야 한다. 이렇게 변화를 줌으로써 보다 성공적인 프레젠테이션을 할 수 있을 것이다.

언어적 전달을 할 때 고려해야 할 전략으로는 ① 자연스럽게 말하고, ② 능동태를 활용하며, ③ 전문 용어 사용을 조심하고, ④ 인칭대명사로 대화하며, ⑤ 쉬운 어휘를 사용하고, ⑥ 불필요한 단어는 사용하지 말며, ⑦ 단어를 주의 깊게 선택하는 것 등이 있다.

▶▶▶ 주요 용어

전문 용어(Jargon) 특정 집단에서 사용하는, 뜻을 잘 알 수 없거나 잘난 체하기 위해 사용하는 언어를 일컫는다. 프레젠테이션을 할 때는 의미를 알 수 없는 용어를 사용하기보다는 통용되고 있는 용어를 사용해야 한다.

억양(Intonation) 말에 자신의 감정을 나타내는 것을 의미하며, 감정에 맞는 적절한 억양을 사용해야 한다.

피치(Pitch) 목소리의 고저를 의미하며, 지나치게 극단적이지 않고 고저에 적당한 변화가 있는 것이 적절하다.

▶▶▶ 참고 문헌

도이 사토시, 다카하시 슌스케, 곽해선 옮김, 《로지컬 프레젠테이션》, 이다미디어, 2003.

문용식, 《스피치 커뮤니케이션 – 이론과 실제》, 도서출판 그리심, 2002.

오노 가즈유키, 이윤석 옮김, 《부드럽게 설명하고 강력하게 설득하는 커뮤니케이션》, 제로운 제안, 2006.

임태섭, 《스피치 커뮤니케이션》, 커뮤니케이션북스, 2003.

장용진, 《프리젠테이션 모든 것》, 청림출판, 2002.

전용우, 《스피치와 프레젠테이션》, 민지사, 2005.

홍순이, 홍용기, 《커뮤니케이션론》, 한올출판사, 1997.

Emden, V. J. & Becker, L., *Presentation Skills for Students*, Palgrave Macmillan, 2004.

Kops, G. J., (주)러닝솔루션 옮김, 《비즈니스 프리젠테이션》, 피어슨 에듀케이션, 2004.

제12장 비언어적 전달

1. 자세
2. 몸 움직임
3. 눈맞춤
4. 표정
5. 제스처
6. 공간적 관계

학습 목표

◎ 프레젠테이션의 비언어적 전달 방법을 이해할 수 있다
◎ 비언어적 전달 방법을 활용하여 효과적인 프레젠테이션을 할 수 있다

개 요

프레젠테이션이라고 하면 흔히 말을 떠올리지만, 프레젠테이션은 말로만 실행하는 것이 아니다. 말과 함께 자연스러운 몸동작이 따라주어야 전달되는 내용도 빛을 발하게 된다. 자연스러운 몸동작은 프레젠테이션을 실행할 때 여러 가지 중요한 역할을 수행하게 된다.

첫째, 말을 통해 전달되는 내용이 어떻게 해석되어야 하는가에 대한 힌트를 제공한다. 당당한 자세와 확신에 찬 표정으로 어떤 이야기를 하면 청중에게 신뢰감을 주지만, 청중을 바로 쳐다보지 못하고 굳은 표정으로 이야기하면 프레젠터가 자신이 말하는 것에 확신이 서 있지 않다는 느낌을 주어 청중들에게 전달하고자 하는 바를 정확하게 전달할 수 없게 된다.

둘째, 청중의 감정 상태를 노출한다. 잦은 움직임, 굳은 표정, 방황하는 눈빛, 그리고 둘 곳을 몰라 이리저리 옮겨다니는 손은 프레젠터가 불안해 하고 있다는 사실을 보여준다. 반면에 굳건한 자세와 밝은 표정, 그리고 긴 응시와 명확한 제스처는 프레젠터가 자신에 차 있음을 보여준다.

셋째, 말을 통해 전달되는 메시지를 보완하는 역할을 한다. 말의 내용을 강조할 필요가 있거나, 그 뜻을 더 분명하게 할 필요가 있거나, 혹은 메시지를 반복할 필요가 있을 때는 목소리의 조절만으로는 충분하지 않다. 이때는 목소리의 변화 이외에도 적절한 몸 움직임과 공간을 활용해야 한다.

이처럼 프레젠테이션에서 사용되는 비언어적 전달은 여러 가지 중요한 역할을 수행한다. 따라서 이들을 적절하게 구사하면 프레젠테이션의 효과를 증가시킬 수 있지만 그렇지 못할 경우에는 그 효과를 크게 떨어뜨릴 수 있다. 프레젠테이션을 실행해야 할 때 유의해야 할 중요한 비언어적 전달에는 자세, 몸 움직임, 눈 움직임, 얼굴 표정, 제스처, 공간적 관계 등이 있다. 여기에서 이들 각각을 어떻게 관리하는 것이 효과적인지 살펴볼 것이다.

비언어적 전달이란 언어적 표현이 아닌, 신체의 각 부위, 즉 손이나 시선, 얼굴 표정, 움직임 등에 의한 의사 전달 방법을 말한다. 이러한 제2의 커뮤니케이션은 의사 전달에서 가장 큰 영향력을 발휘하는 요소라 할 수 있다. 앨버트 메라비안에 따르면, 우리가 흔히 표현하는 의사 전달을 100퍼센트로 하였을 때 비언어적 전달이 55퍼센트, 목소리가 38퍼센트, 말이 7퍼센트를 차지한다고 한다(장용진, 2002).[1] 이처럼 비언어적 전달은 성공적인 프레젠테이션을 위한 효과적인 의사 전달 방법에서 매우 중요한 요소라 할 수 있다.

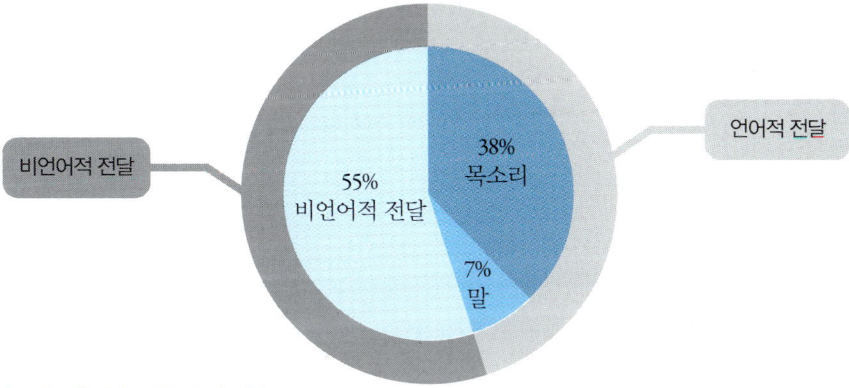

[그림 16] 전달 구성요소별 비중

비언어적 전달 요소는 앞에서 언급한 바와 같이 다양하게 구성되어 있으며, 여기에서는 자세, 몸 움직임, 눈맞춤, 표정, 제스처, 공간적 관계를 중심으로 살펴보고자 한다.

1. 자세

프레젠터의 자세(posture)란 상대적으로 긴장이 완화되거나 경직되어

1 앨버트 메라비안은 비언어적 커뮤니케이션의 비중을 93퍼센트로 제시하였으나, 이 책에서는 목소리를 언어적 전달로 분류하였기 때문에 여기에서 언급한 목소리의 비중은 비율에서 차이가 있다.

찾아보기

문화적 다양성과 비언어적 힌트

http://www.unl.edu/casestudy/456/traci.htm

위의 사이트는 다른 문화권에서 의미가 다르게 해석되는 비언어적 힌트를 보여주고 있다. 어떤 힌트가 당신에게 가장 큰 인상을 주는가?

있는 경우 또는 신체의 직립 상태를 말한다. 예를 들어, 곧은 자세를 하고 똑바로 프레젠터가 서 있으면 굳이 입을 열지 않더라도, "이것은 사적인 자리가 아니라 공식적인 행사이며, 긴장하고 있습니다"라고 말하는 것과 같다. 이와 같이 자세가 바르고 굳건하면 그가 정신적으로 잘 준비되어 있으며 침착하다는 것을 보여주지만, 한편으로 정신적 준비 상태를 돋보이게 하기 위해 너무 꼿꼿이 서게 되면 프레젠터 자신도 불편하고 보는 이의 마음도 불안하게 된다. 따라서 바르고 굳건한 자세를 유지하도록 하면서도 가능한 한 편안하게 서야 한다. 한마디로 프레젠테이션을 하는 자세는 편안하면서도 정신을 바짝 차리고 있다는 인상을 주어야 한다.

가. 기본 자세

몸 동작의 기초가 되는 것은 프레젠터의 자세라 할 수 있다. 여기에서는 프레젠터에게 자연스러운 자세가 좋은 자세이며, 기본 자세라 할 수 있다. 프레젠테이션을 하는 기본 자세는 두 발을 어깨 넓이로 벌리고 체중을 양발에 균등히 둔 상태에서 허리와 어깨를 곧게 펴고 머리를 똑바로 든 자세이다. 그러나 실제 문제는 어느 사람에게나 공통된 좋은 자세가 있는 것은 아니라는 점이다. 좋은 자세란 프레젠터의 몸이 정상적인 때를 말한다. 즉, 프레젠터에게 어색하거나 부자연스러운 점이 없어야 하고 청중에게는 불쾌감을 주지 않는 자세여야 한다는 말이다.

나. 자세의 적응

많은 사람들 앞에서 행하는 프레젠테이션에서 고려해야 할 것은, 몸의 자세를 조절하는 것이다. 일반적으로 사람들은 이야기에 집중하다보면 무의식중에 여러 가지 버릇을 드러낸다. 예를 들어, 손을 호주머니에 넣고 동전이나 열쇠를 만지는 경우, 또는 테이블이나 단상에 기대어 이야기하는 경우가 있는데, 이는 청중들에게 나쁜 인상을 줄 수 있다. 그러므로 짧지만 길게 느껴지는 프레젠테이션에서는 상황에 맞는 적절한 자세를 유지하는 것이 바람직하다.

앞에서 언급한 바와 같이, 프레젠테이션의 시작부터 끝까지 기본 자세로 일관하기는 무척 힘들다. 오랫동안 같은 자세를 유지하면 육체적으로 불편한 것은 물론, 단조로움을 느끼기도 하기 때문이다. 따라서 간간이 자세를 바꾸는 것은 있을 수 있는 일이다. 그러나 때로는 자세나 동작이 청중들의 반감을 불러일으킬 수도 있음을 상기해야 한다. 목적 없이 계속 왔다 갔다 하거나 건들거리면 청중들의 기분을 상하게 하거나 주의를 산만하게 만들 수 있다. 따라서 동작은 의도적이어야 하고 말의 의미를 도와주는 보조적인 기능을 충족시켜주어야 한다. 그래야만 자세가 프레젠테이션을 돕고 목적을 달성할 수 있을 것이다.

다. 팔과 손의 처리

프레젠테이션 자세를 취할 때 가장 처리하기 힘든 것은 팔과 손이다. 전문가와 아마추어의 차이는 손짓만 보고도 안다는 말이 있다. 전문가의 손짓은 자연스러우면서도 능숙하다. 반면에 아마추어나 초보자의 경우 손동작이 없거나 상황에 맞지 않는 동작을 보임으로써 청중들의 이해를 해치는 경우가 많다. 예를 들어, 테이블에 손을 대고 말하는 사람들이 많이 있다. 이런 경우 머리가 약간 수그려지고 몸의 자세도 바람직스럽지 않게 되어 청중들에게 당당하다는 인상을 주기보다는 위축된 인상을 주게 된다.

또한 상체가 앞으로 나가게 되므로 공격적이라는 인상을 주게 된다.

임태섭(2003)은 팔을 처리하는 기본 원칙을 다음과 같이 제시하고 있다. 필요할 때 쉽게 움직일 수 있도록 가볍게 처리해두며, 두 팔을 모두 가볍게 내려 뻗거나 한 팔을 내려 뻗고 다른 팔은 탁자 위에 가볍게 올려두어도 좋다. 아니면 두 손을 가볍게 모아 아랫배 위에 올려두거나 가슴 앞에 모아둘 수도 있다. 정 불편한 경우에는 한 손을 호주머니 속에 넣어두고 다른 손을 가볍게 내려 뻗거나 탁자 위에 살짝 올려주면 된다. 개요서를 작은 카드에 적어둔 경우에는 카드를 한 손에 쥐고 그 손을 가슴 부근으로 끌어올려두면 다른 손은 자유로이 내버려두어도 좋다.

이처럼 좋은 자세와 관련하여, 사람마다 그 특징이 있겠지만, 조심해야 할 몇 가지 공통점을 요약하면 아래와 같다.

① 두 다리를 너무 넓게 벌리지 않는다.
② 몸의 체중을 한쪽 다리에 의존하지 않는다.
③ 지나치게 딱딱한 자세를 피한다.
④ 자세를 갑자기 바꾸지 않는다.
⑤ 뒷짐을 지거나, 팔짱을 끼거나, 손을 주머니 속에 넣거나, 옷자락 같은 데를 만지작거리지 않는다.

2. 몸 움직임

프레젠터에게 첫 이미지는 매우 중요하다. 프레젠테이션에 들어서기에 앞서 걸어가는 태도에서부터 청중들을 대하는 태도 하나하나가 프레젠터의 첫 이미지를 결정한다. 이런 점에서 몸 움직임도 프레젠터의 이미지를 결정하는 데 중요한 역할을 한다. 움직임은 청중의 시선을 모아주기 때문에 때로는 고의적으로 움직일 필요가 있다. 프레젠테이션을 할 때의 몸 움직임은 굵으면서도 단호하고 편안하면서도 절도가 있어야 한다. 작고 부단한 움직임은 청중들의 눈을 현혹하며, 불안한 움직임이나 위축된 움직임은 프레젠터가 자신이 없다는 것을 반영한다.

가. 단상 접근

프레젠터의 몸 움직임은 단상을 향하여 걸어 나가는 데서부터 시작된다. 연단 앞으로 걸어나갈 때는 상체를 똑바로 세우고 얼굴은 정면을 향한 채 자신감 있는 모습의 걸음걸이를 보여주는 것이 대단히 중요하다. 얼굴을 숙이거나 흐느적거리는 걸음걸이 또는 힘이 없는 걸음걸이는 청중들에게 좋지 않은 이미지를 심어줄 뿐이다. 걸음걸이에 따른 심리적 결과를 보면 다음과 같다.

- 바른 자세로 점잖게 걷는다 : 안정적인 타입
- 천천히 걷는다 : 자기 중심적이지만 사회성이 좋고, 다른 사람을 내 사람으로 이끌 줄 아는 리더십이 있다.
- 빠르게 걷는다 : 활발해 보이지만 인간관계가 서툰 타입으로, 손해를 많이 보는 사람이다.
- 어수선한 걸음 : 불안하고 항상 자신감이 없다.
- 보폭이 좁다 : 주변 상황을 잘 파악해 반응해나가는 타입으로, 사회성이 좋으나 사람이 너무 좋아 손해를 보는 수도 있다.
- 다리를 교차시켜 서 있다 : 외로움을 많이 타는 타입.

자료 : 장용진, 《프레젠테이션 모든 것》, 청림출판, 2002, 133쪽.

앞서 언급한 바와 같이, 자신감이 결여된 이러한 단상 접근 행위는 프레젠테이션을 시작도 하기 전에 망쳐버리는 결과를 낳는다. 설사 자신의 프레젠테이션에 자신이 없다고 하더라도 허리를 곧게 펴고 당당하게 걸어 나가 단상에 서야 한다. 그런 후에는 한번 죽 둘러보고 천천히 프레젠테이션을 실시해야 한다.

나. 진행 중 몸의 이동

프레젠테이션에서 비언어적 전달이 차지하는 비중이 매우 중요함을 앞에서 제시하였다. 이처럼 프레젠테이션을 진행할 때 목소리만으로 내용을 전달하려고 한다면, 이는 살아 있는 프레젠테이션이라 할 수 없을 것이다. MC로서 높은 인기를 얻고 있는 유재석, 대중적 철학 강의로 유명한 도올 김용옥 교수 등을 보면 청중들에게 말뿐만 아니라 온몸으로 전하고자 하는 바를 보여준다. 즉, 말과 행동이 자연스럽게 어울려 자연스러움과 호소력을 지닌다고 할 수 있다. 따라서 당당하고 굳건한 자세로 프레젠테이션을 하되 목소리에 맞추어 몸과 팔이 자연스럽게 움직여야 한다. 그러나 중요한 것은 필요한 만큼만 몸을 움직여야 한다는 것이다. 몸을 지나치게 흔들거나 불필요하게 왔다갔다 하게 해서는 안 된다. 특히 별다른 이유 없이 단상을 이곳저곳 옮겨 다니는 행동은 금해야 한다. 목적 없이 계속 왔다갔다 하면 주위가 산만해지며, 너무 똑바로 서 있으면 긴장감을 증가시킨다. 동작은 의도적이어야 하며, 말의 의미를 보충해주어야 한다. 그래야만 자연스러운 몸의 움직임으로 프레젠테이션을 돕고, 자신감 있게 프레젠테이션을 진행할 수 있을 것이다.

다. 퇴장

프레젠테이션에서 발표가 끝났다고 해서 완결된 것이 아니라, 프레젠터가 연단에서 내려가야만 프레젠테이션이 완결된 것이라 할 수 있다. 바꾸어 말하면, 퇴장 행위도 프레젠테이션의 일부분이다. 따라서 프레젠테이션을 잘 마무리하려면, 퇴장을 할 때도 앞에서 제시한 단상 접근과 마찬가지로 몸 움직임에 주의를 기울여야 한다. 끝내고 퇴장을 할 때는 자신의 프레젠테이션이 성공적이었든 혹은 만족스럽지 못했든 간에 당당하게, 자신의 임무를 완수했다는 자신감을 내보이며 이동해야 한다. 그렇지 않고 자책하거나 타인의 시선을 피하거나 고개를 숙이는 행동은 바람직스럽지 못한 몸 움직임이라 할 수 있다.

라. 피해야 할 움직임

프레젠테이션에서 몸 움직임은 의도적으로 행해져야 한다. 모든 움직임에는 목적이 있다고 한다. 그러나 프레젠테이션을 실시할 때 프레젠티로서 주의해야 할 행동들이 있다. 먼저 신체의 일부분을 다른 부위에 접촉시켜 규칙적으로 움직이는 동작이 있다. 예를 들어, 상인들이 무의식적으로 두 손을 비비는 경우 또는 손으로 귀 뒷부분을 만지는 경우 등이 있는데,

① 몸을 좌우로 또는 앞뒤로 자꾸 흔들어대는 행위
② 다리의 무게중심을 이쪽저쪽으로 자꾸 옮기는 행위
③ 단추나 옷 또는 넥타이를 만지작거리는 행위
④ 귀를 잡거나, 이마를 문지르거나, 턱을 만지작거리거나, 머리를 쓰다듬는 행위
⑤ 머리칼을 뒤로 보내기 위해 고개를 급작스럽게 젖히는 행위
⑥ 손가락으로 탁자를 탁탁 두드리거나 손바닥으로 탁자의 가장자리를 문지르는 행위
⑦ 카드를 만지작거리거나 호주머니 속의 물건을 만지작거리는 행위
⑧ 호주머니에 손을 넣었다 뺐다 하는 행위
⑨ 팔찌나 시계 등 장신구를 만지작거리는 행위
⑩ 손을 비벼대는 행위
⑪ 필소매를 걷어 올리는 행위

자료 : 임태섭, 《스피치 커뮤니케이션》, 커뮤니케이션북스, 2003, 327쪽.

모두 수줍다든지, 알 수 없다든지, 곤란하다든지 할 때 내보이는 움직임들이다. 두번째로는 사물을 본래 이외의 목적으로 사용할 때인데, 말을 들으면서 볼펜으로 소리를 낸다거나, 프레젠터가 포인터로 사람을 가리킨다거나 하는 경우도 바람직하지 못한 움직임이라 할 수 있다.

마지막으로 무의미한 행동의 반복이다. 무의미한 움직임은 청중의 시선을 현혹하고 그들의 집중력을 흩뜨려놓는다. 이런 무의미한 동작들은 무의식적으로 나오는 것이 보통인데, 가능한 한 의식적인 노력을 통해서라도 이런 동작들이 나오는 것을 막아야 한다. 프레젠터들이 프레젠테이션 중에 만들어낼 수 있는 좋지 않은 행위들은 앞에서 예시한 바와 같다.

3. 눈맞춤

레오나르도 다 빈치는 '눈은 마음의 거울'이라고 하였다. 사람은 흥분하면 눈동자가 4배까지 커질 수 있으며, 부정적인 기분일 때는 '뱀눈'으로 알려진 작은 눈이 된다. 특히 청중 앞에서 의사 전달을 하는 프레젠터의 눈에서는 자신감이 넘치면서도 뭔가를 반드시 이루고야 말겠다는 투지가 있어야 한다. 이런 점에서 눈맞춤(eye contact)은 일대일 대화이든 다수간의 대화이든 인간의 상호 작용 가운데 하나이다. 인간은 50퍼센트 이상의 정보를 시각적으로 받아들인다는 연구 결과가 있다. 당신의 눈은 항상 다른 사람들에게 무엇인가를 말하고 있다는 것을 기억해야 한다. 당신은 그들의 신체 언어를 관찰하며 그들이 당신에게 편안함을 느끼는지, 긴장감을 느끼는지, 놀라고 있는지를 발견할 수 있다. 또 그들의 눈을 통하여 당신에게 감정적으로 동조하는지 또는 냉담하게 반응하는지 알 수 있다.

프레젠테이션을 할 때 청중과 더욱 친밀감을 느낄 수 있는 방법이 바로 눈맞춤이다. 눈에서 나오는 표현은 모든 감정을 내포하고 있다. 눈맞춤을 함으로써 프레젠테이션에 참가한 청중 개개인에게 자신을 특별하게 여긴다거나 중요하게 생각한다는 믿음을 줄 수가 있다. 이처럼 올바른 눈맞춤을 하기 위한 전략으로 Kops(2004)는 다음과 같은 3단계의 눈맞춤 방법을 제안하였다.

1. 먼저 한 사람과 눈맞춤을 시도하라. 프레젠테이션을 시작할 때 청중 가운데 한 사람을 선택하여 그 사람과 일대일 면담을 한다는 생각으로 계속 눈맞춤을 시도하라.
2. 한 가지 생각을 전달하라. 그 사람에게 한 가지 생각을 전달할 때까지 계속 쳐다보라. 그 시간은 어느 정도면 되는가? 그것은 하나의 완전한 문장을 말할 정도면 충분하며, 또는 그것보다 더 짧아도 상관없다. 예를 들어, "우리는 유럽 시장이나 라틴 아메리카 또는 극동 지방의 시장에 진출할 필요가 있습니다" 정도면 충분하다.
3. 잠시 숨을 들이키고 다른 사람을 쳐다보라. 한 사람에게 한 가지 생각을 전달했으면 잠시 멈추고 시선을 다른 사람에게 돌려라. 그리고 다음 한 가지 생각을 그 사람에게 전달하라.

위에서 제시한 방법이 자신이 프레젠테이션을 할 때 익숙해질 수 있도록 평소에 연습을 통하여 몸에 배도록 노력해야 할 것이다.

가. 눈맞춤의 중요성과 기본 원칙

흔히 눈은 마음의 창이라고 한다. 즉, 사람의 눈은 그 사람의 현재 심리 상태를 대변해준다고 할 수 있다. 우리가 누군가와 대화를 할 때 상대방의 눈을 피하기 위해 왼쪽이나 오른쪽 또는 위를 쳐다보는 것은 심리적으로 위축되어 있다는 것을 표현하는 것이라 할 수 있다. 따라서 프레젠테이션을 효과적으로 실행하기 위해서는 청중을 똑바로 쳐다볼 수 있어야 한다. 어떤 프레젠터는 고개만 정면을 향한 채 눈동자는 돌려서 엉뚱한 쪽을 비스듬히 쳐다보거나 천장을 올려다보기도 하는데, 이것은 좋지 않은 습관이다.

가장 바람직한 것은 청중 개개인의 눈을 자연스럽고 따뜻하게 쳐다보면서 프레젠테이션을 하는 것이다. 따뜻한 눈맞춤은 서로간에 교감을 형성해주기 때문에 프레젠테이션의 효과를 배가시킬 수 있다. 눈맞춤이 지나치게 강렬하거나 한 사람만을 뚫어지게 쳐다보는 것은 좋지 않다. 상대가 부담을 느껴 눈길을 돌리게 되고 이런 모습을 보게 되면 프레젠터 자신도 어색함을 느끼게 된다. 따라서 천천히 시선을 옮기면서 한 사람 한 사람을 차례로 응시하는 것이 좋다. 청중을 골고루 응시하라고 하면 어떤 프레젠터는 빠른 속도로 고개를 이쪽저쪽으로 돌리는데, 이는 매우 비효과적이다.

나. 피해야 할 눈맞춤 방식

Kops(2004)는 청중과 눈맞춤을 할 때도 다양한 방식으로 할 수가 있겠으나 다음과 같은 눈맞춤은 피해야 한다고 제안하였다.

- '까꿍'식 눈맞춤 : 어떤 프레젠터들은 랩톱 컴퓨터에 자신이 해야 할 프레젠테이션 내용을 저장해놓고 그 속에 숨어 프레젠테이션을 진행하면서 가끔씩 청중에게 까꿍 놀이를 하듯이 눈맞춤을 하는 경우가 있는데, 이는 절대 금물이다.
- '나 바빠'식 눈맞춤 : 프레젠터가 미리 준비해둔 원고를 읽을 뿐 청중을 절대 쳐다보지 않는 경우이다.
- '나 좀 도와줘'식 눈맞춤 : 이러한 부류의 프레젠터는 마치 신의 계시를 바라는 듯이 주로 천장을 보며 프레젠테이션을 진행하는 사람들이다.
- '난 지금 시력 검사중'식 눈맞춤 : 프레젠테이션 내내 시력 검사를 하듯이 뒷벽만을 계속 처다보는 유형이다.
- '당신 앞에만 서면 작아진다'식 눈맞춤 : 이 부류의 프레젠터들은 시종일관 바닥만 쳐다보며 프레젠테이션을 한다. 그들은 자신을 프레젠테이션할 수 있는 자격이 있는 사람이라고 생각하지 않는다.

- '테니스 경기'식 눈맞춤 : 어떤 프레젠터들은 방안을 계속 스캐닝하듯이 눈맞춤을 한다. 그들의 머리는 테니스 경기를 하듯이 끊임없이 앞뒤로 끄덕인다.

위에 기술한 좋지 않은 습관이 있는 프레젠터들은 대개 신경질적인 경향이 있거나 청중에 대한 막연한 두려움을 가지고 있는 사람들이다. 당신이 그런 습관 가운데 하나라도 가지고 있다면 청중과 진정한 신뢰 관계를 쌓지 못할 것임은 당연하다. 당신이 많은 사람들 앞에서 무시당하거나 심지어는 모욕당할 수 있는 위험을 감수하더라도 진정한 의미의 눈맞춤을 시도해볼 필요는 있다.

다. 눈맞춤을 통한 피드백

눈맞춤은 프레젠터와 청중 사이의 양방향 의사소통 채널을 제공한다.

청중의 신호 :	몇몇 청중의 눈꺼풀이 반쯤 내려와 있다.
프레젠터의 반응 :	프레젠터의 에너지 수준이 아마 너무 낮기 때문일 것이다. 당신의 시각적·음성적 에너지 수준을 높여라.
청중의 신호 :	프레젠터가 요지를 설명한 뒤 청중이 어리둥절해 하는 것 같다.
프레젠터의 반응 :	아마 프레젠터의 설명이나 시각 자료가 명확하지 못했기 때문일 것이다. 다시 한번 설명해보라.
청중의 신호 :	의사 결정자가 그의 머리를 앞뒤로 기우뚱거리고 있다.
프레젠터의 반응 :	확실히 프레젠터가 이 사람을 확신시키는 데 실패했다. 좀더 설득력 있게 말해야 할 때이다.
청중의 신호 :	상사가 우편물을 읽기 시작했다.
프레젠터의 반응 :	아마도 프레젠터가 상사를 지루하게 했을 것이다. 프레젠터는 흥미를 끌 일화와 같은 몇몇의 정보를 투입해야 할 것이다 아니면 프레젠터의 이야기가 이미 너무 길게 늘어져 있으므로 속도감 있게 이야기를 끝마쳐야 할 것이다.
청중의 신호 :	듣는 자가 엄청난 집중을 하며 당신을 바라보고 있다.
프레젠터의 반응 :	훌륭하다. 지금 매우 잘하고 있는 것이다. 계속 그렇게 하라.

자료 : Kops, (주)러닝솔루션 옮김, 《비즈니스 프리젠테이션》, 피어슨 에듀케이션, 2004., 40~41쪽.

눈맞춤은 주제에 대하여 청중과 당신이 의사소통을 하게 해줄 뿐만 아니라, 프레젠터로서 당신의 프레젠테이션에 대한 중요한 피드백 정보를 제공해준다. 앞에서 언급한 바와 같이, 눈은 마음의 창이다. 그러므로 청중의 눈도 프레젠테이션 청취의 결과를 반영한다고 할 수 있다. 따라서 청중의 눈이 어떤 반응을 보이고 있는지 파악함으로써 그 프레젠테이션을 좀 더 성공적으로 이끌 수 있을 것이다. 이와 관련하여 청중과의 눈맞춤을 통해 청중이 보이는 반응과 이에 대한 프레젠터의 처리에 관한 예를 정리하면 앞의 표와 같다.

일대일 눈맞춤은 청중으로부터 즉각적인 평가를 받을 수 있는 한 방법이다. 당신은 그들의 눈과 신체 언어를 통해 반응을 읽을 수 있을 것이다. 만일 부정적인 평가를 하고 있다면 재빠르게 적절한 조치를 취해 당신의 발표를 정상 궤도에 올려놓아야 할 것이다.

라. 자신만의 눈맞춤 양식의 개발

청중과 시선을 맞추려고 할 때는 고정된 틀에 따라 움직이기보다는 자연스럽게 시선의 움직임을 갖도록 하는 것이 좋다. 즉, 왼쪽 사람과 눈맞춤을 했으면 이제 오른쪽 사람과 눈맞춤을 하고, 그 다음은 중간에 앉아 있는 사람과 눈맞춤을 하는 형식으로 하라는 것이다. 눈맞춤이 규칙적인 양식으로 되고 있다고 청중이 깨닫게 되면, 자기의 차례가 돌아올 때까지 공상에 빠지거나 졸 수도 있기 때문이다.

모든 청중을 골고루 쳐다보는 것이 부담스러우면 한쪽 청중을 다른 쪽 청중보다 더 자주 쳐다보아도 좋다. 특히 자신의 프레젠테이션에 호의적인 반응을 보이는 쪽이 있어서 그쪽을 쳐다보는 것이 더 편안하게 느껴진다면 그쪽을 더 자주 쳐다보아도 좋다. 이 방법을 활용할 때는 그쪽 청중들과 개인적인 대화를 하는 것처럼 보이지 않도록 하는 것이 중요하다.

또한 대화를 할 때 상대방의 눈을 쳐다보는 것이 부담스러우면 그 사람의 콧등을 쳐다보라는 말이 있다. 프레젠테이션을 할 때도 이와 유사한 방법으로 응시하는 것의 부담을 줄일 수 있다. 즉, 청중의 머리 윗부분을 쳐다보는 방법이다. 일반적으로 프레젠테이션을 실시할 때 프레젠터의 시선이 청중의 시선보다 높기 때문에, 청중이 볼 때는 프레젠터가 자신의 정면에서 보고 있다고 느끼기 때문이다. 이처럼 프레젠터로서 눈맞춤을 자유자재로 활용하여 프레젠테이션을 하게 되면, 유능한 프레젠터로 한 단계 도약하게 될 것이다. 위에서 언급하였던 내용을 토대로 효과적인 눈맞춤을 위한 사용법을 제시하면 다음과 같다.

효과적인 눈맞춤 사용법

① 가장 중요한 것은 청중 한 사람 한 사람에게 말을 거는 것이다.
② 왼편과 오른편에 시선을 균등하게 주자.
③ 앞자리에 앉아 있는 청중에게는 의욕이 꺾이지 않도록 시선을 주자.
④ 핵심 인물에게 주의를 주자.
⑤ 얼굴의 방향과 눈의 방향을 일치시키자.
⑥ 눈으로 독촉하고, 눈으로 수긍하게 한다.
⑦ 강한 시선으로 결의를 보낸다.
⑧ 눈의 표정에 기분을 담아라.

자료 : 문용식, 《스피치 커뮤니케이션 – 이론과 실제》, 도서출판 그리심, 2002.

4. 표정

얼굴은 신체 가운데 가장 표현을 잘하는 부분이다. 잡지를 읽게 될 때 움직이는 사람이 실려 있는 사진을 찾아서 손으로 그 사람들의 얼굴을 제외한 모든 부분을 가려보자. 그 얼굴만으로 어떤 종류의 정보를 얻을 수 있을까? 또는 어떤 종류의 정보를 얻을 수 없을까?

이 경우 비록 그 사람이 무엇을 하는지는 알 수 없지만 감정과 태도는 확인할 수 있음을 발견할 것이다. 눈만 제외한 모든 것을 가리고도 여전히 감정과 태도를 감지할 수 있는지를 알아보라. 입 주위만 제외하고 모든 것을 가려보자. 어떤 감정들은 눈이나 입만 보고도 해석이 가능하다는 것을 알게 될 것이다. 그러나 얼굴을 많이 가리면 가릴수록 감정과 태도를 확인하기가 더 힘들어진다.

이처럼 얼굴 표정은 프레젠터의 감정 상태와 태도를 드러낸다. 경직된 얼굴 표정은 프레젠터가 매우 긴장해 있음을, 벌게진 얼굴은 불안에 떨고 있음을, 그리고 찡그린 얼굴은 매우 초조해 하고 있음을 반영한다. 프레젠터가 긴장, 불안, 초조 등에 휩싸여 있다는 것이 청중에게 알려지면 좋을 것이 하나도 없다. 따라서 프레젠테이션에 임할 때는 표정을 관리하는 데 특별히 신경을 써야 한다.

프레젠테이션을 시작할 때 가장 이상적인 얼굴 모습은 정색을 하면서도 약간의 미소를 띤 표정이다. 정색을 한다는 것은 정신을 바짝 차리고 있다는 것을 보여주며, 미소를 띤다는 것은 여유를 가지고 있다는 것을 반영한다. 정색을 하는 것은 비교적 쉬우나 미소를 짓는 것은 결코 쉬운 일이 아니다. 그러나 의식적인 노력을 통해서라도 미소를 짓는 것이 좋다. 미소는 보는 사람들에게도 여유를 주지만 프레젠터 자신의 기분도 즐겁게 만들기 때문이다. 불안하고 초조하더라도 억지로 미소를 짓고나면 한결 마음이 편안해진다.

얼굴 표정은 내용에 따라 적절히 변화를 주어야 한다. 즐거운 이야기를 할 때는 즐거운 표정을, 진진한 이야기를 할 때는 진지한 표정을 지어야 한다. 그러나 화난 표정이나 지나치게 흥분된 표정은 피하는 것이 좋다. 이러한 표정들은 프레젠터가 자신의 감정을 적절히 통제할 수 없다는 사실을 반영하기 때문에 공신력에 영향을 미친다. 또한 프레젠테이션을 하다가 실수를 했다고 해서 쑥스러운 표정이나 머쓱한 표정을 짓는 것은 좋지 않다. 실수를 하더라도 예사스러운 표정으로 지나쳐야만 그 실수가 필요 이상으로 확대해석되지 않는다.

5. 제스처

제스처란 프레젠테이션에서 말하고자 하는 내용을 보충하거나 설명하기 위해서 신체 부위를 의도적으로 움직이는 것을 말한다. 제스처는 말을 통해 전달되는 메시지의 의미를 명확하게 해주며, 특정한 단어나 구절을 강조하는 기능을 하고, 청중의 시선을 모으는 역할을 한다. 무의식중에 손을 주머니에 넣는다거나 옷깃을 만진다거나 하는 행동들은 프레젠테이션에서 의미 있는 제스처라 보기 어렵다. 이러한 행동들은 오히려 프레젠테이션을 방해할 뿐이다. 제스처를 사용할 때는 기본적으로 지켜야 할 원칙이 있으며, 연습을 통해 향상시킬 수 있다.

가. 제스처의 기본 원칙

프레젠테이션에서 제스처가 차지하는 비중은 매우 높다. 프레젠테이션을 행하는 사람이라면 누구나 다 제스처가 중요하다는 것을 알고 있다. 이와 관련하여 임태섭(2003)은 프레젠테이션을 행할 때 지켜야 할 기본적인 사항들을 다음과 같이 제시하였다.

프레젠테이션을 실행할 때는 의식적으로 제스처를 하려고 노력한다. 그러나 제스처에 대해 지나치게 많은 신경을 쓰다 보면 과장되거나 어색한 제스처가 나오게 된다. 제스처는 다른 몸짓 언어와 마찬가지로 자연스러움을 그 생명으로 한다. 일상적인 대화를 할 때처럼 제스처가 말의 일부라고 느껴질 만큼 자연스러워야 한다. 제스처가 말과 동떨어져 따로 놀거나, 프레젠테이션으로부터 분리된 별개의 동작처럼 느껴져서는 안 된다. 이러한 기본 원칙을 충실히 이행할 때 프레젠테이션 상황에 맞는 적절한 제스처를 취할 수 있을 것이다.

나. 제스처의 기법

1) 프레젠테이션 전에 근육의 긴장을 풀어라

앞에서 말한 바와 같이, 프레젠테이션에서 제스처가 중요한 역할을 수행하기 때문에 제스처를 자연스럽게 실행하기 위해서는 몸의 긴장을 풀어 줄 필요가 있다. 우리가 평소에 운동을 하기 전에 준비운동을 하는 것과 마찬가지로 프레젠테이션을 실행하기 전에는 가볍게 몸을 풀어주어야 한다. 몸이 긴장하고 있으면 동작이 뻣뻣해지고 제스처가 어색해지리라는 것은 자명한 사실이다. 따라서 프레젠테이션을 하기 전에는 가볍게 걸음을 떼어보거나, 어깨를 움직이고 근육을 유연하게 풀어주며, 숨을 깊이 들이마시면서 긴장을 조절해야 할 것이다. 그러나 지나치게 긴장을 풀어주는 것은 오히려 프레젠테이션에 좋지 않은 영향을 미치므로, 적당한 수준에서 긴장을 유지하면서 몸의 긴장을 풀어주는 것이 좋은 방법일 것이다.

2) 타이밍은 효과적인 제스처에 결정적인 요소이다

프레젠터가 제스처를 사용할 때는 타이밍이 매우 중요하다. 이미 말하고 난 후에 제스처를 취한다는 것은 프레젠터나 듣는 청중의 입장에서도 매우 어색한 상황일 것이다. 손가락으로 가리킨다거나 팔을 움직이거나 주먹을 휘두르는 것과 같은 제스처는 강조하고자 하는 요점 바로 전이나 그때 해야 한다. 예를 들어, 먼저 제스처를 취하고 다음에 말하는 경우와 말과 제스처를 동시에 하는 경우, 마지막으로 말을 먼저 하고 제스처를 한 경우를 효과성 측면에서 살펴보았을 때, 동시에 하는 것도 나쁘지는 않으나 말보다 행동을 먼저 했을 경우에 좀더 효과적인 것으로 나타났다.

수업 발표 시간에 해마다 인구 증가율이 감소하고 있음을 설명하면서 뒤늦게 손으로 하향하는 동작을 취한다면 의미 없는 동작이 될 것임은 뻔한 사실이다. 따라서 제스처를 취할 때는 항상 이 점을 염두에 두고 습관이 될 때까지 연습을 해야 한다. 익숙해지면 자동적으로 말로 표현하기 전에 자연스럽게 제스처를 사용할 수 있을 것이다.

3) 제스처는 자연스럽고 활기가 있게 하라

좋은 제스처는 프레젠터의 신뢰성과 관련된 활력을 전달해준다. 제스처에 힘을 주어 확신과 열기를 보여주어야 한다. 별로 중요하지 않은 문제를 강조하기 위해 과장되거나 같은 제스처를 반복하지 않도록 해야 한다. 즉, 제스처는 다양하게 변화를 주어야 한다. 흔히 프레젠테이션을 할 때는 제스처를 자주 그리고 크게 하라고 한다. 그러나 이 말은 스피치의 성격과 청중의 크기 및 배치에 따라 제스처도 달라져야 한다는 것을 의미한다. 어떤 프레젠테이션은 성격상 역동적이고 열정적인 발표를 필요로 한다. 이를테면, 정치 연설이나 대(對)고객 프레젠테이션 또는 강연 등이 여기에 속한다. 이런 프레젠테이션을 할 때는 제스처가 크고 잦아야 한다.

또한 제스처는 말에 강세를 주고 청중의 시선을 모으기 위해서 하는 것이다. 따라서 제스처는 역동적일수록 더 효과적이다. 제스처를 역동적으로 하기 위해서는 어깨에서 손에 이르기까지 팔 전체를 유기적으로 움직여야 한다. 손만 움직이거나, 어깨를 고정시킨 상태에서 팔꿈치 아래만 움직이는 제스처는 좋지 않다. 손이 위로 올라가면 팔꿈치도 따라 올라가야 하고 어깨도 약간 들려야 하며, 손이 열리면 팔꿈치와 어깨도 바깥으로 따라 움직여야 한다.

4) 깊은 인상을 주고싶을 때 효과적으로 사용하라

프레젠테이션을 실시할 경우에 시선과 제스처를 일치시켜야 한다. 예를 들어, 손으로 특정 방향을 가리킬 경우에 시선도 그 방향으로 돌려야 한다. 팔 전체로 크고 분명하게 하되 청중이 많을 경우에는 제스처를 크게 해야 한다. 크게 하라는 것은 손과 팔의 움직임을 보다 확대하라는 말이며, 분명하게 하라는 것은 한 움직임의 시작과 끝을 명확히 하라는 말이다. 제스처가 크고 분명하면 프레젠터가 열정적으로 프레젠테이션에 임하고 있다는 인상을 주기 때문에 프레젠테이션이 설득력을 갖게 된다.

또한 프레젠터의 제스처는 프레젠테이션 내용의 변화에 따라 함께 변화되어야 한다. 예를 들어, 프레젠테이션의 서두에서는 왼팔과 왼손을 사용하여 제스처를 취했다면 다른 이야기로 바뀔 때 혹은 화제가 전환될 경우에는 오른손과 오른팔을 사용하는 것이 효과적일 것이다. 그렇다고 제스처를 과장되고 크게 하는 것은 좋지 않다. 제스처는 청중의 시선을 집중시키기 위해 하는 것이지 청중의 시선을 혼란시키고자 하는 것이 아니다. 따라서 청중이 눈길을 돌려야 집중할 수 있는 제스처는 피하는 것이 좋다.

5) 손과 팔을 다양한 각도로 움직여라[2]

프레젠테이션을 실시할 경우에는 특정한 목적을 지니고 제스처를 취한 경우를 제외하고는 손으로 주먹을 쥐거나 활짝 펴는 것은 좋지 않다. 손가락과 손바닥을 축구공을 쥔 듯한 정도로 약간 구부린 상태에서 여러 가지 제스처를 취하되, 내용의 흐름에 맞추어 손바닥과 지면의 각도 그리고 손바닥과 정면의 각도를 다양하게 바꾸어주는 것이 좋다. 손과 팔을 올리고 내리는 각도와 앞으로 밀어내고 몸 쪽으로 끌어당기는 각도도 내용의 흐름에 따라서 다양하게 변화시켜야 한다. 한마디로, 손 움직임이 단조롭게 반복되는 것은 좋지 않다. 손의 자세와 관련하여 각각의 동작이 가지는 의미를 살펴보면 다음과 같다.

가) 손바닥을 펴는 자세

손바닥을 펴는 것은 진실, 정직, 충성, 그리고 복종과 관련이 있다. 맹세는 가슴에 손바닥을 얹고 행해지며, 법정에서 증언을 할 때는 손바닥을 펴서 들고 한다. 손바닥을 펴서 제스처를 취하면 다른 사람들에게 믿음직스럽게 보인다.

나) 손바닥으로 명령을 내리는 자세

여기에는 손바닥을 위로 편 것, 아래로 향한 것, 그리고 주먹을 쥐고 손가락으로 지시하는 형태의 세 가지가 있다. 손바닥이 위로 향한 것은 유

2 문용식, 《스피치 커뮤니케이션 – 이론과 실제》, 도서출판 그리심, 2002, 161~163쪽에서 발췌.

순하고 위협적이지 않은 제스처이다. 동등한 위치에 있는 동료들 사이에서 "그것 좀 해주세요"라고 말하는 것과 같다. 손바닥이 밑으로 향해 있을 때는 즉각적으로 권위를 갖게 된다. 손을 펴서 손바닥을 아래로 하고 "조용히 하라"고 말하기도 하고, "그것 좀 해요"라고 하기도 한다. 주먹을 쥐고 집게손가락으로 가리키는 제스처는 가장 자극적인 동작 가운데 하나이다. 만약 습관적으로 지시하는 제스처를 자주 사용했다면 손바닥을 위 또는 아래로 향하는 것을 실천하도록 노력하는 것이 좋다.

다) 양 손바닥을 문지르는 자세

사람들의 긍정적인 기대감을 비언어적으로 의사소통하는 방법이다. 사회자가 손바닥을 서로 문지르며 "우리는 다음 프레젠터의 말을 고대하고 있습니다"라는 말과 함께 사용하면 효과적이다.

라) 손으로 산 모양을 만들어 올리는 자세

상하의 인간관계에서 자주 사용되는 자세로, 상사들이 부하들 앞에서 자신감이나 우월감을 표현할 때 자주 사용한다. 이 제스처는 긍정적인 것이지만 부정적인 상황에서도 사용될 수 있고 오해의 소지도 있다. 이 제스처 앞에 행해지는 동작들이 부정적인 것들이었다면 부정적인 결과를 나타내고, 긍정적인 동작들 후에 행해지는 것이라면 긍정적인 결과를 갖는다.

마) 팔짱을 낀 자세

비판적인 제스처이다. 팔짱을 끼고 있으면 방관자적인 태도를 보인다고 인식되며, 팔짱을 끼고 강연을 듣고 있는 사람들은 강연자와 강연에 대해서 비판적인 태도를 보인다고 한다. 어느 유명한 강연자가 청중이 존경하는 몇몇 인사를 심하게 비판하였다. 욕설을 한 후 그 강연자는 청중에게 그들이 취하고 있는 자세 그대로 가만히 있으라고 했는데, 90퍼센트 정도의 청중이 팔짱을 끼고 있는 자세를 취하고 있었다고 한다.

청중이 팔짱을 끼고 있으면 자세를 바꾸게 하는 것이 좋다. 간단하면서도 효과적인 방법은 그 사람에게 펜이나 책 같은 것을 건네주어 그것을 받기 위해 팔짱을 풀게 하는 것이다.

바) 뒤로 두 손을 모은 자세

뒤로 두 손을 모은 자세는 '우월감/자신감'의 제스처이다. 이 자세는 무의식적으로 두려움이 없는 것을 나타내어 공격받기 쉬운 배, 심장, 목 부분을 드러내는 자세이다. 초조한 상황일 때 이 자세를 사용하면 아주 편안하고 자신감이 있으며 권위 있는 사람으로 느껴질 것이다. 반면에 앞으로 손을 모은 자세는 안정감을 느끼기 위한 것이라 할 수 있다.

6. 공간적 관계

근접학(proxemics)은 공간을 사용하는 방법을 통해 무엇을 의사소통하는가를 연구하는 학문이다. 이야기하는 상대에게서 얼마나 멀리 떨어져 있는가, 집에 가구를 어떻게 배치하는가, 다른 사람들이 자신의 영역을 침입하는 데 대해 어떻게 반응하는가 하는 것들 모두 중요한 비언어적 진술들이다. 근접학의 두 가지 구성요소인 물리적 배치와 거리는 프레젠테이션과 관련이 많다.

먼저 물리적인 배치는 프레젠터용 탁자의 유무를 포함해서 프레젠터가 연설하고 있는 장소의 배치도, 좌석 도면, 칠판이나 보조 기구의 위치, 프레젠터와 청중 사이의 물리적 장벽을 말한다.

근접학의 아버지는 인류학자였던 에드워드 홀이다. 그는 사람들이 무의식적으로 다른 사람들과 상호 작용할 때 사용하는 거리의 정도에 따라 ① 친밀한 거리(intimate distance), ② 개인적 거리(personal distance), ③ 사회적 거리(social distance), ④ 대중적 거리(public distance)의 네 가지로 설명하였다. 각각의 사람이 있는 공간이 네 개의 동심원으로 둘러싸여 있다고 상상해보자. 친밀한 거리에서 가장 가까운 거리는 접촉을 하는 것이고, 먼 거리는 신체

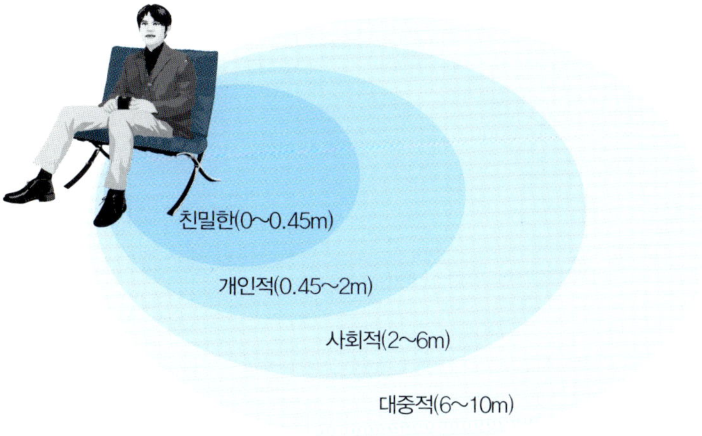

[그림 17] 거리에 따른 인간관계

에서 15~45센티미터 떨어진 거리이다. 이 영역은 연인이나 가까운 친구, 부모에게 안겨 있는 어린아이 사이에서 볼 수 있다. 만약 가깝지 않은 사람들에게 그들을 보호하는 아무런 장벽 없이 이 공간을 공유하도록 강요한다면, 그들은 당황하거나 위협감을 느낄 것이다. 복잡한 버스나 엘리베이터에서 접촉을 피할 수 없을 때, 사람들이 어떻게 시선을 피하고, 긴장하고, 몸을 뒤로 빼는지를 관찰해보라. 눈길을 마주치는 경우에는 종종 공손하거나 어색한 미소를 짓는 것을 볼 수 있다.

개인적인 거리(45센티미터~2미터)에서 근접 영역은 45센티미터~1미터로, 파티에서 편안하게 이야기할 수 있고 여전히 파트너와 쉽게 접촉할 수 있는 거리이다. 반면에 원접 영역인 1~2미터의 거리에서는 접촉의 위협이 없이 비교적 사적인 이야기들을 주고받을 수 있다. 이 영역에서 가장 먼 거리는 파트너와 팔 길이만큼의 거리를 유지하는 것이다.

사회적 거리(2~6미터)에서 근접 영역은 2~3.5미터로, 고객이나 서비스맨에게 이야기할 때와 같이 주로 내인 업무를 수행할 때 사용된다. 이 거리는 종종 지배를 나타내기 위하여 인위적으로 사용된다. 한 감독관이 자신의 높은 지위를 나타내기 위한 방법으로 이 거리에서 앉아 있는 고용인을 응시할 수 있다. 사회적 거리에서 원접 영역은 3.5~6미터로 공식적인 사업이나 사회적 상호 작용에 자주 사용된다. 가끔 회사의 사장들은 고용인들로부터 이 정도의 거리에 놓여 있는 책상에 앉음으로써 앉은 자세로도 고용인들에게 그의 높은 지위를 드러낼 수 있다. 이 거리는 또한 회사원들이 다른 동료들에게 무례한 느낌을 주지 않으면서 작업을 계속할 수 있는 개방적인 사무실 환경에서 유용하다. 또한 가정에서 남편과 아내가 독서를 하거나 TV를 볼 때, 일상적인 이야기를 할 때 서로에게서 이 거리를 유지하며 앉아 있을 수도 있다.

대중적 거리는 6~10미터로 근접 영역인 6미터는 상대적으로 비공식적인 모임에 사용되며, 원접 영역인 10미터는 정치가나 명사들의 연설에 사용된다.

네 가지의 영역은 문화마다 매우 다르기 때문에 가끔 다른 문화에서 온 사람이 다르게 정의된 영역을 이해하지 못해서 오해를 하는 경우가 있다. 예를 들어, 라틴 문화에서는 앵글로 아메리카 문화보다 개인적인 거리가 더 가깝다. 이러한 두 개의 다른 문화에서 온 사람들은 방의 한쪽 끝에서 대화를 시작해서 다른 쪽 끝에서 끝낼 수 있다. 왜냐하면 라틴인은 그가 가장 편안하게 느끼는 '개인적 영역'으로 가까이 움직이고, 앵글로 아메리카인은 그의 '친밀한 영역'을 침범당하는 것을 거북하게 느껴 뒤로 물러날 것이기 때문이다. 라틴인은 앵글로 아메리카인이 냉정하다고 생각하면서 방을 나갈 것이고, 앵글로 아메리카인은 라틴인이 뻔뻔하다고 느끼면서 떠날 것이다. 같은 문화의 구성원이라고 할지라도 이러한 영역의 크기는 개인에 따라 차이가 있다. 이러한 개인차 때문에 잘못된 사람이 잘못된 영역으로 들어옴으로써 불편함을 초래할 수 있다.

대부분의 프레젠테이션은 홀이 명명한 '대중적 거리'의 상황에서 이루어진다. 이런 거리에서 청중과 커뮤니케이션을 하려면 보통 목소리나 약간의 변화를 보이는 자세나 움직임으로는 불가능하다. 더 큰 제스처를 쓰고, 몸을 더 넓게 움직이며, 목소리에도 힘을 더 주어야 그만큼의 거리를 보충할 수 있다. 반면, 더 가까운 거리에서 몇몇 사람을 상대로 할 때는 목소리를 줄이고, 제스처의 폭도 제한해야 한다.

요 약

이 장에서는 프레젠테이션의 전달에서 언어석 전달과 함께 큰 비중을 차지하는 비언어적 전달에 대해 살펴보았다. 비언어적 전달에는 자세, 몸 움직임, 눈맞춤, 표정, 제스처, 공간적 관계 등이 있다. 자세는 바르고 굳건하게 하되 지나치게 딱딱한 자세는 피해야 하며, 몸의 움직임은 청중의 시선을 모아주는 효과가 있으므로 상황에 맞게 적절한 움직임을 보여주어야 한다.

또한 인간이 정보를 받아들일 때 50퍼센트 이상을 시각을 통해 받아들이므로 청중과 프레젠터 사이에 눈맞춤을 잘 활용해야 한다. 프레젠테이션을 할 때의 눈맞춤은 자연스럽고 따뜻해야 한다. 사람의 얼굴 표정은 많은 것을 알려준다. 즉, 프레젠터의 감정과 태도를 드러낸다. 따라서 프레젠테이션을 할 때는 정색을 하면서도 약간 미소를 띤 표정을 보여줄 수 있도록 해야 한다.

프레젠테이션을 할 때는 목소리의 변화에 따라 그에 맞는 적절한 제스처가 이루어져야 한다. 제스처는 말을 통해 전달되는 메시지의 의미를 명확하게 해주고, 특정한 단어나 구절을 강조하는 기능을 하며, 청중의 시선을 모아주는 역할을 한다. 제스처가 이런 효과를 지니고 있다고 해서 너무 자주 사용하는 것은 좋지 않으며, 오버액션을 취하는 등의 행동은 피해야 할 것이다.

공간적 관계는 사람과 사람 사이의 거리에 따라 형성되는 관계라고 할 수 있다. 대부분의 프레젠테이션이 대중적 거리에서 이루어지게 되므로, 이런 거리에서 프레젠테이션을 할 경우 더 큰 제스처를 쓰고, 몸을 더 넓게 움직이며, 목소리에도 힘을 더 주어야 그만큼의 거리를 보충할 수 있다.

▶▶▶ 주요 용어

스캐닝(Scanning) 프레젠터의 눈이 끊임없이 청중의 눈을 훑는 것을 말한다. 이 방법은 눈을 피로하게 만들 뿐만 아니라 목에 통증을 가져올 수 있으며, 청중은 당신이 무엇을 하려고 하는지 매우 의아해 할 수 있다.

근접학(proxemics) 공간을 사용하는 방법을 통해 무엇을 의사소통하는가를 연구하는 학문이다. 근접학에서는 사람들이 무의식적으로 다른 사람들과 상호 작용할 때 사용하는 거리의 정도에 따라 ① 친밀한 거리(intimate distance), ② 개인적 거리(personal distance), ③ 사회적 거리(social distance), ④ 대중적 거리(public distance) 등 네 가지로 구분하고 있다.

▶▶▶ 참고 문헌

도이 사토시, 다카하시 슌스케, 곽해선 옮김, 《로지컬 프레젠테이션》, 이다미디어, 2003.

문용식, 《스피치 커뮤니케이션 – 이론과 실제》, 도서출판 그리심, 2002.

임태섭, 《스피치 커뮤니케이션》, 커뮤니케이션북스, 2003.

장용진, 《프리젠테이션 모든 것》, 청림출판, 2002.

홍순이, 홍용기, 《커뮤니케이션론》, 한올출판사, 1997.

Kops, G. J., (주)러닝솔루션 옮김, 《비즈니스 프리젠테이션》, 피어슨 에듀케이션, 2004.

제13장 프레젠테이션 지원

1. 프레젠테이션 지원
2. 프레젠테이션 지원의 유형
3. 프레젠테이션 지원을 위한 매체들

학습 목표

◎ 프레젠테이션 지원을 이해할 수 있다
◎ 프레젠테이션 지원의 유형을 구분할 수 있다
◎ 프레젠테이션 지원을 위한 매체의 종류를 분류할 수 있다
◎ 프레젠테이션 지원을 적절히 활용하여 효과적인 프레젠테이션을 할 수 있다

개 요

프레젠테이션을 효과적으로 실시하기 위해서는 다양한 프레젠테이션 지원을 활용해야 한다. 프레젠테이션 지원을 어떻게 활용하느냐에 따라서 그 효과는 천차만별일 것이다. 여기에서는 프레젠테이션 지원이 의미하는 바가 무엇이며, 왜 사용해야 하는지, 그리고 프레젠테이션 지원의 유형과 이에 따른 활용 가능한 매체에 대해 소개하고자 한다. 마지막으로는 프레젠테이션 지원을 사용하는 방법에 대해 살펴볼 것이다.

1. 프레젠테이션 지원

가. 프레젠테이션 지원의 개념

프레젠테이션 지원은 프레젠테이션에서 아이디어를 표현하는 데 도움을 준다. 프레젠테이션 지원에는 시각적·청각적·시청각적 지원의 세 가지 형태가 있다. 시각적 지원은 실물, 모델, 사진, 다이어그램, 그래프, 차트 등이 있고, 청각적 지원은 소리에 초점을 두고 있으며, 음악 소리, 대화, 인터뷰, 연설, 환경 소리 등을 포함한다. 시청각 지원은 시각과 청각이 결합된 형태로, 비디오와 영화 등의 동영상을 포함한다. 때때로 프레젠테이션 지원에 촉각과 후각 등이 사용되는 경우도 있다.

생각해보기

소리, 냄새, 맛과 같은 것을 누군가에게 설명하고자 할 때를 상상해보라. 이런 것들을 설명하는 것이 쉬울까, 어려울까? 어떻게 프레젠테이션 지원이 도움을 줄 수 있을까?

언어를 보충하는 데 쓰이는 프레젠테이션 지원은 청자를 위해 명료하고 간결한 아이디어를 만드는 데 도움을 준다. 길을 잃고 방황하는 사람이 당신에게 길을 물어본다고 할 때 만약 당신이 지도를 보여준다면 길을 물어본 사람에게 아주 정확한 해결책을 제시한 것이다. 어린아이에게 신발끈을 묶는 과정을 시연하지 않고 가르쳐주는 것을 상상해보라. 또는 당신이 좋아하는 가수의 노래를 들려주지 않고 설명해주는 모습을 상상해보라. '백문이불여일견'이라는 옛말이 있듯이, 우리가 직접 보았을 때 훨씬 더 잘 이해할 수 있는 것이다.

파워포인트와 같은 소프트웨어를 사용하여 잘 구조화된 프레젠테이션 슬라이드는 다양한 영역에서 성공적인 연설에 많은 도움을 준다. 연구에 따르면, 파워포인트와 같은 도구를 사용한 프레젠터가 사용하지 않은 사람들보다 43퍼센트 이상 설득력이 높았다고 한다. 문제는 많은 사람들이 효과적으로 슬라이드를 만들기 위해 훈련을 안한다는 것이다.

여기에서는 프레젠테이션 지원이 어떻게 연설을 강화시키는지, 그리고 당신들이 선택할 수 있는 지원의 유형과 이를 뒷받침해주는 매체에 대해 설명하고자 한다. 또한 효과적인 프레젠테이션 지원을 만들고 그것들을 잘 활용할 수 있기 위해 고려해야 할 요소들에 대해 설명하고자 한다.

나. 프레젠테이션 지원을 사용하는 이유

프레젠테이션 지원을 사용하는 주목적은 음성 메시지를 좀더 구체화하기 위해서이다. 프레젠테이션 지원은 또한 연설에 다양성을 부여해주고, 연설에서 불안감을 없애주며, 청중의 기억력을 높여준다. 아울러 정보를 간결하게 전달해주고, 설득적인 호소력을 높여주며, 학습주기를 원활하게 함으로써 많은 청중에게 다가갈 수 있도록 해준다.

1) 음성 메시지의 명료화

프레젠테이션 지원의 주요한 기능은 청중들이 프레젠터가 전달하고자 하는 의미를 좀더 잘 이해할 수 있도록 음성 메시지를 구체화해준다. 예를 들어, 개의 털이나 발톱을 다듬는 방법에 대해 정보를 전달하고자 할 때, 털을 깎거나 발톱을 다듬는 그림을 보여주는 방법을 사용해보자. 큰소리로 그 과정을 묘사하는 동안 그와 관련된 슬라이드를 함께 보여줌으로써 좀 더 구체적으로 설명할 수 있을 것이다. 만약 프레젠테이션 지원이 구체성에 도움을 주지 않는다면 사용하지 않는 것이 좋다. 따라서 지원들은 단지 단어나 주제의 글머리 기호 목록이 아니라, 단어나 어휘의 의미를 좀더 명확하게 만들어주기 위한 보충물이라 할 수 있다.

2) 다양성의 지원

프레젠테이션 지원은 청중에게 보고 듣는 새로운 것을 제공해줌으로써 다양성을 지원해준다. 청중에게 프레젠테이션 지원을 소개해줄 때 프레젠테이션 중에 방황하고 있는 청중들은 다시 프레젠테이션에 집중할 수 있을 것이다. 창조적으로 만들어진 지원은 컨퍼런스라든지 비스니스 미팅과 같은 장시간의 프레젠테이션에 효과적이다. 즉, 다양한 형태의 지원을 활용함으로써 청중의 이해를 높일 수 있는 것이다.

3) 연설의 불안감 줄이기

프레젠테이션 지원은 연설의 불안감을 줄이는 데 도움을 준다. 시각적 지원을 사용할 경우, 청중은 시각적 지원을 보는 것이지 결코 프레젠터를 보는 것은 아니다. 모든 프레젠테이션 지원은 실패의 두려움으로부터 나오는 불안감을 줄일 수 있다. 왜냐하면 프레젠테이션 지원이 포함되는 정보는 연설의 일부분에 대한 프레젠터의 기억을 환기시켜주기 때문이다.

4) 정보의 간결한 전달

프레젠테이션 지원은 정보를 간결하게 전달해준다. 아이디어나 개념들은 단어나 문장만으로 설명하는 것이 어려운데다가 청중을 지치게 할 정도로 긴 설명을 요구한다. 지원의 활용은 짧은 시간 안에 개념을 명확하게 할 수 있도록 해주고, 많은 언어적 설명을 필요로 하지 않는다. 15초 혹은 20초의 짧은 비디오 클립은 10분에 걸친 언어 설명과 같은 효과를 지닌다. 1950년대나 1960년대에 TV의 상업적 광고는 1분 동안 지속되었으며, 오늘날의 광고는 30초를 넘어가지 않는다. 이러한 변화는 좀더 효과적으로 정보를 전달할 수 있는 방법을 활용했기 때문이다.

5) 설득적 호소의 강화

연실에 효과를 더함으로써 프레젠테이션 지원은 프레젠터의 신뢰성 혹은 설득적 호소를 증가시킬 수 있다. 3M의 연구 결과에 따르면, 프레젠테이션에서 시각적 지원을 사용한 프레젠터가 시각적 지원을 사용하지 않은 프레젠터에 비해 2배 가까이 청중을 설득하였다고 한다. 물론 잘 구조화되지 않거나 잘 만들어지지 않은 프레젠테이션 지원은 아무런 도움이 되지 않으며, 오히려 설득적 호소를 해칠 것이다.

6) 학습주기의 원활

프레젠테이션 지원은 다양한 학습 유형을 다루기 때문에 프레젠테이션에 집중할 수 있는 청중의 수를 증가시킬 수 있다. 청중 개개인들은 서로 다른 학습 스타일, 즉 느낌, 생각하기, 보기, 행하기의 선호를 가지고 있다. 어떤 청중은 단지 경청을 함으로써 메시지를 잘 이해할 수 있는 반면, 다른 청중은 시각적이거나 또는 다른 형태의 강화물을 필요로 한다. 모든 형태의 학습 스타일을 제공해주는 것은 모든 청중에게 이로움을 제공한다. 왜

사례

지압에 관해 발표를 맡은 주현미는 그녀의 발표에서 프레젠테이션 지원을 사용하였다. 그녀는 지압이 침술과 유사하지만 바늘이 아니라 손가락 끝의 자극을 사용하므로 고통을 줄이기 위한 자연적인 방법이라고 설명했다. 그녀는 지압의 활용을 설명하기 위해 편두통을 경험하는 사람의 비디오 클립을 제공하였다. 이런 실생활의 사례들은 시각과 느낌의 학습주기에 호소하였다.

그녀는 후에 지압 포인트의 위치와 각각의 위치에 관련된 고통들을 묘사하는 신체의 그림을 보여주었다. 이런 지원은 추상적인 개념에 논리적 설명을 제공함으로써 시각과 생각하기의 학습주기를 사용하였다.

프레젠테이션 지원의 한 유형으로서 그녀 자신을 활용하여 두통을 줄이는 지압 자극을 시연하였다. 그녀는 청중에게 그런 방법을 따라해보라고 요청하였고, 이는 행하기의 학습주기를 사용하였다.

그녀는 마지막으로 두통이 줄어들고 있는 것을 경험하고 있는 사람의 비디오 클립을 보여주는 것으로 프레젠테이션을 끝냈다. 그녀는 다양한 학습 유형을 다루었기 때문에 프레젠테이션에 집중할 수 있는 청중의 수를 증가시킬 수 있었다.

냐하면 그들이 선호하는 학습 스타일에 상관없이 메시지를 보다 오래 유지할 수 있기 때문이다.

2. 프레젠테이션 지원의 유형

프레젠터의 연설에 사용할 프레젠테이션 지원을 결정하기 위해서는 먼저 각 유형의 장단점이 무엇인지를 이해하고 프레젠터의 메시지를 좀더 견고하게 할 수 있는 방법을 선택할 수 있어야 한다. 프레젠테이션 지원은 실물과 상징적인 묘사로 구분할 수 있다. 상징적인 묘사에는 모델, 사진, 그림과 도형, 지도, 그래프, 차드, 음성 자료, 시청각 자료 등이 있다.

가. 실물(Actual Objects)

실물은 시각적인 묘사의 가장 대표적인 형태라 할 수 있다. 그들은 생물(사람, 동물, 식물 등)이거나 무생물일 수 있다. 앞의 사례에서 프레젠터는 그 자신을 프레젠테이션 지원으로 사용하였다. 발레 동작, 요가 자세, 테니스의 스트로크 등을 시연하는 것, 또는 한국 전통 혼례 복장을 입거나 우체국의 유니폼을 입는 것 등이 실물을 사용한 예라 할 수 있을 것이다.

사람을 사용하는 것은 청중의 주의를 유지하는 좋은 방법이라 할 수 있다 특히 어떤 과정을 시연하면서 사람을 사용하는 것은 행하기와 느낌 차원의 학습주기에 이점을 가지고 있다. 사람을 활용한 방법의 단점은 시연을 볼 수 없는 사각이 존재한다는 것이다.

동물을 사용한 방법은 인간을 사용한 방법과 유사한 이익이 있지만 물류적인 문제를 가지고 있으며, 청중에게 흥미를 줄 수 있지만 통제하기 어렵다는 단점을 지니고 있다. 예를 들어, 고양이가 할퀸다거나 개가 짖는 것을 멈추게 하는 것이 쉽지 않을 것이다. 동물을 사용한 방법은 프레젠테이션 지원의 효과를 감소시킬 수도 있고, 프레젠터가 연설하는 데 걱정거리를 증가시킬 수도 있다.

무생물을 통한 다양한 프레젠테이션 지원은 효과적일 수 있다. 예를 들어, 골프에 대한 정보 전달을 주목적으로 하는 프레젠테이션이라면 프레젠터는 우드와 아이언 사이의 차이점을 청중에게 보여주거나 드라이브와 퍼팅을 시연하기 위해 골프 클럽을 사용할 것이다. 무생물을 사용한 프레젠테이션의 장점은 청중이 프레젠터가 말하고 있는 것을 직접 볼 수 있다는 점이다. 잠재적인 단점으로는 크기, 복잡성, 위험을 포함한다는 것이다. 예를 들어, 프레젠테이션에서 4륜 자동차의 장점을 소개할 때 현장에 4륜 자동차를 직접 가져와 보여주는 것은 크기에 제약이 따를 것이다.

나. 모델

모델은 실물을 축소하거나 확대한 형태를 띠고 있다. 예를 들어, 귀의 구조에 대해 정보를 전달하고자 할 때는 귀의 구조를 확대한 모델을 사용할 것이다. 모델은 프레젠터가 이야기하고자 하는 사물의 대리물이기 때문에 효과적이다. 때때로 모델을 만들거나 획득하는 데 많은 시간이 소모되거나 큰 비용이 들기도 한다.

다. 사진

사진은 실물이나 모델이 불가능할 때 사용할 수 있는 대안이다. 사진의 경우 모든 사람이 볼 수 있도록 하기 위해서는 확대를 하거나 파워포인트와 같은 도구를 사용하거나 슬라이드로 변환해야만 한다.

라. 그림과 도표

그림(drawing)은 실물과 모델의 다른 대안이다. 도표(diagram)는 그림의 한 형태로서 그림의 전체 혹은 일부를 보여주는 데 사용된다. 그림과 도표는 만들기가 비교적 간단하고 저렴하지만, 상대적으로 예술적인 능력을 요구한다. 프레젠테이션 지원의 한 형태로서 잘 준비되지 않은 그림과 도표는 프레젠터의 신뢰성과 설득적 호소를 감소시킬 것이다.

마. 지도

프레젠터가 전달하고자 하는 내용에 따라 캠퍼스, 시, 도, 나라, 세계 등의 지도는 좋은 프레젠테이션 지원이 될 수 있다. 지도는 실제와 상상의 지리적 영역에 대한 도식적인 대리물이다. 지도는 찾아가고자 하는 곳의 길을 보여주고 건물들 사이의 상대적 배치를 보여준다. 예를 들어, 독도가 한국과 일본의 어디에 위치해 있는지 지도를 봄으로써 상대적 위치를 파악할 수 있다.

바. 그래프

그래프(graph)는 통계, 통계적인 경향, 통계적인 상대성을 명확하게 하거나 좀더 이해하기 쉽게 하기 위하여 고안된 대리물이라 할 수 있다. 그래프는 복잡한 숫자들의 경향이나 관계들을 좀더 간결하게 제시해준다. 그래프의 종류에는 막대 그래프, 선 그래프, 원형 그래프 등이 있다.

사. 차트

차트(chart)는 절차와 위치 사이의 상대적인 관계를 명확하게 나타내준다. 순서도는 절차의 계열성을 나타내주며, 조직도는 조직 내에서 지위 사이의 위계적인 관계를 나타내준다.

아. 청각 자료

때때로 청각 자료(audio material)를 사용하지 않으면 설명이나 기술이 부족해질 경우가 있다. 예를 들어, 뉴에이지 음악에 관해 설명할 때, 뉴에이지 음악의 개념과 사상 등에 관한 정보를 제공하면서 음악을 함께 들려주면 효과를 높일 수 있다. 청각 자료에는 유명한 연설, 라디오 프로그램, 인터뷰, 대화, 환경 소리 등이 있다. 청각 자료의 경우 학습자의 수준에 맞는 어휘를 사용하고, 배경 음악이나 음향 효과 등은 남용되지 않도록 해야 한다. 또한 배경 음악이 너무 커서 내용을 듣는 데 방해가 되지 않도록 해야 하며, 언어적 제시뿐만 아니라 음악, 음향 효과, 목소리의 고저, 톤과 피치 등을 적절히 활용해야 한다.

자. 시청각 자료

시각과 청각을 동시에 사용하는 자료에는 비디오테이프, 영화, 컴퓨터를 활용해 만든 슬라이드 등이 포함된다. 예를 들어, 성 역할에 대한 고정관념을 살펴보기 위하여 영화나 드라마 속에 표현된 남성상, 여성상을 자료로 제시한다면 효과적인 프레젠테이션이 될 수 있을 것이다. 그러나 시청각 자료의 경우 장소와 청중의 수에 따라 매체를 준비하기 까다롭다는 단점이 있다.

3. 프레젠테이션 지원을 위한 매체들

매체(media)는 프레젠테이션 지원을 표시하기 위하여 사용되는 장비들이다. 비전자 매체에는 칠판, 플립차트, 포스터보드, 핸드아웃 등이 있으며, 전자 매체에는 슬라이드, 슬라이드 프로젝터, 투영기, OHP, CD/DVD 플레이어, VCR, 빔 프로젝터 등이 있다.

가. 비전자 매체들

1) 칠판

칠판의 형태는 다양하다. 그 형태별 특징을 살펴보면, 고정 칠판은 활용하기 쉽고 늘 이용할 수 있으며, 이동 칠판은 방의 어느 위치에나 또는 방에서 방으로 이동시킬 수 있다. 또한 접는 칠판은 고정 칠판을 설치할 공간이 부적당할 때 활용될 수 있다. 칠판이 광범위하게 이용되는 이유는 다음과 같은 장점이 있기 때문이다.

① 거의 모든 장소에서 쉽게 이용할 수 있다.
② 상대적으로 활용하기 쉽고 편리하다.
③ 프레젠터와 청중에 의해 광범위하게 활용될 수 있다.
④ 설치비가 저렴하고 유지비도 적절하다.
⑤ 중요 요점을 요약하는 데 적당하다.

반면, 칠판이 가지는 단점으로는 다음과 같은 것들이 있다.

① 칠판에 충분히 가까운 소수의 청중들만이 참여하기 쉽다.
② 프레젠터가 칠판에 기록하기 위해 돌아서게 됨으로서 청중과의 눈맞춤이 제한되고 연설의 흐름이 끊어질 수 있다.
③ 청중의 참여가 제한적일 수 있다.

2) 플립차트와 포스터보드

플립차트(flip chart)는 큰 종이를 걸 수 있도록 이젤 스탠드를 활용하는 것으로, 언제 어디서나 간편하고 손쉽게 교육과 회의 진행을 할 수 있도록 지원해주는 도구이다. 선문석인 상사는 기업 교육 훈련 현장에서 많이 활용한다. 포스터보드(posterboard)는 포스터와 같은 형태의 유인물을 설치할 수 있도록 지원해주는 도구이다. 플립차트와 포스터보드는 상대적으로 저렴하며 쉽게 사용할 수 있다. 이러한 것들은 다양한 형태의 프레젠테이션이 가능하도록 해주며, 잘 준비된다면 프레젠터의 신뢰성을 높이는 데 도움이 된다. 특히 프레젠터가 그림에 소질이 있다면 매우 효과적인 도구가 될 것이다.

3) 핸드아웃

핸드아웃(handout)은 연설이 끝난 후 청중이 참고할 수 있는 효과적인 매체이다.

나. 전자 매체들

전자 매체(electronic media)는 좀더 전문적이고 설득적 호소가 필요한 경우 고려해볼 만한 것으로, 비전자 매체보다 효과적으로 사용될 수 있다. 하지만 상황에 따라 그런 장비에 접근하기 어렵거나 아예 불가능할 수도 있다. 프레젠터가 발표하는 장소에서 필요로 하는 장비를 갖추게 하는 것은 프레젠터의 책임이다. 전자 매체는 슬라이드와 슬라이드 프로젝터, OHP, CD/DVD 플레이어, LCD 프로젝터 등을 포함한다.

1) 슬라이드와 슬라이드 프로젝터

슬라이드는 한 장 한 장으로 구성된 사진과 그림, 그것을 설명하는 문구가 찍혀 있는 연속적인 매체로, 많은 현장에서 사용되는 것이다. 슬라이드는 많은 청중들이 보기가 쉽고, 의미를 간결하게 전달할 수 있는 대체물이다. 그러나 슬라이드 프로젝터를 사용하거나 사진을 슬라이드로 전환하기 위해 지불해야 하는 비용은 고려해야 할 단점이라 할 수 있다.

2) OHP

OHP를 사용하여 투사해서 보는 것은 시각적 지원(사진, 그림, 도표, 지도, 그래프 등)의 한 형태로 많이 활용된다. OHP용 슬라이드는 특히 복잡한 층을 가지고 있는 것을 설명할 때 매우 효과적이다. 프레젠터는 OHP를 사용하면서 청중의 주의를 집중시키기 위하여 슬라이드의 일부를 노출시킬 수도 있으며, 여러 장의 슬라이드를 이용하여 중첩시킬 수도 있다. 투명한 물체를 투사할 수 있으며, 불투명한 물체라도 영상만이 나타나는 실루엣 투사가 가능하다. 색채 사용이 가능하며, 초보적인 단계에서의 움직임이나 애니메이션을 보여줄 수도 있다.

3) 오디오카세트와 CD/DVD 플레이어

프레젠터가 청각 자료를 사용하기로 결정하였다면, 청각 자료를 재생할 수 있는 매체를 준비해야 하고 소리의 품질을 향상시킬 수 있도록 해야 한다. 오디오카세트와 CD/DVD 플레이어는 청각 자료를 사용할 수 있는 매체이며, 컴퓨터의 기능이 확대된 시점에서는 CD/DVD 플레이어를 많이 활용하는 편이다.

4) VCR과 LCD 프로젝터

프레젠테이션 지원의 한 형태로서 비디오 클립은 VCR과 LCD 프로젝터 혹은 모니터 등의 장치를 활용하여 청중에게 전달할 수 있다. 프레젠터는 LCD 멀티미디어 프로젝터를 사용하여 사례를 보여줄 수 있을 것이다. LCD 프로젝터는 모든 청중들이 볼 수 있도록 이미지를 확대할 수 있으나, 장비의 가격이 높고 초보자가 이용하기에는 많은 숙련을 요구한다. 비디오 클립의 재생은 모니터나 TV를 통해 가능하다.

5) 컴퓨터와 LCD 패널 및 프로젝터

마이크로소프트사의 파워포인트, 로터스사의 프리랜서 그래픽, 어도비사의 퍼스웨이젼, 한글과컴퓨터의 한컴슬라이드를 사용하여 제작된 슬라이드는 많이 사용되는 프레젠테이션 지원의 유형이다. 이들의 사용은 다양한 학습 지원에 호소하기 때문에 매우 효과적이라 할 수 있다. 대부분의 컴퓨터 소프트웨어들은 프레젠터가 그림, 도표, 지도, 그래프, 차트, 목록,

사진, 비디오 클립 등을 통합할 수 있도록 지원해준다. 프레젠터가 상상할 수 있는 모든 형태를 슬라이드에 포함할 수 있으며, 여기에 사용되는 자료들은 인터넷이나 소프트웨어에 포함된 자료, 스캔을 받은 자료를 통해 확보할 수 있다.

이것의 가장 큰 단점은 컴퓨터와 LCD 패널 그리고 프로젝터를 필요로 한다는 점이다. LCD 패널은 컴퓨터의 출력물을 받아들이는 것으로, 투영기의 가장 위에 위치한 액정 화면을 통해 보이도록 디스플레이하는 역할을 한다. LCD 패널은 컴퓨터와 연결된 장치이며, OHP의 위쪽에 놓여 컴퓨터 모니터에 있는 화면을 회의실의 앞쪽에 있는 스크린에 투사하게 된다. 이와 달리 LCD 프로젝터는 자체의 광원을 가지고 있다. LCD 패널은 LCD 프로젝터에 비해 가격이 저렴하고 이동이 간편하나, OHP가 필요하다는 단점이 있다.

앞에서 언급한 바와 같이 좋은 프레젠테이션 지원은 메시지를 좀더 간단하고, 명료하며, 이해할 수 있고, 흥미로우며, 신뢰할 수 있도록 만들어 주며, 그럼으로써 음성 메시지를 보완해준다. 그러나 이렇게 효과적인 프레젠테이션 지원이라도 잘못 사용할 경우에는 반대의 상황을 경험할 수 있을 것이다.

다. 프레젠테이션 지원의 사용

프레젠터가 아래의 다섯 가지 제안을 따른다면 프레젠테이션 지원을 효과적으로 사용할 수 있을 것이다. 다섯 가지 제안의 내용은 ① 프레젠테이션 지원의 연습, ② 연설에 앞서서 프레젠테이션 지원의 배치, ③ 연설 동안 적정 시점에서 프레젠테이션 지원의 활용, ④ 프레젠테이션 지원이 아니라 청중과 대화하기, ⑤ 적절할 때 프레젠테이션 지원을 노출하고 은폐하기 등이다.

1) 프레젠테이션 지원의 연습

만약 프레젠터가 프레젠테이션 지원을 서투르게 사용한다면 오히려 프레젠테이션 지원이 프레젠터의 신뢰성에 해를 끼치기 때문에, 프레젠터는 연설을 행하기에 앞서서 프레젠테이션 지원을 사용하여 연습을 해야 한다. 예를 들어, 컴퓨터와 LCD 프로젝터를 사용하여 프레젠테이션을 실행할 경우 사용하는 장비를 기본적으로 켜고 끌 수 있어야 하며, 스크린을 올리고 내리는 방법은 물론, 자신이 사용하는 프레젠테이션 지원을 최대한 활용할 수 있는 도구가 갖추어져 있는지 확인해야 할 것이다. 이처럼 사전에 프레젠테이션 지원과 관련된 여러 사항들을 연습함으로써 실제 프레젠테이션에서 여러 장비들을 실수 없이 사용할 수 있을 것이다. 즉, 프레젠테이션 지원에 대한 프레젠터의 역량을 확인함으로써 불안감을 줄일 수 있을 뿐만 아니라, 프레젠테이션 지원을 더 이상 두려움의 대상으로 생각하지 않게 될 것이다.

또한 프레젠터가 프레젠테이션 지원을 사용하는 동안 발생할 수 있는 사항들에 대해 대비할 수 있는 계획을 수립해놓아야 한다. 만약 장비가 오작동할 경우 무슨 조치를 취해야 하는지 등, 프레젠테이션 도중 발생 가능한 문제에 대해 미리 인지해둠으로써 프레젠터는 좀더 완벽하게 준비할 수 있을 것이다.

2) 연설에 앞서서 프레젠테이션 지원의 배치

연설을 행하기 전에 프레젠테이션 지원과 장비를 프레젠터가 원하는 곳에 미리 배치하고 모든 것이 준비된 상태에서 순차적으로 진행해야 한다. 이것은 프레젠터가 준비한 자료들을 청중 모두가 볼 수 있는 위치에 놓

생각해보기

당신이 컴퓨터와 LCD 프로젝터를 준비할 때 기술상의 어려움이나 당신이 준비한 슬라이드가 잘 작동하지 않는 것을 발견했다. 그렇다면 당신은 무엇을 해야 하는가?

거나 배열해놓는 것을 의미한다. 또한 이것은 비디오나 오디오 지원을 위한 장비가 잘 작동하는지 테스트하는 것을 의미한다. 그리고 OHP, 슬라이드 프로젝터, 컴퓨터, LCD 등이 잘 작동하고, 장소의 모든 곳에서 볼 수 있는지를 점검하는 것도 의미한다. 프레젠터가 준비한 지원을 배치하는 데 시간을 할애하는 것은 프레젠터에게 좀더 자신감을 가지게 하고 그를 좀 더 전문가처럼 보이게 할 것이다.

3) 적절한 프레젠테이션 지원의 활용

프레젠테이션 지원 스스로가 말할 수 없다는 것을 기억하라. 프레젠터가 연설하는 동안 그것들을 설명하고 적절하게 통합해야 한다. 그렇게 함으로써 청중이 이해하는 것을 도와줄 수 있다. 여기에서는 다음 5단계를 따라야 한다. 첫째, 각각의 지원을 알리고, 둘째, 각각의 목적을 설명하고 묘사하며, 셋째, 프레젠테이션 지원을 참조하게 하고, 넷째, 프레젠터가 지적하고자 하는 점과 연결 관계를 보여주고, 마지막으로, 만약 그것이 더 이상 필요 없다면 그것을 끄거나 제거하는 것이다.

프레젠터는 자신의 노트에 이러한 각각의 단계에 대한 암시물을 포함해야 한다. 지원에 관한 각각의 단계는 청중이 프레젠테이션의 내용을 이해할 수 있도록 도와주는 데 중요하다. 프레젠터가 손이나 포인터로 지적할 때 그가 무엇을 지적하고 있는지 청중이 이야기할 수 있도록 만들어야 한다.

4) 프레젠테이션 지원이 아니라 청중과 대화하기

프레젠터는 설명하는 지원과 얼굴을 대면하는 것이 아니라 청중과 얼굴을 대면하는 것이다. 지원은 당신이 말하는 것에 관심을 가지지 않는다. 관심을 가지는 것은 청중이다. 따라서 청중과의 연결이 끊어지지 않도록 하는 것이 중요하다. 프레젠터의 등을 보여주지 않기 위해서 플립차트라든지 포스터보드의 한쪽 옆에 서서 프레젠테이션 지원의 가까이에서 손을 가지고 제스처를 취하도록 해야 한다. 또한 다른 음성 장치라든지 스크린도 앞에서 말한 것과 같이 청중에게 등을 보이지 않고 서 있을 수 있도록 배치하여 프레젠테이션을 하는 것이 중요하다.

5) 적절할 때 프레젠테이션 지원을 노출하고 은폐하기

프레젠터가 프레젠테이션 지원을 가지고 논의할 때는 지원을 보여주고, 그것의 활용이 끝났을 때는 청중의 시야로부터 벗어나도록 해야 한다. 이는 모든 형태의 프레젠테이션 지원에 적용된다.

만약 플립차트나 포스터보드를 사용할 때는 쉽게 청중의 시야에서 벗어날 수 있도록 커버를 활용한다. 또는 반대 방향으로 돌려놓는 것도 좋은 방법이나. 비디오나 오디오 플레이어의 사용이 끝났을 때는 꺼둠으로써 프레젠터가 이야기하는 동안 장비가 작동하지 않도록 하는 것이 바람직하다. 즉, 프레젠터는 청중의 주의를 통제할 수 있어야 한다.

요 약

시각, 청각, 혹은 시청각의 프레젠테이션 지원은 프레젠터의 아이디어를 설명하는 데 도움을 주는 자료를 제공해준다. 시각 자료는 실물, 모델, 사진, 그림, 도표, 지도, 그래프, 차트 등을 포함하며, 청각 자료는 음악에서부터 유명한 연설과 환경 소리 등의 발췌에 이르기 까지 다양하다. 가장 일반적인 시청각 자료에는 비디오테이프와 영화가 있다. 다른 유형의 감각 지원에는 후각, 촉각, 미각에 호소하는 것을 포함한다.

프레젠테이션 지원은 음성 메시지를 명료하게 해주거나 다양성을 더해주고, 연설의 두려움을 제거해주며, 청중의 유지를 높여준다. 또한 설득적 호소를 높여주고 학습주기를 다양하게 해줌으로써 프레젠터의 연설을 강화해준다.

다양한 유형의 매체가 프레젠테이션 지원을 표현하는 데 필요하다. 비전자 매체에는 칠판, 플립차트, 포스터보드, 핸드아웃 등이 있으며, 전자 매체에는 슬라이드 프로젝터, OHP, 오디오카세트, CD/DVD 플레이어, VCR, 컴퓨터, LCD 패널이나 프로젝터 등이 포함된다. 이러한 매체를 선택할 때는 접근성이라든지 비용을 고려해야 한다.

적절하게 만들어진 프레젠테이션 지원은 메시지를 명료하게 하고 다양한 유형의 학습 스타일을 제공하여 좀더 잘 기억할 수 있도록 해준다. 그럼으로써 프레젠터가 준비한 연설을 좀더 훌륭하게 만들어준다.

▶▶▶ 주요 용어

시각 지원(visual aids) 시각적 자극을 활용한 지원 형태로, 실물, 사진, 그래프, 차트 등이 있다.

청각 지원(audio aids) 청각적 자극을 활용한 지원으로, 연설, 인터뷰, 환경 소리 등이 있다.

시청각 지원(audio-visual aids) 시각과 청각을 동시에 활용한 지원으로, 영화, 비디오 클립 등이 있다.

프레젠테이션 지원 프레젠테이션에서 아이디어를 표현하는 데 도움을 주는 것으로, 시각적 지원, 청각적 지원, 시청각적 지원의 세 가지가 있다.

참고 문헌

Sellnow, D. D., *Confident Public Speaking*, Belmont : Thomson Wadsworth, 2005.

효과적인 프레젠테이션 스킬

초판 1쇄 발행 2008년 12월 30일
초판 8쇄 발행 2022년 2월 25일

지은이 김진모 · 이용환

펴낸곳 서울대학교출판문화원
주소 08826 서울 관악구 관악로 1
도서주문 02-889-4424, 02-880-7995
홈페이지 www.snupress.com
페이스북 @snupress1947
인스타그램 @snupress
이메일 snubook@snu.ac.kr
출판등록 제15-3호

ISBN 978-89-521-0961-3 93320